Statistiques de l'OCDE sur les assurances 2017

OCDE
DES POLITIQUES MEILLEURES POUR UNE VIE MEILLEURE

Cet ouvrage est publié sous la responsabilité du Secrétaire général de l'OCDE. Les opinions et les interprétations exprimées ne reflètent pas nécessairement les vues officielles des pays membres de l'OCDE.

Ce document, ainsi que les données et cartes qu'il peut comprendre, sont sans préjudice du statut de tout territoire, de la souveraineté s'exerçant sur ce dernier, du tracé des frontières et limites internationales, et du nom de tout territoire, ville ou région.

Merci de citer cet ouvrage comme suit :
OCDE (2018), *Statistiques de l'OCDE sur les assurances 2017*, Éditions OCDE, Paris.
https://doi.org/10.1787/ins_stats-2017-fr

ISBN 978-92-64-30344-7 (imprimé)
ISBN 978-92-64-30345-4 (PDF)

Série : Statistiques de l'OCDE sur les assurances
ISSN 2226-5791 (imprimé)
ISSN 2226-5805 (en ligne)

Les données statistiques concernant Israël sont fournies par et sous la responsabilité des autorités israéliennes compétentes. L'utilisation de ces données par l'OCDE est sans préjudice du statut des hauteurs du Golan, de Jérusalem-Est et des colonies de peuplement israéliennes en Cisjordanie aux termes du droit international.

Les corrigenda des publications de l'OCDE sont disponibles sur : *www.oecd.org/about/publishing/corrigenda.htm.*

Table des matières

Signes conventionnels et abréviations

Signes conventionnels

c	Donnée confidentielle
x, n.a.	Sans objet
..	Non disponible
|	Rupture de série
-	Nul ou négligeable
.	Point décimal

Codes ISO des pays et abréviations monétaires ISO

	Code ISO du pays	Unité monétaire	Abréviation
Australie	AUS	dollar	AUD
Autriche	AUT	euro	EUR
Belgique	BEL	euro	EUR
Canada	CAN	dollar	CAD
Chili	CHL	peso	CLP
République tchèque	CZE	couronne	CZK
Danemark	DNK	couronne	DKK
Estonie	EST	euro	EUR
Finlande	FIN	euro	EUR
France	FRA	euro	EUR
Allemagne	DEU	euro	EUR
Grèce	GRC	euro	EUR
Hongrie	HUN	forint	HUF
Islande	ISL	couronne	ISK
Irlande	IRL	euro	EUR
Israël	ISR	shekel	ILS
Italie	ITA	euro	EUR
Japon	JPN	yen	JPY
Corée	KOR	won	KRW
Lettonie	LVA	euro	EUR
Luxembourg	LUX	euro	EUR
Mexique	MEX	peso	MXN
Pays-Bas	NLD	euro	EUR
Nouvelle-Zélande	NZL	dollar	NZD
Norvège	NOR	couronne	NOK
Pologne	POL	zloty	PLN
Portugal	PRT	euro	EUR
République slovaque	SVK	euro	EUR
Slovénie	SVN	euro	EUR
Espagne	ESP	euro	EUR
Suède	SWE	couronne	SEK
Suisse	CHE	franc	CHF
Turquie	TUR	livre	TRY
Royaume-Uni	GBR	livre sterling	GBP
États-Unis	USA	dollar	USD

Définitions communes et notes

Notes sur les sources des données

Toutes les données dans cette publication ont été communiquées par les autorités nationales compétentes en matière d'assurance. En ce qui concerne les tableaux d'indicateurs comparatifs, les données sont surtout tirées des tableaux par pays. Les données économiques sur les taux de change, la population et le PIB proviennent des *Principaux indicateurs économiques*, publiés par l'OCDE.

Pour plus de clarté, le nombre de variables choisies et présentées dans cette publication a été limité. Les données ont été extraites de la base de données des statistiques des assurances au niveau mondial. La base de données complète peut être consultée en ligne en utilisant le lien suivant :

Statistiques des assurances de l'OCDE, *http://dx.doi.org/10.1787/ins-data-fr*

Un effort important a été fait pour assurer la comparabilité entre les pays. Les définitions, classifications, méthodes de calcul, et unités ont été normalisées autant que possible.

Notes générales

a) Les catégories vie et non-vie correspondent aux définitions utilisées dans la législation nationale. Cependant, les primes pour les contrats d'assurance maladie et accidents conclus par les entreprises d'assurance-vie doivent être incluses dans les chiffres sur l'activité non-vie.

b) Jusqu'en 2008, les activités dans le secteur de l'assurance sont ventilées entre les opérations vie et non-vie. À partir de 2009, les activités sont décomposées entre les opérations des entreprises d'assurance-vie, celles des entreprises d'assurance non-vie et celles des entreprises mixtes, les activités des entreprises mixtes étant elles-mêmes subdivisées entre les opérations vie et non-vie. Certains pays n'autorisent pas les entreprises d'assurance à exercer à la fois des activités vie et non-vie et, par conséquent, il n'existe pas d'entreprises mixtes dans ces pays. Cependant, dans d'autres pays (comme l'Autriche, la Belgique, la Hongrie, l'Italie, le Mexique), les entreprises mixtes représentent plus de la moitié du total des emplois dans le secteur national de l'assurance. Aussi, pour disposer au fil des ans de données comparables sur les opérations vie (respectivement non-vie), il faut additionner à partir de 2009 les opérations vie (respectivement non-vie) des entreprises d'assurance-vie (respectivement non-vie) et les opérations vie (respectivement non-vie) des entreprises mixtes.

c) Les chiffres fournis sur le nombre d'entreprises et les primes d'assurance doivent prendre en compte toutes les entreprises d'assurance agréées ou autorisées dans le pays déclarant, *y compris* les réassureurs professionnels, qu'ils soient ou non contrôlés, mais *à l'exclusion* de tout système réglementaire de sécurité sociale administré par l'État.

d) Les *entreprises nationales* signifient les entreprises constituées en sociétés en vertu du droit national, ainsi que les entreprises dans le pays déclarant qui ne sont pas constituées en sociétés, mais à l'exclusion des succursales et agences d'entreprises étrangères.

e) Les *entreprises sous contrôle étranger* signifient les entreprises nationales contrôlées par des intérêts étrangers, ce « contrôle » étant défini en fonction de la législation nationale (voir la définition des entreprises sous contrôle étranger dans les remarques par pays). Les données concernant les *entreprises sous contrôle étranger* sont intégrées dans celles sur les *entreprises nationales*.

f) Les *entreprises étrangères* signifient les entreprises constituées en sociétés en dehors du pays déclarant.

Comparaisons internationales

Voir les métadonnées détaillés : *http://metalinks.oecd.org/ins/20180621/fadf.*

Tableaux et notes méthodologiques par pays

Dans cette partie, les principales statistiques des assurances sont présentées par l'intermédiaire de tableaux distincts par pays membre de l,OCDE. Les chiffres correspondent à l'année civile. Les primes et autres montants sont donnés en millions dans la monnaie nationale.

PARTIE I

Comparaisons internationales

Tableau 1. Bilan et ressource, assurance directe (Toutes compagnies d'assurance)

2016

Millions de dollars des États-Unis

	Paiements bruts des sinistres	Dépenses brutes d'exploitation	Commissions	Provision, dommages exceptionnels (changements)	Actifs totaux	Provisions techniques brutes	Provisions techniques brutes, unit-linked	Capitaux propres	Revenu net
Argentina	6 550	3 050	1 772	2 713	22 342	6 157	..	4 735	1 352
Australie	63 523	10 907	3 454	..	229 940	52 618	..	31 812	3 596
Autriche	16 787	971	3 509	294	133 533	92 247	18 621	..	..
Belgique	31 420	3 326	3 668	582	300 273	256 480	33 562	14 307	1 467
Bolivie	304	179	46	..	1 006	474	..	1 494	27
Brésil	13 157	11 430	4 818	725	268 991	180 701	149 492	24 902	5 108
Canada	..	..	..	..	..	..	..	..	..
Chili	7 141	1 658	931	3 298	60 964	52 740	4 901	6 086	736
Colombie	304	179	46	..	1 006	474	..	1 494	27
Costa Rica	658	231	165	52	3 837	1 492	0	1 542	100
République tchèque	3 734	1 075	299	93	18 178	13 184	3 439	2 968	489
Danemark	23 765	2 498	321	22 266	447 735	350 608	134 264	28 332	2 959
Équateur	920	272	274	614	2 321	895	..	617	2 135
El Salvador	37	13	9	11	93	23	..	42	5
Estonie	408	167	..	..	1 917	1 209	597	421	56
Finlande	8 215	1 346	371	-189	82 266	69 232	36 285	5 735	911
France	..	..	..	..	2 803 040	2 266 271	322 510	183 314	12 862
Allemagne	173 314	16 271	18 700	3 391	1 592 396	1 433 410	106 390	58 648	2 177
Grèce	..	1 087	..	..	16 839	12 382	2 509	3 271	..
Guatemala	477	244	85	..	1 210	657	..	439	86
Honduras	..	..	..	..	..	..	..	..	..
Hong-Kong, Chine	2 413	570	798	..	..	..	..	..	..
Hongrie	1 956	829	487	23	8 596	7 181	3 847	903	185
Inde	40 598	9 228	3 455	53 359	406 387	392 011	46 680	10 704	1 585
Indonesie	9 207	2 180	2 109	10	43 139	29 558	12 463	10 033	1 268
Islande	359	68	..	414	1 295	656	47	509	89
Irlande	37 797	2 940	5 199	..	306 344	267 570	208 093	23 827	..
Israël[1]	8 870	1 678	1 827	498	121 078	106 547	69 904	5 869	374
Italie	97 937	14 809	11 751	-2 804	854 075	731 451	131 191	69 951	6 306
Japon	314 319	72 561	12 268	20 250	3 480 991	2 748 475	..	121 185	18 604
Corée	92 051	36 760	..	..	846 833	603 972	81 080	78 937	4 797
Lettonie	346	102	36	26	634	438	52	145	116
Lithuanie	264	151	4	-10	1 474	1 076	492	296	8
Luxembourg	16 040	2 224	1 341	-226	194 688	176 705	120 464	5 050	430
Malaysie	8 631	2 240	1 283	6	59 699	48 861	8 253	6 019	1 114
Mexique	11 939	1 541	3 548	..	63 905	49 242	..	8 889	2 087
Pays-Bas	..	..	..	..	..	..	..	..	..
Nouvelle-Zélande	4 498	6 519	929	..	20 631	..	..	5 634	1 002
Nicaragua	82	22	20	31	316	161	15	93	21
Norvège	12 248	2 323	452	-291	187 868	158 232	27 663	19 811	2 226
Paraguay	..	115	50	..	..	..	..	..	..
Pérou	1 658	829	315	15	12 571	8 179	..	2 125	304
Pologne	9 302	3 741	348	130	44 353	34 151	13 626	8 182	1 061
Portugal	13 780	1 635	685	86	54 253	46 440	12 212	5 112	176
Porto Rico	10 650	2 253	386	-53	8 200	5 709	..	2 492	156
Russie	7 787	4 831	2 591	3 079	30 869	18 752	..	7 608	1 213
Singapour	14 236	1 748	2 212	..	141 853	112 198	..	19 735	1 976
République slovaque	2 740	..	..	..	6 941	4 602	1 164	..	..
Slovénie	1 444	482	106	-11	7 341	5 166	1 272	1 488	154
Afrique du Sud	35 822	4 001	2 676	2 304	204 941	174 452	93 201	15 562	813
Espagne	47 545	9 517	5 767	714	317 923	224 888	14 749	43 525	4 786
Suède	16 680	3 317	952	29 642	478 202	331 091	137 902	114 955	11 319
Suisse	51 448	4 346	5 073	1 105	460 598	340 183	..	47 115	7 499
Tunisie	540	240	..	..	..	..	..	..	..
Turquie	6 002	2 508	1 949	1 363	33 859	13 148	..	4 204	818
Royaume-Uni	245 985	50 904	..	..	2 891 206	2 426 743	1 478 729	..	..
États-Unis	1 315 527	301 877	97 002	83 959	5 764 873	814 039	..	1 164 337	89 565

.. Non disponible

Note : Voir les métadonnées détaillées sur : http://metalinks.oecd.org/ins/20180621/ca8b.

Responsabilité : http://oe.cd/disclaimer

1. Informations sur les données concernant Israël : http://oe.cd/israel-disclaimer.

Source : Bilan et ressource, Statistiques de l'OCDE sur les assurances (base de données)

Tableau 2. Bilan et ressource, assurance directe (Compagnies d'assurance-vie)
2016

Millions de dollars des États-Unis

	Paiements bruts des sinistres	Dépenses brutes d'exploitation	Commissions	Provision, dommages exceptionnels (changements)	Actifs totaux	Provisions techniques brutes	Provisions techniques brutes, unit-linked	Capitaux propres	Revenu net
Argentina	243	129	18	3	3 850	3 137	..	425	168
Australie	41 560	5 334	2 326	..	150 180	..	..	13 738	1 414
Autriche	1 047	41	89	4	11 655	10 390	3 647	..	..
Belgique	689	46	20	0	9 763	8 306	959	448	8
Bolivie	89	65	19	..	636	392	..	468	10
Brésil	466	1 537	530	71	..	101 338	98 793	8 623	2 055
Canada	..	..	..	..	..	..	..	..	..
Chili	4 938	981	470	3 292	54 869	48 192	4 901	4 978	625
Colombie	89	65	19	..	636	392	..	468	10
Costa Rica	0	0	0	0	0	0	0	..	..
République tchèque	264	103	2	0	1 934	1 735	804	140	33
Danemark	17 123	711	51	21 492	423 158	336 241	134 264	20 906	1 662
Équateur	63	33	35	4	144	68	..	40	27
El Salvador	17	6	3	7	33	10	..	12	1
Estonie	96	16	..	..	776	557	538	49	16
Finlande	4 783	377	152	49	62 139	56 181	36 285	2 440	262
France	..	..	..	..	568 686	492 739	68 386	31 730	1 805
Allemagne	86 939	4 316	5 591	572	1 087 851	1 004 209	106 343	16 249	373
Grèce	..	39	..	..	2 515	2 225	219	225	..
Guatemala	0	..	..	..	..	..	..	..	..
Honduras	..	..	..	..	..	..	..	..	..
Hong-Kong, Chine	..	..	..	..	..	..	..	..	..
Hongrie	551	124	59	1	2 903	2 652	1 354	167	21
Inde	30 188	5 772	3 012	40 908	394 147	369 639	46 680	3 928	1 103
Indonesie	7 113	1 361	1 408	30	33 569	25 582	12 463	6 280	889
Islande	14	10	..	18	146	60	47	55	11
Irlande	26 607	1 271	2 511	..	259 431	237 850	208 093	13 218	..
Israël[1]	2	8	5	1	305	258	255	31	-6
Italie	23 835	1 066	693	-419	219 981	206 377	72 341	8 168	730
Japon	266 691	43 446	..	20 044	3 214 941	2 748 475	..	91 474	12 840
Corée	67 704	24 989	..	..	647 635	453 911	81 080	54 452	2 086
Lettonie	0	0	0	0	0	0	0	..	0
Lithuanie	28	16	0	0	271	235	208	31	14
Luxembourg	13 615	1 258	683	25	181 648	167 750	120 464	3 164	236
Malaysie	2 388	454	510	0	25 882	21 312	2 746	974	212
Mexique	795	91	64	..	13 441	12 063	..	1 209	170
Pays-Bas	..	..	..	..	..	..	..	..	..
Nouvelle-Zélande	1 112	1 733	395	..	9 372	..	..	2 453	611
Nicaragua	..	..	..	..	..	..	..	..	..
Norvège	6 171	941	106	..	160 139	143 870	27 663	10 926	794
Paraguay	..	0	0	..	..	..	..	..	..
Pérou	477	175	36	10	5 059	4 102	..	641	102
Pologne	4 637	1 432	56	69	24 691	20 903	13 626	2 929	570
Portugal	7 265	332	116	-15	30 739	27 855	11 587	1 841	32
Porto Rico	970	306	117	73	3 425	2 721	..	704	83
Russie	593	934	709	25	7 435	6 111	..	998	378
Singapour	5 557	500	1 181	..	68 310	57 815	..	4 749	742
République slovaque	205	..	..	..	674	433	335	..	..
Slovénie	56	13	4	1	890	538	167	302	15
Afrique du Sud	30 357	2 610	1 615	..	193 813	173 786	93 201	11 238	1
Espagne	3 395	470	275	76	31 376	23 744	3 421	3 088	352
Suède	8 970	1 474	368	4 261	413 630	299 603	137 902	101 825	9 264
Suisse	29 522	1 102	911	94	323 820	278 951	..	15 102	1 070
Tunisie	34	22	..	..	..	..	..	..	..
Turquie	979	652	435	41	21 730	2 268	..	1 621	438
Royaume-Uni	161 448	11 320	..	..	2 158 979	1 886 609	1 376 121	..	..
États-Unis	353 883	67 975	46 930	40 670	4 161 570	18 118	..	443 631	51 450

.. Non disponible

Note : Voir les métadonnées détaillées sur : http://metalinks.oecd.org/ins/20180621/ca8b.

Responsabilité : http://oe.cd/disclaimer

1. Informations sur les données concernant Israël : http://oe.cd/israel-disclaimer.

Source : Bilan et ressource, Statistiques de l'OCDE sur les assurances (base de données)

Tableau 3. Bilan et ressource, assurance directe (Compagnies d'assurance non-vie)
2016

Millions de dollars des États-Unis

	Paiements bruts des sinistres	Dépenses brutes d'exploitation	Commissions	Provision, dommages exceptionnels (changements)	Actifs totaux	Provisions techniques brutes	Provisions techniques brutes, unit-linked	Capitaux propres	Revenu net
Argentina	2 731	671	324	1 460	6 406	426	..	1 229	267
Australie	21 963	5 573	1 128	..	79 760	52 618	..	18 075	2 182
Autriche	1 979	154	744	52	14 067	2 669	40	..	..
Belgique	2 805	709	790	55	13 929	8 282	..	2 353	-256
Bolivie	215	113	26	..	370	82	..	1 026	17
Brésil	2 751	1 684	786	-16	..	4 710	0	1 658	196
Canada	..	..	..	..	..	..	..	..	..
Chili	2 204	676	461	6	6 095	4 548	0	1 108	111
Colombie	215	113	26	..	370	82	..	1 026	17
Costa Rica	25	10	9	2	61	37	0	17	-4
République tchèque	155	99	23	16	533	255	..	177	17
Danemark	6 642	1 787	270	774	24 577	14 367	..	7 425	1 297
Équateur	683	201	169	573	1 920	769	..	438	1 633
El Salvador	6	3	2	2	21	3	..	13	0
Estonie	269	128	..	..	714	322	0	319	35
Finlande	3 432	969	219	-238	20 127	13 051	..	3 295	649
France	..	..	..	..	291 844	135 047	0	58 799	3 743
Allemagne	86 375	11 955	13 108	2 819	504 546	429 201	47	42 399	1 804
Grèce	..	274	..	..	2 302	1 344	..	741	..
Guatemala	3	16	3	..	116	23	..	68	10
Honduras	..	..	..	..	..	..	..	..	..
Hong-Kong, Chine	2 413	570	798	..	..	..	..	..	..
Hongrie	121	78	37	22	314	140	0	110	18
Inde	10 410	3 457	442	12 450	12 240	22 372	..	6 776	482
Indonesie	2 053	816	695	-23	9 466	3 949	..	3 685	374
Islande	345	57	..	396	1 150	596	0	454	78
Irlande	11 190	1 669	2 688	..	46 913	29 719	..	10 608	..
Israël[1]	568	99	76	-194	3 811	2 772	0	381	23
Italie	5 584	2 837	2 197	106	22 980	14 919	0	5 769	501
Japon	47 628	29 115	12 268	206	266 050	..	..	29 712	5 764
Corée	24 347	11 771	..	..	199 198	150 061	..	24 484	2 711
Lettonie	265	97	36	26	437	263	0	125	114
Lithuanie	191	113	3	-11	571	327	0	159	-14
Luxembourg	2 425	966	658	-251	13 040	8 955	0	1 885	193
Malaysie	2 090	648	274	29	6 418	3 376	0	2 967	389
Mexique	1 276	312	491	..	5 399	3 326	..	959	148
Pays-Bas	..	..	..	..	..	..	..	..	..
Nouvelle-Zélande	3 386	4 786	534	..	11 259	..	..	3 181	391
Nicaragua	..	..	..	..	..	..	..	..	..
Norvège	6 077	1 381	346	-291	27 729	14 362	..	8 886	1 432
Paraguay	..	69	25	..	..	..	..	..	..
Pérou	501	318	145	0	1 993	406	..	804	112
Pologne	4 665	2 309	292	61	19 662	13 248	0	5 253	491
Portugal	1 477	516	248	34	3 327	2 076	..	764	-19
Porto Rico	9 680	1 947	269	-126	4 775	2 988	..	1 788	73
Russie	6 498	3 512	1 675	2 825	21 344	11 540	..	6 039	680
Singapour	2 743	778	302	..	14 091	4 512	..	7 199	656
République slovaque	..	..	..	..	..	..	..	..	..
Slovénie	389	52	7	0	272	79	0	157	4
Afrique du Sud	4 945	1 359	940	2 279	10 068	142	0	4 078	812
Espagne	10 456	3 181	1 770	111	29 122	15 111	..	9 674	1 062
Suède	7 702	1 843	594	25 381	64 571	31 489	..	13 129	2 055
Suisse	21 927	3 244	4 161	1 011	136 778	61 232	..	32 013	6 429
Tunisie	53	28	..	..	..	..	..	..	..
Turquie	5 022	1 856	1 514	1 321	12 129	10 880	..	2 583	381
Royaume-Uni	37 703	21 563	..	..	171 965	99 380	..	..	..
États-Unis	961 644	233 902	50 072	43 289	1 603 303	795 921	..	720 706	38 115

.. Non disponible

Note : Voir les métadonnées détaillées sur : http://metalinks.oecd.org/ins/20180621/ca8b.

Responsabilité : http://oe.cd/disclaimer

1. Informations sur les données concernant Israël : http://oe.cd/israel-disclaimer.

Source : Bilan et ressource, Statistiques de l'OCDE sur les assurances (base de données)

Tableau 4. Allocation de portefeuille, assurance directe (Toutes compagnies d'assurance)
2016

Millions de dollars des États-Unis

	Numéraires et dépôts	Immobilier	Actions	Bons et obligations	Emprunts	Fonds communs de placement	Fonds de capital-investissement	Fonds spéculatifs	Produits structurés	Placements en unités de compte	Total des investissements
Argentina	268	264	847	9 052	30	4 255	0	0	0	0	17 195
Australie	..	..	7 375	47 996	3 617	..	..	..	..	101 801	174 875
Autriche	3 862	8 214	14 551	51 636	3 661	21 790	101	..	2 211	20 607	126 749
Belgique	8 968	9 236	16 076	212 521	28 915	14 274	706	..	2 904	33 121	327 480
Bolivie	29	52	9	343	2	0	53	0	0	0	618
Brésil	360	584	881	24 428	113	27 786	7 450	598	0	186 132	248 404
Canada	..	..	..	..	..	..	..	..	..	..	..
Chili	1 893	8 173	552	30 655	6 120	2 123	0	0	0	4 983	54 791
Colombie	29	52	9	343	2	0	53	0	0	0	618
Costa Rica	180	59	139	2 260	437	142	0	0	0	0	3 216
République tchèque	754	121	96	9 994	90	799	0	..	231	2 738	14 830
Danemark	10 441	1 755	102 235	105 779	6 521	44 210	..	..	..	143 740	447 748
Équateur	50	49	22	375	..	..	165	..	..	..	1 416
El Salvador	6	1	7	40	5	..	..	..	..	..	68
Estonie	186	0	2	875	6	77	0	0	6	665	1 828
Finlande	3 232	2 312	3 214	21 417	2 081	7 498	..	..	..	36 285	77 458
France	55 839	44 392	184 707	1 500 232	29 620	372 001	16 091	..	65 877	333 148	2 610 579
Allemagne	13 796	26 964	103 703	641 020	305 618	518 015	4 467	..	..	105 614	1 729 850
Grèce	910	662	108	9 363	147	1 204	..	..	0	2 400	15 134
Guatemala	85	37	15	596	57	..	..	..	..	..	798
Honduras	..	..	..	..	..	..	..	..	..	..	..
Hong-Kong, Chine	..	..	..	..	..	..	..	..	..	..	..
Hongrie	233	86	46	3 787	14	417	..	..	..	3 846	8 587
Inde	..	..	..	..	..	..	..	..	..	..	..
Indonesie	4 740	790	3 830	6 762	18	5 464	..	..	..	12 420	34 174
Islande	44	11	312	470	14	183	0	0	0	47	1 081
Irlande	8 516	1 105	3 189	38 762	2 571	3 577	..	..	1 327	208 959	269 223
Israël[1]	3 591	1 519	1 115	25 392	3 961	1 585	964	75	83	70 035	110 008
Italie	11 238	6 589	59 882	489 711	3 436	..	..	..	..	131 491	792 092
Japon	77 618	58 975	244 055	2 281 273	307 893	..	..	..	..	..	3 399 465
Corée	17 585	17 169	31 493	330 521	145 275	..	..	..	..	81 875	803 841
Lettonie	147	16	9	281	5	52	0	3	0	53	574
Lithuanie	79	6	14	570	7	85	0	0	5	488	1 273
Luxembourg	1 759	88	849	30 550	56	2 637	..	..	..	120 841	181 706
Malaysie	4 634	1 015	6 570	31 597	2 928	..	..	..	..	0	55 107
Mexique	..	704	5 859	37 902	1 388	..	..	..	..	..	48 657
Pays-Bas	..	..	..	..	..	..	..	..	..	..	..
Nouvelle-Zélande	..	..	..	4 212	..	2 554	..	..	..	..	6 766
Nicaragua	3	6	0	194	7	..	..	..	..	..	232
Norvège	1 778	14 421	22 610	94 545	13 528	803	..	..	..	27 613	178 235
Paraguay	52	12	2	183	0	0	0	0	0	0	248
Pérou	350	609	372	7 512	78	267	0	0	0	0	10 071
Pologne	1 447	83	79	16 771	682	4 199	..	..	23	12 867	40 162
Portugal	1 965	929	3 328	28 122	66	2 030	72	31	396	12 257	49 213
Porto Rico	75 394	23 737	223 889	2 017 857	358 623	..	..	..	..	..	2 923 715
Russie	..	1 397	2 255	9 619	260	..	..	..	..	..	35 485
Singapour	6 642	2 654	26 617	74 073	3 766	10 676	..	..	-1 175	21 327	133 905
République slovaque	..	..	..	..	..	..	..	..	..	..	..
Slovénie	237	252	560	4 008	83	342	..	..	37	1 430	6 952
Afrique du Sud	..	3 278	123 541	41 286	13 988	..	..	..	..	..	202 029
Espagne	23 421	10 979	15 027	219 226	2 079	11 393	365	..	4 445	16 029	297 245
Suède	8 784	9 883	124 893	132 976	9 493	50 820	..	..	..	119 778	470 745
Suisse	16 403	45 747	14 747	216 326	48 939	18 379	2 377	4 842	630	18 334	436 291
Tunisie	..	..	..	..	..	..	..	..	..	..	..
Turquie	7 338	85	4 204	3 969	44	194	..	..	..	1 075	11 669
Royaume-Uni	10 938	27 144	88 578	666 119	..	109 994	..	..	..	1 361 286	2 451 450
États-Unis	196 790	38 064	511 209	3 821 675	574 047	..	..	22 018	-563	..	5 405 584

.. Non disponible

Note : Voir les métadonnées détaillées sur : http://metalinks.oecd.org/ins/20180621/5957.

Responsabilité : http://oe.cd/disclaimer

1. Informations sur les données concernant Israël : http://oe.cd/israel-disclaimer.

Source : Encours des placements des entreprises d'assurance directe, Statistiques de l'OCDE sur les assurances (base de données)

Tableau 5. Allocation de portefeuille, assurance directe (Compagnies d'assurance-vie)

2016

Millions de dollars des États-Unis

	Numéraires et dépôts	Immobilier	Actions	Bons et obligations	Emprunts	Fonds communs de placement	Fonds de capital-investissement	Fonds spéculatifs	Produits structurés	Placements en unités de compte	Total des investissements
Argentina	21	39	30	2 619	2	687	0	0	0	0	3 699
Australie	.. c	.. c	6 216	19 966	746	..	..	..	..	101 801	131 171
Autriche	66	9	35	2 999	138	4 163	24	..	172	3 834	11 440
Belgique	574	288	459	5 142	1 799	477	0	..	570	861	10 261
Bolivie	21	34	5	286	2	0	43	0	0	0	447
Brésil	63	21	314	4 870	73	6 632	4 838	160	0	123 426	140 405
Canada	..	..	..	..	..	..	..	..	..	..	..
Chili	1 343	8 077	549	29 455	6 117	2 042	0	0	0	4 983	52 817
Colombie	21	34	5	286	2	0	43	0	0	0	447
Costa Rica	..	..	..	..	..	..	..	..	..	..	..
République tchèque	14	0	0	23	0	1	0	..	0	88	126
Danemark	7 077	1 475	99 467	90 623	6 034	42 268	..	..	..	143 740	423 171
Équateur	1	5	2	37	..	..	29	..	..	..	235
El Salvador	2	1	0	19	0	..	..	..	..	..	27
Estonie	47	0	0	151	0	11	0	0	0	570	779
Finlande	1 835	1 259	1 832	13 078	880	4 274	..	..	..	36 285	59 816
France	9 959	8 697	33 796	335 549	4 644	60 799	1 528	..	9 775	70 438	538 820
Allemagne	5 658	18 150	49 047	426 641	217 327	362 075	2 168	..	..	105 567	1 194 301
Grèce	59	2	17	2 091	0	22	..	..	0	222	2 436
Guatemala	..	..	..	..	..	..	..	..	..	..	..
Honduras	..	..	..	..	..	..	..	..	..	..	..
Hong-Kong, Chine	..	..	..	..	..	..	..	..	..	..	..
Hongrie	93	5	0	1 366	4	138	..	..	..	1 354	2 969
Inde	..	..	..	..	..	..	..	..	..	..	..
Indonesie	2 871	738	3 078	5 573	15	4 694	..	..	..	12 420	29 501
Islande	11	0	7	49	0	15	0	0	0	47	129
Irlande	3 964	144	2 418	21 682	433	2 231	..	..	118	208 959	241 154
Israël[1]	8	0	0	28	0	0	0	0	0	255	290
Italie	3 193	334	3 345	117 354	93	..	..	..	..	72 446	210 698
Japon	64 512	51 006	184 201	2 211 368	291 708	..	..	..	..	..	3 155 920
Corée	12 546	11 941	26 252	269 833	97 485	..	..	..	..	81 875	624 787
Lettonie	..	..	..	..	..	..	..	..	..	..	..
Lithuanie	11	0	0	45	0	2	0	0	0	208	267
Luxembourg	1 315	8	573	26 079	56	2 347	..	..	..	120 841	172 486
Malaysie	1 269	400	4 314	14 414	1 723	..	..	..	..	0	26 321
Mexique	..	28	4	12 474	156	..	..	..	..	..	12 921
Pays-Bas	..	..	..	..	..	..	..	..	..	..	..
Nouvelle-Zélande	..	..	..	2 260	..	1 817	..	..	..	..	4 078
Nicaragua	..	..	..	..	..	..	..	..	..	..	..
Norvège	847	13 969	19 091	81 538	13 312	691	..	..	..	27 613	159 434
Paraguay	..	..	..	..	..	..	..	..	..	..	..
Pérou	97	318	136	3 860	77	116	0	0	0	0	4 695
Pologne	563	25	13	7 682	144	2 105	..	..	5	12 867	23 678
Portugal	496	107	226	15 098	52	966	19	24	251	11 666	28 932
Porto Rico	52 051	18 119	90 725	1 669 782	350 354	..	..	..	..	..	2 356 997
Russie	..	67	222	5 280	14	..	..	..	..	..	8 821
Singapour	2 065	1 178	13 392	31 556	1 426	7 063	..	..	-473	14 978	64 120
République slovaque	..	..	..	..	..	..	..	..	..	..	..
Slovénie	47	0	108	459	0	112	0	0	1	167	895
Afrique du Sud	..	3 170	120 714	38 091	13 162	..	..	..	..	..	190 434
Espagne	1 420	214	749	21 892	57	737	82	..	1 053	3 419	29 712
Suède	7 199	7 528	108 652	112 652	7 274	42 900	..	..	..	116 441	414 825
Suisse	6 454	38 659	9 809	174 135	38 680	8 789	1 710	3 506	553	18 324	313 428
Tunisie	..	..	..	..	..	..	..	..	..	..	..
Turquie	1 938	44	1 621	1 378	44	39	..	..	..	1 074	3 443
Royaume-Uni	4 769	11 352	30 127	310 340	..	49 695	..	..	..	1 285 890	1 838 112
États-Unis	95 985	24 680	162 574	2 949 159	568 452	..	..	21 966	-544	..	4 007 549

.. Non disponible ; c Donnée confidentielle

Note : Voir les métadonnées détaillées sur : http://metalinks.oecd.org/ins/20180621/5957.

Responsabilité : http://oe.cd/disclaimer

1. Informations sur les données concernant Israël : http://oe.cd/israel-disclaimer.

Source : Encours des placements des entreprises d'assurance directe, Statistiques de l'OCDE sur les assurances (base de données)

Tableau 6. Allocation de portefeuille, assurance directe (Compagnies d'assurance non-vie)

2016

Millions de dollars des États-Unis

	Numéraires et dépôts	Immobilier	Actions	Bons et obligations	Emprunts	Fonds communs de placement	Fonds de capital-investissement	Fonds spéculatifs	Produits structurés	Placements en unités de compte	Total des investissements
Argentina	85	64	102	2 482	4	1 610	0	0	0	0	5 367
Australie	3 545	96	1 158	28 029	2 871	7 570	..	..	..	..	43 703
Autriche	1 527	634	7 335	1 533	185	1 852	0	..	5	0	13 071
Belgique	844	300	848	6 226	257	1 616	2	..	108	..	10 244
Bolivie	8	18	4	57	0	0	10	0	0	0	171
Brésil	62	0	1	1 600	0	1 859	3	157	0	0	3 691
Canada	..	..	..	..	..	..	..	..	..	..	..
Chili	550	96	2	1 200	3	81	0	0	0	0	1 974
Colombie	8	18	4	57	0	0	10	0	0	0	171
Costa Rica	11	0	0	23	15	0	0	0	0	0	50
République tchèque	98	18	1	104	5	12	0	..	0	0	240
Danemark	3 364	280	2 768	15 156	486	1 942	..	..	..	..	24 577
Équateur	41	34	18	250	..	..	119	..	..	..	958
El Salvador	1	0	7	6	0	..	..	..	..	..	15
Estonie	114	0	1	467	2	30	0	0	6	0	625
Finlande	1 397	1 053	1 382	8 339	1 201	3 223	..	..	..	..	17 642
France	11 676	6 717	62 756	108 688	6 937	42 496	1 346	..	2 259	..	243 887
Allemagne	8 138	8 814	54 657	214 380	88 291	155 940	2 299	..	..	47	535 550
Grèce	277	173	20	1 116	42	303	..	..	0	0	1 979
Guatemala	9	3	1	73	1	..	..	..	..	..	88
Honduras	..	..	..	..	..	..	..	..	..	..	..
Hong-Kong, Chine	..	..	..	..	..	..	..	..	..	..	..
Hongrie	50	2	0	186	0	21	..	..	..	0	271
Inde	..	..	..	..	..	..	..	..	..	..	..
Indonesie	1 869	52	753	1 188	3	769	..	..	..	0	4 674
Islande	33	11	305	421	14	167	0	0	0	0	952
Irlande	4 552	962	772	17 081	2 138	1 346	..	..	1 209	0	28 069
Israël[1]	432	34	58	2 077	140	365	26	1	8	0	3 168
Italie	1 111	683	1 732	11 943	28	..	..	..	..	..	17 330
Japon	10 100	7 068	59 854	69 905	16 185	..	..	..	..	..	243 545
Corée	5 038	5 228	5 241	60 687	47 789	..	..	..	..	..	179 054
Lettonie	135	16	9	207	5	5	0	0	0	0	378
Lithuanie	46	6	6	269	1	51	0	0	0	0	396
Luxembourg	444	80	276	4 471	0	290	..	..	..	..	9 221
Malaysie	1 662	107	150	1 897	12	..	..	..	..	0	5 644
Mexique	..	111	225	1 718	35	..	..	..	..	..	2 243
Pays-Bas	..	..	..	..	..	..	..	..	..	..	..
Nouvelle-Zélande	..	..	..	1 952	..	737	..	..	..	..	2 688
Nicaragua	..	..	..	..	..	..	..	..	..	..	..
Norvège	931	453	3 519	13 006	216	112	..	..	..	..	18 801
Paraguay	24	7	2	81	0	0	0	0	0	0	114
Pérou	88	112	36	373	0	23	0	0	0	0	953
Pologne	884	58	66	9 089	538	2 093	..	..	19	0	16 484
Portugal	184	232	81	2 050	4	252	0	7	22	0	2 832
Porto Rico	23 343	5 618	133 164	348 075	8 269	..	..	..	..	..	566 718
Russie	..	1 136	1 676	3 874	191	..	..	..	..	..	22 513
Singapour	3 409	362	1 718	4 530	1 329	188	..	..	-1	0	11 347
République slovaque	..	..	..	..	..	..	..	..	..	..	..
Slovénie	38	21	0	158	0	6	0	0	0	0	224
Afrique du Sud	..	105	2 809	2 531	757	..	..	..	..	..	10 550
Espagne	3 535	1 907	2 751	9 382	548	2 899	146	..	85	0	21 368
Suède	1 585	2 355	16 240	20 324	2 219	7 920	..	..	..	3 338	55 920
Suisse	9 949	7 088	4 907	42 101	10 258	9 590	667	1 336	77	10	122 000
Tunisie	..	..	..	..	..	..	..	..	..	..	..
Turquie	5 428	41	2 602	2 602	0	155	..	..	..	1	8 227
Royaume-Uni	2 313	1 525	2 155	80 191	..	10 979	..	..	..	88	114 107
États-Unis	100 805	13 384	348 635	873 242	5 595	..	..	52	-19	..	1 398 761

.. Non disponible

Note : Voir les métadonnées détaillées sur : http://metalinks.oecd.org/ins/20180621/5957.

Responsabilité : http://oe.cd/disclaimer

1. Informations sur les données concernant Israël : http://oe.cd/israel-disclaimer

Source : Encours des placements des entreprises d'assurance directe, Statistiques de l'OCDE sur les assurances (base de données)

Tableau 7. Primes brutes totales (Vie et Non-vie)

Millions de dollars des États-Unis

	2009	2010	2011	2012	2013	2014	2015	2016
Argentina	..	..	..	13 157	14 819	14 534	17 851	15 334
Australie	57 732	70 793	84 541	85 880	87 591	97 011	78 796	74 145
Autriche	..	..	..	..	25 077	25 069	21 082	20 633
Belgique	39 575	39 170	40 818	41 938	37 510	38 294	30 734	30 415
Bolivie	..	..	..	316	..	..	..	468
Brésil	..	..	..	..	..	69 867	55 519	58 914
Canada	75 424	85 752	93 998	97 037	98 545	93 075	83 591	..
Chili	6 248	8 309	9 699	11 298	11 776	10 976	11 413	12 401
Colombie	..	..	..	316	..	..	..	468
Costa Rica	..	718	793	927	1 036	1 157	1 049	1 212
République tchèque	7 562	8 167	8 764	7 846	7 998	7 608	6 173	6 002
Danemark	..	..	33 844	32 745	225 775	37 098	31 997	33 498
Équateur	..	..	..	..	..	..	2 316	2 135
El Salvador	..	..	55	57	62	65	70	71
Estonie	343	565	560	617	774	838	764	815
Finlande	9 470	11 615	10 119	9 353	13 057	14 106	11 912	10 005
France	300 973	297 035	288 704	258 656	275 671	293 642	250 772	327 320
Allemagne	246 786	240 817	255 374	302 757	333 618	338 313	292 969	294 460
Grèce	7 215	6 948	6 884	5 781	5 405	5 049	3 963	3 906
Guatemala	..	..	..	611	683	749	804	856
Honduras	..	..	..	..	368	379	398	..
Hong-Kong, Chine	24 153	26 903	29 268	33 191	37 856	43 121	47 901	59 301
Hongrie	4 081	4 053	4 054	3 377	3 582	3 584	2 991	3 146
Inde	..	..	73 109	..	..	..	..	69 847
Indonesie	..	..	..	16 249	15 782	14 325	14 629	17 290
Islande	277	382	415	404	419	444	420	487
Irlande	46 659	45 269	44 533	45 589	45 301	52 487	48 782	54 145
Israël[1]	10 253	11 234	12 665	12 471	13 941	14 366	14 117	15 142
Italie	166 837	169 745	156 776	138 240	161 115	193 198	165 787	151 321
Japon	471 373	498 713	568 376	465 476	355 940	351 337	311 854	407 370
Corée	98 989	120 803	137 828	163 065	169 186	187 068	183 642	185 646
Lettonie	512	434	555	574	625	686	589	581
Lithuanie	..	596	685	665	753	797	715	785
Luxembourg	23 063	27 438	19 151	25 169	24 698	28 907	21 270	20 275
Malaysie	9 540	13 242	14 878	16 338	16 974	17 588	15 346	15 100
Mexique	17 528	19 548	22 683	23 596	27 184	27 349	24 929	24 150
Pays-Bas	67 166	52 399	58 577	51 270	51 127	48 539	37 384	..
Nouvelle-Zélande	2 948	3 372	..	4 590	5 139	5 359	4 657	4 753
Nicaragua	..	..	..	138	157	178	191	204
Norvège	9 289	20 570	23 794	25 748	25 536	26 461	20 647	20 210
Paraguay	..	..	..	227	360	..	381	377
Pérou	..	..	2 660	3 041	3 392	3 602	3 709	3 354
Pologne	16 475	17 963	19 289	19 231	18 307	17 412	14 539	14 213
Portugal	19 727	21 046	15 622	13 560	16 998	18 642	13 939	12 071
Porto Rico	..	..	..	..	9 610	9 108	11 145	14 563
Russie	17 583	..	23 718	..	..	26 658	17 299	18 218
Singapour	8 664	20 231	23 470	24 947	27 186	30 379	30 331	33 160
République slovaque	2 887	2 813	2 994	2 772	2 958	2 982	2 399	..
Slovénie	3 021	2 885	3 035	2 816	2 807	2 779	2 385	2 414
Afrique du Sud	..	50 272	56 005	51 452	54 268	51 527	47 054	42 473
Espagne	85 164	76 313	86 265	72 884	77 155	76 502	65 488	73 605
Suède	25 465	25 624	28 062	24 669	27 203	49 890	40 254	39 107
Suisse	57 191	61 637	71 482	70 214	74 264	74 480	70 367	67 493
Tunisie	..	..	..	..	..	..	..	864
Turquie	8 455	9 971	10 247	11 399	13 212	12 314	11 775	13 718
Royaume-Uni	342 609	325 141	339 365	368 525	340 385	365 688	336 743	389 353
États-Unis	2 029 504	2 035 562	2 154 851	2 279 817	2 289 921	2 431 323	2 621 083	2 703 793

.. Non disponible

Note : Voir les métadonnées détaillées sur : http://metalinks.oecd.org/ins/20180621/fadf.

Responsabilité : http://oe.cd/disclaimer

1. Informations sur les données concernant Israël : http://oe.cd/israel-disclaimer.

Source : Indicateurs des activités d'assurances, Statistiques de l'OCDE sur les assurances (base de données)

Tableau 8. Primes brutes totales (Vie)

Millions de dollars des États-Unis

	2009	2010	2011	2012	2013	2014	2015	2016
Argentina	..	..	..	2 720	2 644	2 401	2 733	2 452
Australie	32 297	40 318	47 949	46 069	48 122	59 315	46 633	41 066
Autriche	..	..	..	..	8 554	8 890	7 437	6 696
Belgique	25 649	25 465	25 795	27 142	21 645	21 635	17 038	16 543
Bolivie	..	..	..	69	..	..	..	157
Brésil	..	..	..	..	..	42 061	34 819	38 935
Canada	26 843	30 491	32 005	31 148	32 390	26 679	23 996	..
Chili	4 067	5 484	6 067	7 400	7 830	7 224	7 795	8 726
Colombie	..	..	..	69	..	..	..	157
Costa Rica	..	63	84	110	139	142	133	187
République tchèque	3 160	3 757	4 069	3 680	3 657	3 429	2 537	2 435
Danemark	..	..	23 069	22 489	215 331	25 124	22 055	23 001
Équateur	..	..	..	..	..	..	453	471
El Salvador	..	..	11	13	17	17	18	18
Estonie	..	229	223	209	227	254	238	245
Finlande	4 653	6 914	5 179	4 786	7 421	8 097	6 941	5 060
France	50 761	51 003	184 360	160 628	172 138	188 383	160 881	196 502
Allemagne	113 997	115 270	116 636	107 431	120 258	121 584	99 588	97 584
Grèce	3 315	3 005	3 008	2 497	2 237	2 497	1 999	1 844
Guatemala	..	..	..	124	136	156	156	170
Honduras	..	..	..	..	114	134	145	..
Hong-Kong, Chine	20 470	22 867	24 808	28 123	32 425	37 459	41 972	53 421
Hongrie	2 054	2 155	2 212	1 790	1 951	1 965	1 529	1 559
Inde	..	..	62 483	..	..	..	..	54 608
Indonesie	..	..	..	11 465	10 720	9 490	10 093	12 560
Islande	26	29	30	29	33	36	35	43
Irlande	37 757	36 342	35 275	36 586	36 514	43 164	38 837	37 101
Israël[1]	5 031	5 792	6 682	6 602	7 374	7 426	7 568	7 986
Italie	115 091	121 811	105 179	91 863	115 115	148 447	129 025	114 701
Japon	376 888	399 898	458 422	465 476	355 940	351 337	311 854	307 549
Corée	61 419	71 964	79 314	96 195	100 261	106 188	104 801	104 560
Lettonie	81	100	102	101	118	141	127	130
Lithuanie	..	207	226	213	241	285	262	273
Luxembourg	21 501	25 870	17 309	23 499	22 705	27 130	19 633	18 556
Malaysie	5 801	8 090	8 976	9 907	10 200	10 594	9 306	9 317
Mexique	7 714	9 016	10 143	10 900	12 523	12 812	11 530	11 266
Pays-Bas	34 141	26 774	30 133	24 393	24 256	23 171	16 300	..
Nouvelle-Zélande	..	..	..	..	..	..	..	..
Nicaragua	..	..	..	22	27	32	33	38
Norvège	..	11 017	12 771	14 051	13 838	14 629	11 383	11 202
Paraguay	..	..	..	..	44	..	50	1
Pérou	..	..	1 276	1 435	1 587	1 768	1 794	1 519
Pologne	9 705	10 421	10 749	11 170	9 892	9 087	7 302	6 051
Portugal	13 957	15 703	10 030	8 582	11 981	13 599	9 407	7 195
Porto Rico	..	..	..	..	411	570	542	1 977
Russie	21	..	1 777	..	..	3 353	2 408	3 721
Singapour	7 508	13 828	15 723	16 402	18 449	20 808	21 033	23 739
République slovaque	1 486	1 492	1 592	1 493	1 641	1 619	1 229	..
Slovénie	663	645	669	623	629	636	552	544
Afrique du Sud	..	39 453	43 695	40 746	42 679	41 476	37 576	33 870
Espagne	40 561	36 291	40 499	33 822	34 387	33 567	28 520	34 672
Suède	12 931	12 510	13 923	13 311	14 190	34 734	29 507	29 302
Suisse	27 290	29 210	34 589	33 598	35 791	36 140	34 407	31 677
Tunisie	..	..	..	..	..	..	..	175
Turquie	1 436	1 743	1 880	1 758	2 072	1 610	1 390	2 048
Royaume-Uni	260 293	239 465	249 303	277 966	246 475	268 267	246 702	258 821
États-Unis	798 795	799 066	864 830	919 547	881 541	880 040	973 034	970 503

.. Non disponible

Note : Voir les métadonnées détaillées sur : http://metalinks.oecd.org/ins/20180621/fadf.

Responsabilité : http://oe.cd/disclaimer

1. Informations sur les données concernant Israel : http://oe.cd/israel-disclaimer.

Source : Indicateurs des activités d'assurances, Statistiques de l'OCDE sur les assurances (base de données)

Tableau 9. Primes brutes totales (Non-vie)

Millions de dollars des États-Unis

	2009	2010	2011	2012	2013	2014	2015	2016
Argentina	..	..	..	10 437	12 175	12 133	15 118	12 882
Australie	25 435	30 475	36 592	39 812	39 469	37 695	32 163	33 079
Autriche	..	..	..	..	16 523	16 179	13 645	13 937
Belgique	13 927	13 705	15 023	14 797	15 865	16 658	13 696	13 873
Bolivie	..	..	..	248	..	..	..	312
Brésil	..	..	..	..	..	27 806	20 699	19 979
Canada	48 581	55 261	61 993	65 889	66 155	66 396	59 596	..
Chili	2 181	2 825	3 633	3 898	3 946	3 751	3 619	3 676
Colombie	..	..	..	248	..	..	..	312
Costa Rica	..	655	709	816	897	1 014	916	1 024
République tchèque	4 403	4 410	4 695	4 165	4 341	4 179	3 636	3 566
Danemark	..	..	10 775	10 256	10 445	11 974	9 943	10 497
Équateur	..	..	..	..	..	..	1 864	1 665
El Salvador	..	..	43	44	46	47	50	51
Estonie	343	336	337	408	547	584	526	570
Finlande	4 816	4 701	4 941	4 567	5 636	6 009	4 972	4 946
France	95 772	94 470	104 344	98 028	103 533	105 258	89 891	130 818
Allemagne	132 789	125 547	138 738	195 326	213 359	216 729	193 381	196 876
Grèce	3 900	3 943	3 876	3 284	3 168	2 552	1 963	2 062
Guatemala	..	..	..	487	547	593	648	685
Honduras	..	..	..	..	254	246	253	..
Hong-Kong, Chine	3 683	4 037	4 460	5 068	5 431	5 661	5 929	5 880
Hongrie	2 027	1 898	1 842	1 587	1 631	1 619	1 462	1 588
Inde	..	..	10 627	..	..	..	..	15 239
Indonesie	..	..	..	4 784	5 062	4 835	4 537	4 730
Islande	251	353	385	374	385	408	384	444
Irlande	8 902	8 927	9 258	9 003	8 787	9 323	9 945	17 044
Israël[1]	5 222	5 442	5 983	5 868	6 567	6 940	6 548	7 156
Italie	51 746	47 934	51 598	46 377	46 000	44 751	36 762	36 620
Japon	94 485	98 815	109 954	..	..	..	..	99 821
Corée	37 571	48 839	58 515	66 870	68 925	80 880	78 841	81 086
Lettonie	431	334	452	473	507	545	462	451
Lithuanie	..	389	459	452	512	512	454	513
Luxembourg	1 562	1 568	1 842	1 671	1 993	1 777	1 637	1 719
Malaysie	3 739	5 152	5 902	6 431	6 773	6 994	6 041	5 782
Mexique	9 814	10 532	12 540	12 696	14 661	14 536	13 399	12 884
Pays-Bas	33 025	25 625	28 445	26 877	26 871	25 367	21 084	..
Nouvelle-Zélande	2 948	3 372	..	4 590	5 139	5 359	4 657	4 753
Nicaragua	..	..	..	116	130	146	158	166
Norvège	9 289	9 553	11 023	11 697	11 697	11 833	9 264	9 008
Paraguay	..	..	..	161	316	..	330	376
Pérou	..	..	1 384	1 605	1 805	1 834	1 916	1 835
Pologne	6 770	7 542	8 540	8 061	8 416	8 325	7 237	8 162
Portugal	5 770	5 342	5 592	4 977	5 017	5 044	4 532	4 876
Porto Rico	..	..	..	..	9 199	8 538	10 603	12 586
Russie	11 136	..	20 193	..	..	16 937	14 891	14 497
Singapour	1 156	6 403	7 748	8 544	8 737	9 571	9 298	9 421
République slovaque	1 401	1 321	1 403	1 279	1 317	1 364	1 170	..
Slovénie	2 358	2 240	2 367	2 193	2 178	2 143	1 833	1 870
Afrique du Sud	..	10 819	12 310	10 706	11 589	10 051	9 478	8 602
Espagne	44 603	40 023	45 766	39 062	42 767	42 935	36 967	38 933
Suède	12 534	13 114	14 140	11 357	13 013	15 156	10 746	9 805
Suisse	29 901	32 428	36 893	36 616	38 474	38 340	35 959	35 817
Tunisie	..	..	..	..	..	..	..	689
Turquie	7 018	8 228	8 367	9 641	11 140	10 804	10 386	11 670
Royaume-Uni	82 316	85 677	90 062	90 559	93 910	97 421	90 041	130 531
États-Unis	1 230 709	1 236 495	1 290 021	1 360 270	1 408 380	1 551 283	1 647 449	1 733 290

.. Non disponible

Note : Voir les métadonnées détaillées sur : http://metalinks.oecd.org/ins/20180621/fadf.

Responsabilité : http://oe.cd/disclaimer

1. Informations sur les données concernant Israël : http://oe.cd/israel-disclaimer.

Source : Indicateurs des activités d'assurances, Statistiques de l'OCDE sur les assurances (base de données)

Tableau 10. Part de marché dans l'OCDE (Vie et Non-vie)

Pourcentage

	2009	2010	2011	2012	2013	2014	2015	2016
Australie	1.4	1.6	1.8	1.8	1.8	2.0	1.6	1.5
Autriche	..	..	..	..	0.5	0.5	0.4	0.4
Belgique	0.9	0.9	0.9	0.9	0.8	0.8	0.6	0.6
Canada	1.8	2.0	2.0	2.1	2.0	1.9	1.7	..
Chili	0.1	0.2	0.2	0.2	0.2	0.2	0.2	0.2
République tchèque	0.2	0.2	0.2	0.2	0.2	0.2	0.1	0.1
Danemark	..	..	0.7	0.7	4.6	0.7	0.7	0.7
Estonie	0.0	0.0	0.0	0.0	0.0	0.0	0.0	0.0
Finlande	0.2	0.3	0.2	0.2	0.3	0.3	0.2	0.2
France	7.1	6.9	6.3	5.5	5.7	5.9	5.2	6.5
Allemagne	5.8	5.6	5.5	6.5	6.9	6.8	6.1	5.9
Grèce	0.2	0.2	0.1	0.1	0.1	0.1	0.1	0.1
Hongrie	0.1	0.1	0.1	0.1	0.1	0.1	0.1	0.1
Islande	0.0	0.0	0.0	0.0	0.0	0.0	0.0	0.0
Irlande	1.1	1.0	1.0	1.0	0.9	1.1	1.0	1.1
Israël	0.2	0.3	0.3	0.3	0.3	0.3	0.3	0.3
Italie	3.9	3.9	3.4	3.0	3.3	3.9	3.4	3.0
Japon	11.1	11.5	12.3	9.9	7.3	7.1	6.4	8.1
Corée	2.3	2.8	3.0	3.5	3.5	3.8	3.8	3.7
Lettonie	0.0	0.0	0.0	0.0	0.0	0.0	0.0	0.0
Luxembourg	0.5	0.6	0.4	0.5	0.5	0.6	0.4	0.4
Mexique	0.4	0.5	0.5	0.5	0.6	0.6	0.5	0.5
Pays-Bas	1.6	1.2	1.3	1.1	1.1	1.0	0.8	..
Nouvelle-Zélande	0.1	0.1	..	0.1	0.1	0.1	0.1	0.1
Norvège	0.2	0.5	0.5	0.6	0.5	0.5	0.4	0.4
Pologne	0.4	0.4	0.4	0.4	0.4	0.4	0.3	0.3
Portugal	0.5	0.5	0.3	0.3	0.3	0.4	0.3	0.2
République slovaque	0.1	0.1	0.1	0.1	0.1	0.1	0.1	..
Slovénie	0.1	0.1	0.1	0.1	0.1	0.1	0.0	0.0
Espagne	2.0	1.8	1.9	1.6	1.6	1.5	1.4	1.5
Suède	0.6	0.6	0.6	0.5	0.6	1.0	0.8	0.8
Suisse	1.3	1.4	1.5	1.5	1.5	1.5	1.6	1.3
Turquie	0.2	0.2	0.2	0.2	0.3	0.2	0.2	0.3
Royaume-Uni	8.0	7.5	7.4	7.9	7.0	7.4	7.0	7.8
États-Unis	47.6	47.1	46.7	48.7	47.0	49.1	54.2	53.9

.. Non disponible

Note : Voir les métadonnées détaillées sur : http://metalinks.oecd.org/ins/20180621/fadf.

Responsabilité : http://oe.cd/disclaimer

Source : Indicateurs des activités d'assurances, Statistiques de l'OCDE sur les assurances (base de données)

Tableau 11. Part de marché dans l'OCDE (Vie)

Pourcentage

	2009	2010	2011	2012	2013	2014	2015	2016
Australie	1.5	1.9	2.0	1.9	1.9	2.4	2.0	1.7
Autriche	..	..	..	..	0.3	0.4	0.3	0.3
Belgique	1.2	1.2	1.1	1.1	0.8	0.9	0.7	0.7
Canada	1.3	1.4	1.3	1.3	1.3	1.1	1.0	..
Chili	0.2	0.3	0.2	0.3	0.3	0.3	0.3	0.4
République tchèque	0.2	0.2	0.2	0.1	0.1	0.1	0.1	0.1
Danemark	..	..	0.9	0.9	8.4	1.0	0.9	1.0
Estonie	..	0.0	0.0	0.0	0.0	0.0	0.0	0.0
Finlande	0.2	0.3	0.2	0.2	0.3	0.3	0.3	0.2
France	2.4	2.4	7.6	6.5	6.7	7.6	6.8	8.3
Allemagne	5.4	5.4	4.8	4.3	4.7	4.9	4.2	4.1
Grèce	0.2	0.1	0.1	0.1	0.1	0.1	0.1	0.1
Hongrie	0.1	0.1	0.1	0.1	0.1	0.1	0.1	0.1
Islande	0.0	0.0	0.0	0.0	0.0	0.0	0.0	0.0
Irlande	1.8	1.7	1.4	1.5	1.4	1.7	1.6	1.6
Israël	0.2	0.3	0.3	0.3	0.3	0.3	0.3	0.3
Italie	5.5	5.7	4.3	3.7	4.5	6.0	5.4	4.9
Japon	18.0	18.7	18.8	18.7	13.9	14.1	13.1	13.1
Corée	2.9	3.4	3.3	3.9	3.9	4.3	4.4	4.4
Lettonie	0.0	0.0	0.0	0.0	0.0	0.0	0.0	0.0
Luxembourg	1.0	1.2	0.7	0.9	0.9	1.1	0.8	0.8
Mexique	0.4	0.4	0.4	0.4	0.5	0.5	0.5	0.5
Pays-Bas	1.6	1.3	1.2	1.0	0.9	0.9	0.7	..
Nouvelle-Zélande	..	..	..	..	..	..	..	..
Norvège	..	0.5	0.5	0.6	0.5	0.6	0.5	0.5
Pologne	0.5	0.5	0.4	0.4	0.4	0.4	0.3	0.3
Portugal	0.7	0.7	0.4	0.3	0.5	0.5	0.4	0.3
République slovaque	0.1	0.1	0.1	0.1	0.1	0.1	0.1	..
Slovénie	0.0	0.0	0.0	0.0	0.0	0.0	0.0	0.0
Espagne	1.9	1.7	1.7	1.4	1.3	1.3	1.2	1.5
Suède	0.6	0.6	0.6	0.5	0.6	1.4	1.2	1.2
Suisse	1.3	1.4	1.4	1.4	1.4	1.5	1.4	1.3
Turquie	0.1	0.1	0.1	0.1	0.1	0.1	0.1	0.1
Royaume-Uni	12.4	11.2	10.2	11.2	9.6	10.8	10.4	11.0
États-Unis	38.2	37.4	35.5	37.0	34.3	35.4	40.9	41.2

.. Non disponible

Note : Voir les métadonnées détaillées sur : http://metalinks.oecd.org/ins/20180621/fadf.

Responsabilité : http://oe.cd/disclaimer

Source : Indicateurs des activités d'assurances, Statistiques de l'OCDE sur les assurances (base de données)

Tableau 12. Part de marché dans l'OCDE (Non-vie)

Pourcentage

	2009	2010	2011	2012	2013	2014	2015	2016
Australie	1.3	1.5	1.7	1.8	1.7	1.5	1.3	1.2
Autriche	..	..	..	..	0.7	0.7	0.6	0.5
Belgique	0.7	0.7	0.7	0.7	0.7	0.7	0.6	0.5
Canada	2.4	2.7	2.8	3.0	2.9	2.7	2.4	..
Chili	0.1	0.1	0.2	0.2	0.2	0.2	0.1	0.1
République tchèque	0.2	0.2	0.2	0.2	0.2	0.2	0.1	0.1
Danemark	..	..	0.5	0.5	0.5	0.5	0.4	0.4
Estonie	0.0	0.0	0.0	0.0	0.0	0.0	0.0	0.0
Finlande	0.2	0.2	0.2	0.2	0.2	0.2	0.2	0.2
France	4.8	4.7	4.8	4.5	4.5	4.3	3.7	4.9
Allemagne	6.6	6.2	6.4	8.9	9.3	8.8	7.9	7.4
Grèce	0.2	0.2	0.2	0.2	0.1	0.1	0.1	0.1
Hongrie	0.1	0.1	0.1	0.1	0.1	0.1	0.1	0.1
Islande	0.0	0.0	0.0	0.0	0.0	0.0	0.0	0.0
Irlande	0.4	0.4	0.4	0.4	0.4	0.4	0.4	0.6
Israël	0.3	0.3	0.3	0.3	0.3	0.3	0.3	0.3
Italie	2.6	2.4	2.4	2.1	2.0	1.8	1.5	1.4
Japon	4.7	4.9	5.0	..	..	..	..	3.8
Corée	1.9	2.4	2.7	3.1	3.0	3.3	3.2	3.0
Lettonie	0.0	0.0	0.0	0.0	0.0	0.0	0.0	0.0
Luxembourg	0.1	0.1	0.1	0.1	0.1	0.1	0.1	0.1
Mexique	0.5	0.5	0.6	0.6	0.6	0.6	0.5	0.5
Pays-Bas	1.6	1.3	1.3	1.2	1.2	1.0	0.9	..
Nouvelle-Zélande	0.1	0.2	..	0.2	0.2	0.2	0.2	0.2
Norvège	0.5	0.5	0.5	0.5	0.5	0.5	0.4	0.3
Pologne	0.3	0.4	0.4	0.4	0.4	0.3	0.3	0.3
Portugal	0.3	0.3	0.3	0.2	0.2	0.2	0.2	0.2
République slovaque	0.1	0.1	0.1	0.1	0.1	0.1	0.0	..
Slovénie	0.1	0.1	0.1	0.1	0.1	0.1	0.1	0.1
Espagne	2.2	2.0	2.1	1.8	1.9	1.7	1.5	1.5
Suède	0.6	0.6	0.6	0.5	0.6	0.6	0.4	0.4
Suisse	1.5	1.6	1.7	1.7	1.7	1.6	1.5	1.3
Turquie	0.3	0.4	0.4	0.4	0.5	0.4	0.4	0.4
Royaume-Uni	4.1	4.2	4.1	4.1	4.1	4.0	3.7	4.9
États-Unis	61.1	60.9	59.2	62.0	61.2	63.0	67.0	65.1

.. Non disponible

Note : Voir les métadonnées détaillées sur : http://metalinks.oecd.org/ins/20180621/fadf.

Responsabilité : http://oe.cd/disclaimer

Source : Indicateurs des activités d'assurances, Statistiques de l'OCDE sur les assurances (base de données)

Tableau 13. Densité (Vie et Non-vie)

Dollars des États-Unis par habitant

	2009	2010	2011	2012	2013	2014	2015	2016
Argentina	..	..	..	314	350	316	385	328
Australie	2 396	2 901	3 378	3 329	3 352	3 691	2 931	2 672
Autriche	2 723	2 638	2 740	2 492	2 602	2 653	2 228	2 153
Belgique	3 613	3 510	3 596	3 678	3 252	3 304	2 652	2 613
Bolivie	..	..	..	31	..	..	..	43
Brésil	..	..	318	333	335	344	271	286
Canada	2 050	2 331	2 516	2 560	2 534	2 159	1 922	..
Chili	369	486	560	645	664	612	629	674
Colombie	..	..	..	31	..	..	..	43
Costa Rica	..	158	173	199	219	241	216	246
République tchèque	719	770	822	733	747	712	574	555
Danemark	..	..	6 069	5 823	6 079	6 543	5 610	5 699
Équateur	..	..	..	..	..	..	139	127
El Salvador	..	..	..	..	..	..	..	..
Estonie	257	424	421	466	586	636	582	621
Finlande	1 743	2 139	1 847	1 699	2 370	2 552	2 149	1 796
France	4 420	4 310	4 181	3 645	3 892	4 105	3 550	4 205
Allemagne	..	..	..	2 890	3 111	3 127	2 596	2 588
Grèce	..	618	608	511	480	457	361	356
Guatemala	..	..	41	39	43	46	48	50
Honduras	..	..	..	46	47	48	49	..
Hong-Kong, Chine	3 316	3 648	3 917	4 403	5 003	5 658	6 259	7 662
Hongrie	405	402	403	336	357	360	300	317
Inde	..	..	59	..	..	..	..	53
Indonesie	..	..	60	63	60	55	56	65
Islande	864	1 190	1 273	1 224	1 254	1 316	1 230	1 423
Irlande	10 152	9 791	9 572	9 721	9 649	11 147	10 280	11 284
Israël[1]	1 370	1 474	1 631	1 577	1 731	1 749	1 685	1 772
Italie	2 768	2 808	2 575	2 268	2 636	3 121	2 677	2 443
Japon	3 501	3 745	4 252	3 287	2 589	2 611	2 355	3 001
Corée	1 865	2 290	2 612	3 090	3 182	3 502	3 417	3 436
Lettonie	236	203	263	277	309	343	297	295
Lithuanie	..	192	226	222	254	272	246	273
Luxembourg	46 639	54 276	36 701	47 317	45 556	51 926	37 491	35 079
Malaysie	321	433	478	514	520	530	454	440
Mexique	153	168	192	198	226	224	203	194
Pays-Bas	3 776	2 930	3 483	3 019	2 997	2 836	2 171	..
Nouvelle-Zélande	666	759	..	1 024	1 141	1 169	964	983
Nicaragua	..	..	21	24	26	30	31	33
Norvège	4 385	4 191	4 785	5 111	5 011	5 132	3 967	3 840
Paraguay	..	..	..	46	54	..	56	54
Pérou	..	..	88	100	110	116	118	106
Pologne	427	467	502	500	475	453	372	361
Portugal	1 814	1 936	1 425	1 237	1 569	1 732	1 292	1 109
Porto Rico	..	..	..	..	2 661	2 552	3 182	4 247
Russie	113	..	159	..	..	179	117	123
Singapour	1 659	2 989	3 391	3 728	4 047	4 489	4 400	4 631
République slovaque	533	519	550	508	542	543	434	..
Slovénie	1 308	1 239	1 303	1 202	1 209	1 196	1 011	1 028
Afrique du Sud	..	986	1 083	..	995	930	836	738
Espagne	1 801	1 605	1 735	1 518	1 529	1 519	1 295	1 459
Suède	2 502	2 525	2 781	2 376	2 644	4 908	3 961	3 796
Suisse	6 397	6 755	7 969	7 634	7 898	7 892	7 456	7 027
Tunisie	..	..	..	..	..	..	..	76
Turquie	..	130	133	146	168	151	145	162
Royaume-Uni	5 195	4 885	4 937	5 316	4 793	5 098	4 598	3 725
États-Unis	5 221	5 228	5 492	5 750	5 684	5 967	6 302	6 498

.. Non disponible

Note : Voir les métadonnées détaillées sur : http://metalinks.oecd.org/ins/20180621/fadf.

Responsabilité : http://oe.cd/disclaimer

1. Informations sur les données concernant Israël : http://oe.cd/israel-disclaimer.

Source : Indicateurs des activités d'assurances, Statistiques de l'OCDE sur les assurances (base de données)

Tableau 14. Densité (Vie)

Dollars des États-Unis par habitant

	2009	2010	2011	2012	2013	2014	2015	2016
Argentina	..	..	..	64	62	55	62	55
Australie	1 396	1 713	1 993	1 856	1 899	2 323	1 785	1 527
Autriche	1 219	1 178	1 143	981	1 007	1 038	861	769
Belgique	2 381	2 339	2 334	2 441	1 932	1 928	1 511	1 456
Bolivie	..	..	..	7	..	..	..	14
Brésil	..	..	189	209	203	207	170	189
Canada	767	836	856	819	833	627	553	..
Chili	241	321	351	424	444	405	431	475
Colombie	..	..	..	7	..	..	..	14
Costa Rica	..	14	18	24	30	30	27	38
République tchèque	303	359	388	350	348	326	241	229
Danemark	..	..	4 147	4 005	4 236	4 443	3 878	4 006
Équateur	..	..	..	..	..	..	28	28
El Salvador	..	..	..	..	..	..	..	..
Estonie	..	172	168	158	172	193	181	186
Finlande	872	1 291	962	885	1 365	1 483	1 268	922
France	721	715	2 758	2 305	2 485	2 680	2 342	2 544
Allemagne	..	..	..	1 326	1 444	1 454	1 179	1 142
Grèce	..	269	267	225	203	228	184	170
Guatemala	..	..	8	8	9	10	9	10
Honduras	..	..	..	22	23	17	18	..
Hong-Kong, Chine	2 897	3 208	3 454	3 882	4 446	5 082	5 644	7 050
Hongrie	205	215	221	180	197	199	155	158
Inde	..	..	51	..	..	..	..	42
Indonesie	..	..	44	47	43	38	40	49
Islande	83	90	94	91	102	110	106	127
Irlande	8 234	7 883	7 635	7 867	7 838	9 237	8 242	7 852
Israël[1]	672	760	861	835	915	904	903	935
Italie	1 909	2 015	1 728	1 506	1 891	2 410	2 095	1 863
Japon	2 859	3 076	3 515	3 287	2 589	2 611	2 355	2 340
Corée	1 198	1 413	1 566	1 894	1 966	2 069	2 031	2 015
Lettonie	38	47	49	49	59	71	64	66
Lithuanie	..	67	75	71	81	97	90	95
Luxembourg	43 488	51 162	33 174	44 176	41 856	48 703	34 590	32 101
Malaysie	205	280	305	332	333	340	294	290
Mexique	68	78	87	93	105	106	95	92
Pays-Bas	1 835	1 431	1 804	1 455	1 444	1 374	962	..
Nouvelle-Zélande	..	..	..	..	..	..	..	..
Nicaragua	..	..	3	4	5	5	5	6
Norvège	2 471	2 245	2 568	2 789	2 715	2 837	2 187	2 128
Paraguay	..	..	..	..	7	..	7	0
Pérou	..	..	42	47	51	57	57	48
Pologne	254	273	282	293	260	239	192	159
Portugal	1 320	1 483	950	816	1 146	1 307	908	697
Porto Rico	..	..	..	..	114	161	156	578
Russie	0	..	12	..	..	23	17	26
Singapour	1 473	2 390	2 723	2 725	3 045	3 392	3 404	3 611
République slovaque	276	277	295	276	303	299	227	..
Slovénie	326	315	326	303	305	309	268	264
Afrique du Sud	..	774	845	..	801	766	683	606
Espagne	873	778	857	722	729	711	605	737
Suède	1 380	1 325	1 466	1 362	1 469	3 562	2 994	2 931
Suisse	3 511	3 715	4 372	4 177	4 385	4 378	4 113	3 740
Tunisie	..	..	..	..	..	..	..	15
Turquie	..	23	25	23	26	19	17	25
Royaume-Uni	4 049	3 687	3 670	4 054	3 488	3 781	3 411	2 218
États-Unis	2 381	2 364	2 517	2 640	2 471	2 474	2 574	2 587

.. Non disponible

Note : Voir les métadonnées détaillées sur : http://metalinks.oecd.org/ins/20180621/fadf.

Responsabilité : http://oe.cd/disclaimer

1. Informations sur les données concernant Israël : http://oe.cd/israel-disclaimer.

Source : Indicateurs des activités d'assurances, Statistiques de l'OCDE sur les assurances (base de données)

Tableau 15. Densité (Non-vie)

Dollars des États-Unis par habitant

	2009	2010	2011	2012	2013	2014	2015	2016
Argentina	..	..	..	249	288	262	323	273
Australie	1 000	1 188	1 385	1 473	1 454	1 368	1 147	1 145
Autriche	1 504	1 460	1 597	1 511	1 595	1 615	1 368	1 384
Belgique	1 232	1 171	1 263	1 237	1 320	1 376	1 141	1 157
Bolivie	..	..	..	24	..	..	..	28
Brésil	..	..	129	123	132	137	101	97
Canada	1 284	1 495	1 660	1 741	1 701	1 532	1 369	..
Chili	128	165	209	221	221	207	198	199
Colombie	..	..	..	24	..	..	..	28
Costa Rica	..	144	154	175	190	211	188	208
République tchèque	416	411	434	383	399	386	333	325
Danemark	..	..	1 923	1 818	1 843	2 101	1 732	1 692
Équateur	..	..	..	..	..	..	112	98
El Salvador	..	..	..	..	..	..	..	..
Estonie	257	252	253	308	414	444	401	434
Finlande	871	848	885	814	1 005	1 069	881	874
France	1 340	1 307	1 422	1 340	1 407	1 425	1 208	1 662
Allemagne	..	..	..	1 564	1 667	1 672	1 416	1 446
Grèce	..	348	341	286	277	228	177	187
Guatemala	..	..	33	31	34	36	38	40
Honduras	..	..	..	24	24	31	31	..
Hong-Kong, Chine	419	440	463	521	557	577	615	612
Hongrie	200	187	182	156	160	161	145	158
Inde	..	..	8	..	..	..	..	11
Indonesie	..	..	16	17	17	18	17	17
Islande	780	1 100	1 178	1 133	1 152	1 206	1 124	1 296
Irlande	1 918	1 908	1 938	1 854	1 811	1 910	2 038	3 432
Israël[1]	698	714	771	742	815	845	782	838
Italie	859	792	847	762	745	711	582	580
Japon	643	668	737	..	..	..	..	661
Corée	667	877	1 046	1 196	1 215	1 433	1 386	1 421
Lettonie	198	156	214	228	250	272	232	229
Lithuanie	..	125	151	151	173	175	156	178
Luxembourg	3 151	3 114	3 526	3 141	3 699	3 223	2 901	2 978
Malaysie	117	153	173	182	187	190	160	150
Mexique	85	90	105	105	121	118	108	103
Pays-Bas	1 941	1 499	1 679	1 564	1 553	1 462	1 209	..
Nouvelle-Zélande	666	759	..	1 024	1 141	1 169	964	983
Nicaragua	..	..	18	20	22	24	26	27
Norvège	1 914	1 946	2 217	2 322	2 295	2 295	1 780	1 712
Paraguay	..	..	..	27	47	..	48	54
Pérou	..	..	46	53	59	59	61	58
Pologne	173	194	220	207	216	214	180	202
Portugal	495	453	475	421	423	425	384	413
Porto Rico	..	..	..	..	2 546	2 391	3 026	3 670
Russie	69	..	135	..	..	112	100	97
Singapour	185	599	668	1 004	1 001	1 098	996	1 021
République slovaque	257	242	255	232	238	244	207	..
Slovénie	982	924	977	899	904	888	744	764
Afrique du Sud	..	212	238	..	194	164	153	132
Espagne	927	827	878	796	800	808	689	722
Suède	1 122	1 200	1 315	1 015	1 175	1 346	967	865
Suisse	2 886	3 040	3 597	3 458	3 513	3 514	3 343	3 286
Tunisie	..	..	..	..	..	..	..	61
Turquie	..	107	108	123	141	131	128	137
Royaume-Uni	1 146	1 198	1 267	1 262	1 306	1 317	1 188	1 507
États-Unis	2 840	2 864	2 975	3 110	3 212	3 493	3 728	3 912

.. Non disponible

Note : Voir les métadonnées détaillées sur : http://metalinks.oecd.org/ins/20180621/fadf.

Responsabilité : http://oe.cd/disclaimer

1. Informations sur les données concernant Israël : http://oe.cd/israel-disclaimer.

Source : Indicateurs des activités d'assurances, Statistiques de l'OCDE sur les assurances (base de données)

Tableau 16. Pénétration (Vie et Non-vie)

Pourcentage

	2009	2010	2011	2012	2013	2014	2015	2016
Argentina	..	..	..	2.3	2.4	2.4	2.6	2.6
Australie	5.2	5.0	4.9	4.8	5.1	6.0	5.6	5.0
Autriche	5.7	5.6	5.3	5.1	5.1	5.1	5.0	4.8
Belgique	8.0	7.9	7.5	8.2	7.0	7.0	6.5	6.3
Bolivie	..	..	..	1.2	..	..	..	1.3
Brésil	..	..	2.4	2.7	2.7	2.8	3.1	3.3
Canada	5.0	4.9	4.8	4.9	4.8	4.3	4.4	..
Chili	3.6	3.8	3.8	4.2	4.2	4.2	4.7	5.0
Colombie	..	..	..	1.2	..	..	..	1.3
Costa Rica	..	1.9	1.9	2.0	2.1	2.3	1.9	2.1
République tchèque	3.6	3.9	3.8	3.7	3.8	3.6	3.2	3.0
Danemark	..	..	9.8	9.9	9.9	10.4	10.5	10.6
Équateur	..	..	..	..	..	..	2.3	2.1
El Salvador	..	..	..	..	..	..	..	..
Estonie	1.7	2.9	2.4	2.7	3.1	3.2	3.4	3.5
Finlande	3.7	4.6	3.6	3.6	4.8	5.1	5.1	4.1
France	10.2	10.2	9.2	8.6	8.8	9.2	9.4	11.0
Allemagne	..	..	..	6.6	6.7	6.5	6.3	6.2
Grèce	..	2.3	2.4	2.3	2.2	2.1	2.0	2.0
Guatemala	..	..	1.3	1.2	1.2	1.2	1.2	1.2
Honduras	..	..	..	1.9	2.0	1.9	1.9	..
Hong-Kong, Chine	10.8	11.3	11.2	12.0	13.1	14.1	14.8	17.6
Hongrie	3.1	3.1	2.9	2.6	2.6	2.5	2.4	2.5
Inde	..	..	3.8	..	..	..	..	3.1
Indonesie	..	..	1.6	1.7	1.6	1.6	1.7	1.8
Islande	2.1	2.9	2.8	2.8	2.6	2.5	2.4	2.4
Irlande	19.5	20.2	18.3	19.8	18.6	20.0	16.5	17.4
Israël[1]	4.9	4.8	4.8	4.8	4.0	4.7	4.7	4.8
Italie	7.5	7.8	6.7	6.5	7.4	8.8	8.9	8.0
Japon	8.5	8.4	8.8	6.8	6.4	6.8	6.8	7.7
Corée	10.2	10.4	10.8	12.7	12.3	12.6	12.6	12.5
Lettonie	1.9	1.8	1.9	2.0	2.1	2.2	2.2	2.1
Lithuanie	..	1.6	1.6	1.6	1.6	1.6	1.7	1.8
Luxembourg	44.9	51.2	31.3	43.8	39.6	43.1	36.5	34.5
Malaysie	4.3	4.9	4.7	4.8	4.9	4.8	4.8	4.7
Mexique	1.9	1.8	1.9	1.9	2.1	2.0	2.1	2.2
Pays-Bas	7.3	5.8	6.5	6.1	5.8	5.4	4.9	..
Nouvelle-Zélande	2.4	2.3	..	2.6	2.7	2.7	2.6	2.5
Nicaragua	..	..	1.3	1.3	1.4	1.5	1.5	1.6
Norvège	5.5	4.8	4.8	5.0	4.9	5.3	5.3	5.4
Paraguay	..	..	..	1.2	1.2	..	1.4	1.4
Pérou	..	..	1.6	1.6	1.7	1.8	1.9	1.7
Pologne	3.7	3.7	3.6	3.8	3.5	3.2	3.0	2.9
Portugal	7.9	8.6	6.1	6.0	7.3	7.8	6.7	5.6
Porto Rico	..	..	..	..	9.3	8.8	10.7	14.3
Russie	1.2	..	1.1	..	..	1.2	1.2	1.4
Singapour	4.3	6.4	6.4	6.8	7.2	8.0	8.2	8.7
République slovaque	3.2	3.1	3.0	2.9	3.0	2.9	2.7	..
Slovénie	5.3	5.3	5.2	5.3	5.2	4.9	4.8	4.7
Afrique du Sud	..	13.4	13.4	..	14.4	14.3	14.6	14.0
Espagne	5.6	5.2	5.5	5.3	5.2	5.1	5.0	5.5
Suède	5.4	4.9	4.7	4.2	4.4	8.3	7.8	7.4
Suisse	9.1	9.0	9.0	9.1	9.2	9.1	9.0	8.7
Tunisie	..		..	..	..	..	..	2.0
Turquie	..	1.2	1.2	1.3	1.4	1.3	1.3	1.5
Royaume-Uni	13.6	12.6	11.9	12.7	11.2	10.9	10.4	9.2
États-Unis	11.1	10.8	11.0	11.2	10.8	10.9	11.2	11.3

.. Non disponible

Note : Voir les métadonnées détaillées sur : http://metalinks.oecd.org/ins/20180621/fadf.

Responsabilité : http://oe.cd/disclaimer

1. Informations sur les données concernant Israel : http://oe.cd/israel-disclaimer.

Source : Indicateurs des activités d'assurances, Statistiques de l'OCDE sur les assurances (base de données)

Tableau 17. Pénétration (Vie)

Pourcentage

	2009	2010	2011	2012	2013	2014	2015	2016
Argentina	..	..	..	0.5	0.4	0.4	0.4	0.4
Australie	3.0	2.9	2.9	2.7	2.9	3.8	3.4	2.8
Autriche	2.5	2.5	2.2	2.0	2.0	2.0	1.9	1.7
Belgique	5.3	5.2	4.9	5.4	4.1	4.1	3.7	3.5
Bolivie	..	..	..	0.3	..	..	..	0.5
Brésil	..	..	1.4	1.7	1.7	1.7	1.9	2.2
Canada	1.9	1.8	1.6	1.6	1.6	1.2	1.3	..
Chili	2.4	2.5	2.4	2.8	2.8	2.8	3.2	3.5
Colombie	..	..	..	0.3	..	..	..	0.5
Costa Rica	..	0.2	0.2	0.2	0.3	0.3	0.2	0.3
République tchèque	1.5	1.8	1.8	1.8	1.7	1.7	1.4	1.2
Danemark	..	..	6.7	6.8	6.9	7.1	7.3	7.5
Équateur	..	..	..	..	..	..	0.4	0.5
El Salvador	..	..	..	..	..	..	..	..
Estonie	..	1.2	1.0	0.9	0.9	1.0	1.1	1.0
Finlande	1.8	2.8	1.9	1.9	2.7	3.0	3.0	2.1
France	1.7	1.7	6.1	5.4	5.6	6.0	6.2	6.7
Allemagne	..	..	..	3.0	3.1	3.0	2.9	2.7
Grèce	..	1.0	1.0	1.0	0.9	1.1	1.0	1.0
Guatemala	..	..	0.2	0.2	0.3	0.3	0.2	0.2
Honduras	..	..	..	0.9	1.0	0.7	0.7	..
Hong-Kong, Chine	9.5	9.9	9.9	10.6	11.6	12.6	13.3	16.2
Hongrie	1.6	1.6	1.6	1.4	1.4	1.4	1.2	1.2
Inde	..	..	3.3	..	..	..	..	2.4
Indonesie	..	..	1.2	1.2	1.2	1.1	1.2	1.3
Islande	0.2	0.2	0.2	0.2	0.2	0.2	0.2	0.2
Irlande	15.8	16.2	14.6	16.0	15.1	16.5	13.2	12.1
Israël[1]	2.4	2.5	2.6	2.6	2.5	2.4	2.5	2.5
Italie	5.2	5.6	4.5	4.3	5.3	6.8	7.0	6.1
Japon	7.0	6.9	7.3	6.8	6.4	6.8	6.8	6.0
Corée	6.6	6.4	6.5	7.8	7.6	7.4	7.5	7.3
Lettonie	0.3	0.4	0.4	0.4	0.4	0.5	0.5	0.5
Lithuanie	..	0.6	0.5	0.5	0.5	0.6	0.6	0.6
Luxembourg	41.8	48.3	28.3	40.9	36.4	40.4	33.7	31.5
Malaysie	2.8	3.1	3.0	3.1	3.1	3.1	3.1	3.1
Mexique	0.9	0.8	0.9	0.9	1.0	1.0	1.0	1.0
Pays-Bas	3.5	2.8	3.4	2.9	2.8	2.6	2.1	..
Nouvelle-Zélande	..	..	..	..	..	..	..	..
Nicaragua	..	..	0.2	0.2	0.2	0.3	0.3	0.3
Norvège	3.1	2.6	2.6	2.8	2.6	2.9	2.9	3.0
Paraguay	..	..	..	..	0.2	..	0.2	0.0
Pérou	..	..	0.7	0.7	0.8	0.9	0.9	0.8
Pologne	2.2	2.2	2.0	2.2	1.9	1.7	1.5	1.3
Portugal	5.7	6.6	4.1	4.0	5.3	5.9	4.7	3.5
Porto Rico	..	..	..	..	0.4	0.6	0.5	1.9
Russie	0.0	..	0.1	..	..	0.2	0.2	0.3
Singapour	3.8	5.1	5.1	5.0	5.4	6.0	6.3	6.8
République slovaque	1.7	1.7	1.6	1.6	1.7	1.6	1.4	..
Slovénie	1.3	1.3	1.3	1.3	1.3	1.3	1.3	1.2
Afrique du Sud	..	10.5	10.5	..	11.6	11.8	11.9	11.5
Espagne	2.7	2.5	2.7	2.5	2.5	2.4	2.3	2.8
Suède	3.0	2.6	2.5	2.4	2.4	6.1	5.9	5.7
Suisse	5.0	5.0	4.9	5.0	5.1	5.0	5.0	4.7
Tunisie	..	..	..	..	..	..	..	0.4
Turquie	..	0.2	0.2	0.2	0.2	0.2	0.2	0.2
Royaume-Uni	10.6	9.5	8.9	9.7	8.2	8.1	7.7	5.5
États-Unis	5.1	4.9	5.1	5.1	4.7	4.5	4.6	4.5

.. Non disponible

Note : Voir les métadonnées détaillées sur : http://metalinks.oecd.org/ins/20180621/fadf.

Responsabilité : http://oe.cd/disclaimer

1. Informations sur les données concernant Israël : http://oe.cd/israel-disclaimer.

Source : Indicateurs des activités d'assurances, Statistiques de l'OCDE sur les assurances (base de données)

Tableau 18. Pénétration (Non-vie)

Pourcentage

	2009	2010	2011	2012	2013	2014	2015	2016
Argentina	..	..	..	1.8	2.0	2.0	2.2	2.2
Australie	2.2	2.0	2.0	2.1	2.2	2.2	2.2	2.1
Autriche	3.1	3.1	3.1	3.1	3.1	3.1	3.1	3.1
Belgique	2.7	2.6	2.6	2.8	2.8	2.9	2.8	2.8
Bolivie	..	..	..	0.9	..	..	..	0.9
Brésil	..	..	1.0	1.0	1.1	1.1	1.1	1.1
Canada	3.1	3.1	3.2	3.3	3.2	3.0	3.1	..
Chili	1.3	1.3	1.4	1.4	1.4	1.4	1.5	1.5
Colombie	..	..	..	0.9	..	..	..	0.9
Costa Rica	..	1.8	1.7	1.8	1.8	2.0	1.7	1.8
République tchèque	2.1	2.1	2.0	1.9	2.0	2.0	1.9	1.8
Danemark	..	..	3.1	3.1	3.0	3.3	3.3	3.1
Équateur	..	..	..	..	..	..	1.8	1.7
El Salvador	..	..	..	..	..	..	..	..
Estonie	1.7	1.7	1.5	1.8	2.2	2.2	2.3	2.4
Finlande	1.8	1.8	1.7	1.7	2.0	2.1	2.1	2.0
France	3.1	3.1	3.1	3.2	3.2	3.2	3.2	4.4
Allemagne	..	..	..	3.6	3.6	3.5	3.4	3.4
Grèce	..	1.3	1.3	1.3	1.3	1.1	1.0	1.1
Guatemala	..	..	1.0	0.9	1.0	1.0	1.0	1.0
Honduras	..	..	..	1.0	1.0	1.2	1.2	..
Hong-Kong, Chine	1.4	1.4	1.3	1.4	1.5	1.4	1.5	1.4
Hongrie	1.5	1.4	1.3	1.2	1.2	1.1	1.2	1.2
Inde	..	..	0.5	..	..	..	..	0.7
Indonesie	..	..	0.4	0.4	0.5	0.5	0.5	0.5
Islande	1.9	2.6	2.6	2.6	2.4	2.3	2.2	2.2
Irlande	3.7	3.9	3.7	3.8	3.5	3.4	3.3	5.3
Israël[1]	2.5	2.3	2.3	2.3	2.2	2.0	2.2	2.3
Italie	2.3	2.2	2.2	2.2	2.1	2.0	1.9	1.9
Japon	1.6	1.5	1.5	..	..	..	..	1.7
Corée	3.6	4.0	4.3	4.9	4.7	5.2	5.1	5.2
Lettonie	1.0	1.4	1.6	1.7	1.7	1.7	1.7	1.6
Lithuanie	..	1.0	1.1	1.1	1.1	1.1	1.1	1.2
Luxembourg	3.0	2.9	3.0	2.9	3.2	2.7	2.8	2.9
Malaysie	1.6	1.7	1.7	1.7	1.7	1.7	1.7	1.6
Mexique	1.1	1.0	1.0	1.0	1.1	1.1	1.1	1.2
Pays-Bas	3.7	3.0	3.1	3.2	3.0	2.8	2.7	..
Nouvelle-Zélande	2.4	2.3	..	2.6	2.7	2.7	2.6	2.5
Nicaragua	..	..	1.1	1.1	1.2	1.2	1.2	1.3
Norvège	2.4	2.2	2.2	2.3	2.2	2.4	2.4	2.4
Paraguay	..	..	..	0.7	1.1	..	1.2	1.4
Pérou	..	..	0.8	0.8	0.9	0.9	1.0	0.9
Pologne	1.5	1.5	1.6	1.6	1.6	1.5	1.4	1.6
Portugal	2.1	2.0	2.0	2.0	2.0	1.9	2.0	2.1
Porto Rico	..	..	..	..	8.9	8.3	10.2	12.4
Russie	0.8	..	0.9	..	..	0.8	1.1	1.1
Singapour	0.5	1.3	1.3	1.8	1.8	1.9	1.9	1.9
République slovaque	1.6	1.5	1.4	1.3	1.3	1.3	1.3	..
Slovénie	4.0	3.9	3.9	4.0	3.9	3.7	3.6	3.5
Afrique du Sud	..	2.9	3.0	..	2.8	2.5	2.7	2.5
Espagne	2.9	2.7	2.8	2.8	2.7	2.7	2.7	2.7
Suède	2.4	2.3	2.2	1.8	2.0	2.3	1.9	1.7
Suisse	4.1	4.1	4.0	4.1	4.1	4.0	4.1	4.1
Tunisie	..	..	..	..	..	..	..	1.6
Turquie	..	1.0	1.0	1.1	1.1	1.1	1.2	1.3
Royaume-Uni	3.0	3.1	3.1	3.0	3.1	2.8	2.7	3.7
États-Unis	6.1	5.9	6.0	6.0	6.1	6.4	6.6	6.8

.. Non disponible

Note : Voir les métadonnées détaillées sur : http://metalinks.oecd.org/ins/20180621/fadf.

Responsabilité : http://oe.cd/disclaimer

1. Informations sur les données concernant Israël : http://oe.cd/israel-disclaimer.

Source : Indicateurs des activités d'assurances, Statistiques de l'OCDE sur les assurances (base de données)

Tableau 19. Part de l'assurance-vie
Pourcentage du total de l'assurance

Pourcentage

	2009	2010	2011	2012	2013	2014	2015	2016
Argentina	..	..	..	20.7	17.8	16.5	15.3	16.0
Australie	55.9	57.0	56.7	53.6	54.9	61.1	59.2	55.4
Autriche	..	..	..	..	34.1	35.5	35.3	32.5
Belgique	64.8	65.0	63.2	64.7	57.7	56.5	55.4	54.4
Bolivie	..	..	..	21.8	..	..	..	33.5
Brésil	..	..	..	..	..	60.2	62.7	66.1
Canada	35.6	35.6	34.0	32.1	32.9	28.7	28.7	..
Chili	65.1	66.0	62.5	65.5	66.5	65.8	68.3	70.4
Colombie	..	..	..	21.8	..	..	..	33.5
Costa Rica	..	8.8	10.6	11.9	13.4	12.3	12.7	15.4
République tchèque	41.8	46.0	46.4	46.9	45.7	45.1	41.1	40.6
Danemark	..	..	68.2	68.7	95.4	67.7	68.9	68.7
Équateur	..	..	..	..	..	..	19.5	22.0
El Salvador	..	..	20.7	22.7	26.7	25.7	25.6	24.7
Estonie	..	40.6	39.8	33.9	29.3	30.3	31.2	30.0
Finlande	49.1	59.5	51.2	51.2	56.8	57.4	58.3	50.6
France	16.9	17.2	63.9	62.1	62.4	64.2	64.2	60.0
Allemagne	46.2	47.9	45.7	35.5	36.0	35.9	34.0	33.1
Grèce	46.0	43.3	43.7	43.2	41.4	49.5	50.5	47.2
Guatemala	..	..	..	20.3	19.9	20.8	19.4	19.9
Honduras	..	..	..	..	30.9	35.3	36.4	..
Hong-Kong, Chine	84.8	85.0	84.8	84.7	85.7	86.9	87.6	90.1
Hongrie	50.3	53.2	54.6	53.0	54.5	54.8	51.1	49.5
Inde	..	..	85.5	..	..	..	..	78.2
Indonesie	..	..	..	70.6	67.9	66.2	69.0	72.6
Islande	9.5	7.5	7.3	7.3	7.9	8.2	8.4	8.8
Irlande	80.9	80.3	79.2	80.3	80.6	82.2	79.6	68.5
Israël[1]	49.1	51.6	52.8	52.9	52.9	51.7	53.6	52.7
Italie	69.0	71.8	67.1	66.5	71.4	76.8	77.8	75.8
Japon	80.0	80.2	80.7	100.0	100.0	100.0	100.0	75.5
Corée	62.0	59.6	57.5	59.0	59.3	56.8	57.1	56.3
Lettonie	15.9	23.0	18.4	17.6	18.9	20.6	21.6	22.3
Lithuanie	..	34.7	33.0	32.0	32.0	35.8	36.6	34.7
Luxembourg	93.2	94.3	90.4	93.4	91.9	93.9	92.3	91.5
Malaysie	60.8	61.1	60.3	60.6	60.1	60.2	60.6	61.7
Mexique	44.0	46.1	44.7	46.2	46.1	46.8	46.3	46.7
Pays-Bas	50.8	51.1	51.4	47.6	47.4	47.7	43.6	..
Nouvelle-Zélande	..	..	..	..	..	..	..	..
Nicaragua	..	..	..	15.8	17.2	17.8	17.4	18.6
Norvège	..	53.6	53.7	54.6	54.2	55.3	55.1	55.4
Paraguay	..	..	..	..	12.2	..	13.3	0.2
Pérou	..	..	48.0	47.2	46.8	49.1	48.4	45.3
Pologne	58.9	58.0	55.7	58.1	54.0	52.2	50.2	42.6
Portugal	70.8	74.6	64.2	63.3	70.5	72.9	67.5	59.6
Porto Rico	..	..	..	..	4.3	6.3	4.9	13.6
Russie	0.1	..	7.5	..	..	12.6	13.9	20.4
Singapour	86.7	68.4	67.0	65.8	67.9	68.5	69.3	71.6
République slovaque	51.5	53.0	53.2	53.9	55.5	54.3	51.2	..
Slovénie	21.9	22.4	22.0	22.1	22.4	22.9	23.1	22.5
Afrique du Sud	..	78.5	78.0	79.2	78.6	80.5	79.9	79.7
Espagne	47.6	47.6	46.9	46.4	44.6	43.9	43.6	47.1
Suède	50.8	48.8	49.6	54.0	52.2	69.6	73.3	74.9
Suisse	47.7	47.4	48.4	47.9	48.2	48.5	48.9	46.9
Tunisie	..	..	..	..	..	..	..	20.3
Turquie	17.0	17.5	18.3	15.4	15.7	12.3	11.8	14.9
Royaume-Uni	76.0	73.6	73.5	75.4	72.4	73.4	73.3	66.5
États-Unis	39.4	39.3	40.1	40.3	38.5	36.2	37.1	35.9

.. Non disponible

Note : Voir les métadonnées détaillées sur : http://metalinks.oecd.org/ins/20180621/fadf.

Responsabilité : http://oe.cd/disclaimer

1. Informations sur les données concernant Israël : http://oe.cd/israel-disclaimer.

Source : Indicateurs des activités d'assurances, Statistiques de l'OCDE sur les assurances (base de données)

Tableau 20. Total des primes brutes directes par employé d'entreprise d'assurances

Dollars des États-Unis

	2009	2010	2011	2012	2013	2014	2015	2016
Argentina	..	..	..	..	257 394	231 152	267 706	..
Australie	..	..	..	..	..	..	..	..
Autriche	814 159	794 659	830 770	765 436	795 141	815 630	688 309	660 435
Belgique	873 393	907 893	..	..	..	..	..	..
Bolivie	..	..	..	..	..	..	..	112 942
Brésil	..	..	..	..	..	..	..	..
Canada	..	..	..	..	..	..	..	..
Chili	315 541	406 570	448 189	486 192	493 638	454 677	495 261	510 666
Colombie	..	..	..	..	..	..	..	112 942
Costa Rica	..	..	..	..	..	..	..	..
République tchèque	67 190	..	..	..	..	..	..	..
Danemark	..	..	2 092 465	2 052 306	2 215 121	2 158 639	1 927 585	2 018 459
Équateur	..	..	..	..	..	..	2 202 989	292 344
El Salvador	..	..	..	..	..	..	..	..
Estonie	197 403	..	208 774	224 249	200 167	221 703	200 336	..
Finlande	962 386	1 198 102	1 027 920	949 685	1 363 348	1 512 846	1 310 951	1 087 714
France	..	..	..	..	..	..	..	..
Allemagne	..	..	..	1 508 982	1 607 329	1 646 967	1 370 540	1 366 726
Grèce	..	..	..	..	..	..	..	..
Guatemala	..	..	..	137 904	..	159 900	..	181 604
Honduras	..	..	..	..	267 721	183 148	217 165	..
Hong-Kong, Chine	..	..	..	..	..	..	..	..
Hongrie	..	145 931	151 723	143 598	157 425	161 509	147 122	169 626
Inde	..	..	..	..	..	..	..	..
Indonesie	..	..	..	23 320	..	..	..	..
Islande	445 140	613 285	624 626	..	665 881	731 603	703 782	..
Irlande	..	..	4 521 646	5 146 079	5 004 239	..	..	..
Israël[1]	..	..	..	..	..	..	..	..
Italie	622 200	632 728	572 450	516 329	588 438	728 137	622 467	584 701
Japon	..	..	..	..	131 616	131 735	143 752	..
Corée	326 451	347 369	387 679	442 588	466 477	580 301	590 964	611 062
Lettonie	107 551	104 420	134 363	144 568	198 707	237 130	301 704	..
Lithuanie	..	118 376	131 547	116 324	128 811	136 338	120 793	129 952
Luxembourg	1 743 713	1 972 257	1 408 398	1 776 286	1 555 995	4 322 564	2 996 082	2 884 045
Malaysie	..	482 196	492 814	567 984	651 774	650 745	461 454	465 847
Mexique	364 757	397 414	447 668	457 259	436 528	403 458	330 532	410 335
Pays-Bas	..	..	..	..	..	..	..	..
Nouvelle-Zélande	302 172	343 870	..	425 805	473 708	..	..	..
Nicaragua	..	..	..	..	1 704 849	119 312	2 050 664	..
Norvège	..	2 109 103	..	..	..	..	..	..
Paraguay	..	..	..	104 627	379 327	..	110 593	..
Pérou	..	..	257 668	251 417	285 142	301 442	290 594	..
Pologne	166 861	181 086	181 339	198 127	169 341	183 458	167 678	..
Portugal	512 137	561 280	414 091	389 160	490 832	550 771	416 110	371 730
Porto Rico	..	..	..	..	780 437	704 962	856 812	1 128 095
Russie	..	..	51 053	..	..	73 609	..	61 185
Singapour	..	..	..	..	..	..	..	..
République slovaque	376 284	389 851	417 623	378 475	..	403 073	..	..
Slovénie	212 028	..	..	..	..	..	..	..
Afrique du Sud	..	..	..	..	..	..	..	..
Espagne	1 630 315	1 462 199	..	..	424 580	402 914	..	..
Suède	1 065 209	1 131 069	1 264 886	1 073 328	1 210 867	2 042 276	1 771 433	..
Suisse	1 197 915	..	..	..	..	..	..	..
Tunisie	..	..	..	..	..	..	..	173 680
Turquie	..	301 083	360 673	322 731	379 315	335 385	298 749	233 812
Royaume-Uni	..	..	..	..	..	..	..	..
États-Unis	..	..	..	..	..	..	..	..

.. Non disponible

Note : Voir les métadonnées détaillées sur : http://metalinks.oecd.org/ins/20180621/fadf.

Responsabilité : http://oe.cd/disclaimer

1. Informations sur les données concernant Israël : http://oe.cd/israel-disclaimer.

Source : Indicateurs des activités d'assurances, Statistiques de l'OCDE sur les assurances (base de données)

Tableau 21. Taux de rétention (Vie et Non-vie)

Pourcentage

	2009	2010	2011	2012	2013	2014	2015	2016
Argentina	..	..	..	88.9	90.6	86.5	87.5	88.4
Australie	85.7	85.2	84.5	84.1	84.5	86.0	83.8	80.4
Autriche	..	..	..	..	81.3	83.6	84.2	81.1
Belgique	94.2	94.0	95.1	92.6	91.2	88.7	88.5	87.2
Bolivie	..	..	..	50.3	..	..	..	49.8
Brésil	..	..	..	..	..	95.2	95.4	95.8
Canada	78.4	78.9	75.2	73.3	73.1	73.5	71.4	..
Chili	81.6	..	80.6	83.1	84.4	84.0	84.8	84.4
Colombie	..	..	..	50.3	..	..	..	49.8
Costa Rica	..	79.4	81.1	80.9	78.6	80.2	77.9	78.9
République tchèque	83.2	82.4	81.5	81.3	80.6	80.3	79.3	78.9
Danemark	..	..	95.8	96.3	99.4	97.2	97.1	96.9
Équateur	..	..	..	..	..	..	72.4	72.3
El Salvador	..	..	61.0	62.0	66.6	66.6	66.5	64.2
Estonie	..	95.2	95.1	..	..	..	..	..
Finlande	99.5	97.2	96.7	96.7	97.4	97.6	97.7	97.3
France	91.7	91.4	89.9	89.2	89.3	91.0	88.6	84.7
Allemagne	..	..	..	90.2	89.7	89.0	87.7	87.9
Grèce	48.6	88.2	83.3	88.1	79.8	87.6	87.2	88.8
Guatemala	..	..	..	68.0	66.3	64.2	64.9	67.8
Honduras	..	..	..	..	55.7	54.4	53.0	..
Hong-Kong, Chine	89.9	89.0	86.0	87.6	87.0	87.7	88.3	90.4
Hongrie	84.1	84.0	83.9	83.3	86.1	86.1	86.1	86.7
Inde	..	..	95.5	..	..	..	..	95.2
Indonesie	..	..	..	86.2	85.5	83.8	84.8	86.0
Islande	92.6	92.2	92.9	93.3	93.9	94.4	94.8	95.4
Irlande	90.0	89.0	86.7	88.4	87.8	89.2	88.0	79.6
Israël[1]	84.2	86.0	85.6	85.7	87.3	88.5	88.4	84.9
Italie	95.4	95.9	95.5	95.1	96.2	97.1	97.2	96.4
Japon	93.9	94.1	93.3	94.1	94.9	94.3	94.6	89.5
Corée	92.9	93.8	94.6	95.0	94.7	94.7	94.7	94.7
Lettonie	91.7	93.1	94.0	94.2	96.3	96.3	95.9	95.2
Lithuanie	..	..	..	..	..	95.2	95.1	95.0
Luxembourg	73.1	73.9	78.4	68.6	74.9	71.8	84.1	82.2
Malaysie	86.9	87.1	86.5	86.9	87.8	87.8	87.9	88.3
Mexique	81.9	85.4	82.3	83.8	82.6	83.9	83.0	84.4
Pays-Bas	92.4	91.3	86.2	92.0	92.3	89.4	91.7	..
Nouvelle-Zélande	..	..	..	..	..	..	..	..
Nicaragua	..	..	..	62.0	63.8	63.3	65.7	66.7
Norvège	85.4	..	..	93.0	92.9	93.1	92.2	92.7
Paraguay	..	..	..	..	79.1	..	79.6	78.0
Pérou	..	..	78.0	76.7	76.7	75.5	74.5	73.3
Pologne	95.3	93.7	93.3	92.7	92.7	92.4	90.5	87.9
Portugal	51.0	93.5	91.1	89.6	91.1	92.0	90.5	88.9
Porto Rico	..	..	..	..	99.6	98.6	92.9	94.3
Russie	82.4	..	97.7	..	..	86.9	88.6	88.9
Singapour	65.0	87.3	86.9	85.5	85.9	86.8	79.2	77.6
République slovaque	87.5	86.9	85.5	85.6	85.8	85.3	84.5	..
Slovénie	86.5	87.3	87.2	87.1	87.8	86.9	88.1	87.7
Afrique du Sud	..	..	85.1	90.9	87.6	88.2	89.7	88.9
Espagne	92.0	92.4	93.0	92.5	90.0	91.3	91.3	91.0
Suède	92.3	92.6	92.9	92.2	92.7	95.6	97.0	97.3
Suisse	93.2	91.8	93.0	92.5	92.6	92.9	93.1	93.7
Tunisie	..	..	..	..	..	..	..	80.9
Turquie	73.9	76.9	74.9	77.9	75.6	75.0	74.8	76.1
Royaume-Uni	90.3	89.6	88.4	87.7	87.4	84.8	89.0	75.8
États-Unis	70.2	73.9	74.0	73.6	71.3	74.9	72.8	72.5

.. Non disponible

Note : Voir les métadonnées détaillées sur : http://metalinks.oecd.org/ins/20180621/fadf.

Responsabilité : http://oe.cd/disclaimer

1. Informations sur les données concernant Israël : http://oe.cd/israel-disclaimer.

Source : Indicateurs des activités d'assurances, Statistiques de l'OCDE sur les assurances (base de données)

Tableau 22. Taux de rétention (Vie)

Pourcentage

	2009	2010	2011	2012	2013	2014	2015	2016
Argentina	..	..	..	92.7	96.6	97.1	97.2	96.7
Australie	92.3	91.8	91.9	92.1	92.3	92.5	91.3	89.3
Autriche	..	..	..	..	96.7	97.4	97.6	97.4
Belgique	97.8	97.8	97.6	97.7	97.0	97.6	97.9	96.7
Bolivie	..	..	..	79.5	..	..	..	64.6
Brésil	..	..	..	..	..	99.6	99.5	99.6
Canada	79.4	78.5	75.6	73.9	75.2	69.5	67.6	..
Chili	96.0	..	96.3	97.4	98.0	97.7	97.5	95.0
Colombie	..	..	..	79.5	..	..	..	64.6
Costa Rica	..	93.0	93.3	90.8	84.7	87.4	81.4	82.9
République tchèque	97.5	97.8	96.1	95.0	93.9	93.0	92.4	92.3
Danemark	..	..	99.7	99.7	..	99.8	99.8	99.8
Équateur	..	..	..	..	..	..	81.6	99.2
El Salvador	..	..	78.4	81.1	95.0	87.3	81.6	80.8
Estonie	..	99.1	98.9	..	..	..	..	..
Finlande	99.0	99.3	99.0	99.0	99.4	99.5	99.5	99.3
France	92.1	89.2	93.1	92.9	92.5	94.1	90.7	86.4
Allemagne	..	..	..	96.9	96.8	97.0	97.0	96.6
Grèce	94.9	94.8	84.8	95.1	94.8	95.6	95.9	96.2
Guatemala	..	..	..	76.6	75.3	76.6	76.9	80.9
Honduras	..	..	..	..	61.1	45.4	56.1	..
Hong-Kong, Chine	93.1	92.4	89.2	91.0	90.0	90.5	91.0	92.8
Hongrie	91.4	92.8	93.1	93.6	95.0	96.3	96.8	97.3
Inde	..	..	99.8	..	..	..	..	99.6
Indonesie	..	..	..	97.3	97.2	96.7	96.8	97.3
Islande	81.1	84.2	82.0	82.5	83.9	82.3	83.7	85.2
Irlande	93.8	93.5	91.3	94.4	93.7	94.0	94.1	94.9
Israël[1]	94.6	95.0	95.0	95.2	95.3	95.2	95.5	95.1
Italie	98.2	98.4	98.2	98.3	98.8	99.0	99.1	99.1
Japon	97.0	97.2	96.4	94.1	94.9	94.3	94.6	93.1
Corée	96.1	97.2	98.5	98.8	98.8	98.8	98.7	98.6
Lettonie	99.1	99.3	99.7	99.7	99.8	99.8	99.8	99.8
Lithuanie	..	..	..	..	..	98.5	98.0	98.5
Luxembourg	73.6	74.1	80.0	68.9	76.4	72.1	85.3	83.6
Malaysie	97.0	96.8	96.8	96.7	97.3	96.9	96.7	96.6
Mexique	97.3	97.4	94.6	94.8	95.3	96.6	96.4	96.2
Pays-Bas	95.8	95.8	94.6	94.9	95.4	89.6	94.0	..
Nouvelle-Zélande	..	..	..	..	..	..	..	..
Nicaragua	..	..	..	63.7	60.3	55.3	59.2	58.2
Norvège	..	..	..	98.6	98.8	98.9	98.7	98.9
Paraguay	..	..	..	..	80.7	..	81.7	41.0
Pérou	..	..	90.8	88.8	89.5	84.4	84.7	82.4
Pologne	98.1	98.2	99.1	97.6	98.6	98.5	98.2	98.3
Portugal	39.3	98.5	97.9	96.4	97.0	97.7	97.2	96.5
Porto Rico	..	..	..	..	..	..	56.0	85.7
Russie	..	..	..	..	..	98.4	98.6	98.8
Singapour	64.0	95.3	96.3	96.6	95.1	96.1	88.4	84.3
République slovaque	99.2	99.2	98.3	98.4	98.4	98.2	97.9	..
Slovénie	98.0	98.1	97.6	97.5	97.2	96.9	96.7	96.3
Afrique du Sud	..	..	89.4	94.9	92.5	93.2	95.2	94.6
Espagne	98.3	98.1	98.0	94.7	93.9	96.4	96.8	97.3
Suède	97.4	98.0	98.0	99.1	98.7	99.6	99.8	99.9
Suisse	99.2	99.3	99.3	99.4	99.3	99.4	99.4	99.3
Tunisie	..	..	..	..	..	..	..	90.4
Turquie	89.3	89.3	90.5	95.1	96.7	94.8	95.1	95.8
Royaume-Uni	93.7	92.7	90.4	89.0	88.9	85.4	91.2	78.9
États-Unis	76.0	84.7	84.0	83.5	77.4	88.3	80.4	80.0

.. Non disponible

Note : Voir les métadonnées détaillées sur : http://metalinks.oecd.org/ins/20180621/fadf.

Responsabilité : http://oe.cd/disclaimer

1. Informations sur les données concernant Israël : http://oe.cd/israel-disclaimer.

Source : Indicateurs des activités d'assurances, Statistiques de l'OCDE sur les assurances (base de données)

Tableau 23. Taux de rétention (Non-vie)

Pourcentage

	2009	2010	2011	2012	2013	2014	2015	2016
Argentina	..	..	..	87.9	89.3	84.4	85.7	86.8
Australie	77.2	76.6	74.9	74.9	75.0	75.7	73.0	69.3
Autriche	..	..	..	..	73.2	76.0	77.0	73.3
Belgique	87.7	83.2	87.0	83.2	83.4	77.2	76.8	75.9
Bolivie	..	..	..	42.2	..	..	..	42.4
Brésil	..	..	..	..	..	88.5	88.5	88.4
Canada	77.8	79.1	75.0	73.0	72.1	75.2	72.9	..
Chili	54.8	..	54.4	55.9	57.6	57.7	57.4	59.1
Colombie	..	..	..	42.2	..	..	..	42.4
Costa Rica	..	78.1	79.7	79.5	77.6	79.2	77.3	78.2
République tchèque	72.9	69.2	68.8	69.2	69.4	69.8	70.2	69.8
Danemark	..	..	87.3	88.9	88.1	91.7	91.1	90.6
Équateur	..	..	..	..	..	..	70.1	64.7
El Salvador	..	..	56.4	56.3	56.2	58.4	60.1	57.1
Estonie	..	92.6	92.5	..	..	..	..	..
Finlande	..	94.2	94.3	94.3	94.7	95.0	95.2	95.3
France	85.2	84.9	84.2	83.2	84.1	85.3	84.8	82.2
Allemagne	..	..	..	86.5	85.7	84.6	82.9	83.7
Grèce	81.7	83.2	82.2	82.9	69.1	79.8	78.3	82.2
Guatemala	..	..	..	65.9	64.0	61.0	62.0	64.5
Honduras	..	..	..	..	53.3	59.3	51.3	..
Hong-Kong, Chine	71.8	69.9	68.5	68.7	69.3	69.0	69.8	68.9
Hongrie	76.7	74.1	72.9	71.6	75.3	73.6	75.0	76.2
Inde	..	..	70.4	..	..	..	..	79.5
Indonesie	..	..	..	59.4	60.8	58.4	58.3	55.7
Islande	93.8	92.9	93.7	94.2	94.7	95.5	95.8	96.3
Irlande	74.2	70.9	69.3	64.1	63.1	67.1	64.1	46.3
Israël[1]	74.2	76.4	75.1	75.0	78.2	81.2	80.2	73.6
Italie	89.2	89.4	90.0	89.0	89.9	90.5	90.6	87.9
Japon	81.7	81.4	80.2	..	..	..	..	78.4
Corée	87.5	88.8	89.4	89.5	88.6	89.5	89.4	89.8
Lettonie	90.3	91.3	92.7	93.0	95.5	95.4	94.8	93.9
Lithuanie	..	..	..	..	..	93.3	93.4	93.0
Luxembourg	67.4	70.7	64.1	64.3	58.5	65.9	68.9	66.7
Malaysie	71.2	71.8	70.9	71.8	73.6	74.0	74.4	74.9
Mexique	69.9	75.1	72.5	74.4	71.7	72.8	71.5	74.0
Pays-Bas	89.0	86.6	77.2	89.4	89.5	89.2	89.9	..
Nouvelle-Zélande	87.1	87.0	..	78.7	77.5	80.0	80.5	73.8
Nicaragua	..	..	..	61.7	64.6	65.0	67.0	68.7
Norvège	85.4	..	..	86.2	85.9	85.9	84.3	85.0
Paraguay	..	..	..	71.2	78.9	..	79.3	78.0
Pérou	..	..	66.1	65.8	65.5	67.0	65.0	65.7
Pologne	91.3	87.6	85.9	85.9	85.8	85.8	82.8	80.2
Portugal	79.4	78.6	78.8	77.9	76.9	76.8	76.6	77.7
Porto Rico	..	..	..	..	99.5	98.5	94.8	95.7
Russie	77.0	..	84.3	..	..	82.0	87.0	86.4
Singapour	71.2	70.0	67.9	64.2	66.5	66.5	58.4	60.9
République slovaque	75.2	73.0	71.0	70.7	70.1	69.9	70.4	..
Slovénie	83.2	84.2	84.3	84.2	85.1	84.0	85.5	85.2
Afrique du Sud	..	..	69.5	75.7	69.8	67.7	68.0	66.8
Espagne	86.2	87.3	88.5	90.5	86.8	87.3	87.0	85.3
Suède	87.0	87.4	87.9	84.0	86.1	86.5	89.3	89.5
Suisse	87.7	85.2	87.0	86.1	86.4	86.7	87.0	88.8
Tunisie	..	..	..	..	..	..	..	78.6
Turquie	70.8	74.3	71.4	74.8	71.9	72.2	72.1	72.7
Royaume-Uni	79.8	81.0	82.8	83.8	83.4	83.2	82.8	69.5
États-Unis	65.9	66.9	67.1	66.9	67.4	67.3	68.2	68.3

.. Non disponible

Note : Voir les métadonnées détaillées sur : http://metalinks.oecd.org/ins/20180621/fadf.

Responsabilité : http://oe.cd/disclaimer

1. Informations sur les données concernant Israël : http://oe.cd/israel-disclaimer.

Source : Indicateurs des activités d'assurances, Statistiques de l'OCDE sur les assurances (base de données)

Tableau 24. Taux de réassurance acceptée (Vie et Non-vie)

Pourcentage

	2009	2010	2011	2012	2013	2014	2015	2016
Argentina	..	..	..	0.5	0.3	7.2	7.0	6.7
Australie	9.3	9.1	10.0	11.1	10.9	10.1	10.9	12.5
Autriche	..	..	..	..	12.0	9.6	8.9	9.3
Belgique	1.8	2.9	3.1	2.7	3.2	3.5	3.0	2.8
Bolivie	..	..	..	0.6	..	..	..	1.0
Brésil	..	..	..	..	..	0.0	0.0	0.0
Canada	8.7	7.7	8.2	8.5	9.7	17.7	17.6	..
Chili	0.4	0.3	0.3	0.5	0.5	0.6	0.8	1.1
Colombie	..	..	..	0.6	..	..	..	1.0
Costa Rica	..	0.1	0.1	0.2	0.3	0.3	0.3	0.3
République tchèque	0.9	1.4	1.7	1.9	1.8	1.6	2.0	2.4
Danemark	..	..	0.3	0.8	..	0.8	0.8	2.9
Équateur	..	..	..	..	..	..	2.0	1.7
El Salvador	..	..	..	..	..	..	..	..
Estonie	0.1	0.0	0.1	..	..	..	..	..
Finlande	2.0	1.5	1.9	1.9	1.5	1.4	1.3	1.5
France	8.3	8.9	8.7	10.7	10.1	10.5	8.9	17.0
Allemagne	..	..	..	23.2	22.4	22.4	24.6	24.5
Grèce	..	1.2	1.7	2.0	2.3	1.2	1.1	1.0
Guatemala	..	..	..	2.9	2.7	2.7	3.1	2.9
Honduras	..	..	..	..	0.0	0.0	0.0	..
Hong-Kong, Chine	3.9	4.4	4.8	4.9	4.7	4.8	4.5	4.8
Hongrie	0.5	0.6	0.7	1.0	1.3	0.9	1.0	1.0
Inde	..	..	1.7	..	..	..	..	0.7
Indonesie	..	..	..	4.2	4.9	2.5	2.1	2.0
Islande	1.0	0.8	1.9	2.3	2.3	2.5	2.4	1.7
Irlande	1.1	1.2	1.6	2.0	1.8	1.9	1.9	2.2
Israël[1]	0.0	0.0	0.0	..	..	..	..	0.0
Italie	2.1	2.1	2.5	2.5	2.4	1.8	1.8	2.1
Japon	5.2	4.2	4.4	9.9	7.4	5.5	4.1	6.5
Corée	7.1	6.1	5.4	4.9	5.2	5.0	5.1	5.2
Lettonie	0.4	0.6	1.5	1.4	0.0	0.0	0.0	0.0
Lithuanie	..	0.1	0.1	0.1	0.1	0.0	0.0	0.0
Luxembourg	0.1	0.7	1.9	1.3	0.9	1.2	0.8	0.3
Malaysie	5.5	6.5	6.5	7.1	7.4	7.5	7.7	7.7
Mexique	1.7	1.6	2.0	1.8	1.7	1.8	1.7	1.6
Pays-Bas	7.1	7.1	0.7	1.4	1.5	1.5	1.7	..
Nouvelle-Zélande	2.1	1.6	..	1.3	0.6	0.6	3.8	1.8
Nicaragua	..	..	..	..	0.0	..	..	..
Norvège	0.2	..	..	..	..	..	..	..
Paraguay	..	..	..	2.0	1.5	..	1.1	1.0
Pérou	..	..	1.5	1.4	1.0	0.7	0.6	0.6
Pologne	1.1	1.1	0.9	1.0	1.2	1.0	2.7	3.5
Portugal	2.8	2.8	3.7	4.1	3.5	3.3	3.9	5.1
Porto Rico	..	..	..	..	0.5	0.9	0.8	0.5
Russie	7.7	..	4.0	..	..	3.5	2.8	3.0
Singapour	4.5	25.0	25.1	20.6	19.6	19.2	19.7	21.7
République slovaque	0.6	0.6	0.9	1.0	0.9	1.4	2.0	..
Slovénie	12.0	12.1	12.0	12.3	11.3	11.3	12.5	12.1
Afrique du Sud	..	..	..	..	2.3	2.3	2.2	2.9
Espagne	2.0	2.0	6.0	2.6	7.7	7.8	8.2	8.2
Suède	8.2	7.2	6.0	7.9	6.3	4.1	3.1	3.0
Suisse	13.9	14.7	12.3	13.5	14.5	13.8	12.7	13.3
Tunisie	..	..	..	..	..	..	..	1.2
Turquie	..	4.0	3.2	2.0	2.7	6.0	3.1	5.0
Royaume-Uni	5.6	5.7	7.9	8.1	9.7	9.9	11.1	37.3
États-Unis	20.9	20.4	20.5	20.7	21.5	21.8	22.8	22.3

.. Non disponible

Note : Voir les métadonnées détaillées sur : http://metalinks.oecd.org/ins/20180621/fadf.

Responsabilité : http://oe.cd/disclaimer

1 Informations sur les données concernant Israël : http://oe.cd/israel-disclaimer.

Source : Indicateurs des activités d'assurances, Statistiques de l'OCDE sur les assurances (base de données)

Tableau 25. Taux de réassurance acceptée (Vie)

Pourcentage

	2009	2010	2011	2012	2013	2014	2015	2016
Argentina	..	..	..	1.1	0.6	3.0	2.3	3.0
Australie	5.5	5.8	6.4	7.6	8.1	7.5	8.4	9.7
Autriche	..	..	..	..	0.2	0.2	0.2	0.2
Belgique	0.2	0.4	0.5	0.2	0.4	0.4	0.3	0.4
Bolivie	..	..	..	0.4	..	..	..	0.0
Brésil	..	..	..	..	..	0.0	0.0	0.0
Canada	4.1	6.9	8.3	8.8	9.7	16.6	17.5	..
Chili	0.1	0.1	0.1	0.0	0.0	0.1	0.4	1.0
Colombie	..	..	..	0.4	..	..	..	0.0
Costa Rica	..	0.1	0.0	0.1	0.0	0.0	0.0	0.0
République tchèque	0.0	0.0	0.0	0.0	0.0	0.0	0.0	0.6
Danemark	..	..	0.0	0.6	..	0.5	0.5	0.6
Équateur	..	..	..	..	..	..	0.6	0.0
El Salvador	..	..	..	..	..	..	..	..
Estonie	..	0.0	0.0	..	..	..	..	..
Finlande	0.1	0.1	0.1	0.1	0.1	0.2	0.0	0.0
France	11.2	12.0	5.6	9.1	8.0	8.9	6.3	16.4
Allemagne	..	..	..	0.7	0.7	0.6	0.6	0.6
Grèce	..	0.3	1.1	0.2	0.2	0.2	0.2	0.1
Guatemala	..	..	..	2.1	1.0	1.6	1.7	1.9
Honduras	..	..	..	..	0.0	0.0	0.0	..
Hong-Kong, Chine	1.0	1.1	1.0	1.0	1.1	1.6	1.7	2.8
Hongrie	0.0	0.0	0.0	0.0	0.0	0.0	0.0	0.0
Inde	..	..	0.0	..	..	..	..	0.0
Indonesie	..	..	..	0.0	0.0	..	..	..
Islande	0.0	0.0	0.0	0.0	0.0	0.0	0.1	..
Irlande	0.8	0.9	0.9	1.2	1.1	1.1	1.2	0.7
Israël[1]	0.0	0.0	0.0	..	..	..	..	0.0
Italie	2.2	2.1	2.4	2.6	1.9	1.3	1.3	1.5
Japon	3.2	1.8	2.0	9.9	7.4	5.5	4.1	3.4
Corée	3.8	2.7	1.4	1.1	1.1	1.1	1.1	1.3
Lettonie	..	0.0	0.0	0.0	0.0	0.0	0.0	0.0
Lithuanie	..	0.0	0.0	0.0	0.0	0.0	0.0	0.0
Luxembourg	0.1	0.7	1.9	1.3	1.0	1.3	0.8	0.4
Malaysie	1.0	1.1	1.1	1.2	1.3	1.4	1.4	1.4
Mexique	0.8	0.6	0.6	0.5	0.6	0.7	0.4	0.5
Pays-Bas	11.2	11.2	0.1	0.1	0.0	0.0	0.0	..
Nouvelle-Zélande	..	..	..	..	..	..	..	..
Nicaragua	..	..	..	..	0.0	..	..	..
Norvège	..	..	..	..	..	..	..	..
Paraguay	..	..	..	..	0.8	..	0.7	0.0
Pérou	..	..	1.8	1.6	1.2	0.6	0.5	0.3
Pologne	0.2	0.2	0.1	0.1	0.1	0.1	0.1	0.1
Portugal	0.1	0.2	0.0	0.0	0.0	0.0	0.0	0.0
Porto Rico	..	..	..	..	0.0	0.0	0.0	0.4
Russie	0.0	..	0.0	..	..	0.0	0.0	0.0
Singapour	2.1	12.3	10.2	11.8	10.9	10.8	10.4	14.7
République slovaque	0.0	0.0	0.0	0.0	0.0	0.0	0.0	..
Slovénie	0.0	0.0	0.0	..	..	..	..	..
Afrique du Sud	..	..	..	..	0.0	0.0	0.0	0.0
Espagne	0.2	0.1	1.1	0.2	1.3	1.6	1.5	1.5
Suède	0.3	0.3	0.2	2.3	0.2	0.0	0.0	0.0
Suisse	0.9	1.0	0.5	1.1	1.5	1.4	1.5	1.7
Tunisie	..	..	..	..	..	..	..	1.5
Turquie	..	1.7	2.0	1.6	2.1	1.5	1.6	4.3
Royaume-Uni	3.2	3.4	6.8	7.1	9.3	9.0	10.0	43.8
États-Unis	8.4	8.4	9.2	9.8	11.3	10.4	15.1	13.8

.. Non disponible

Note : Voir les métadonnées détaillées sur : http://metalinks.oecd.org/ins/20180621/fadf.

Responsabilité : http://oe.cd/disclaimer

1. Informations sur les données concernant Israël : http://oe.cd/israel-disclaimer.

Source : Indicateurs des activités d'assurances, Statistiques de l'OCDE sur les assurances (base de données)

Tableau 26. Taux de réassurance acceptée (Non-vie)

Pourcentage

	2009	2010	2011	2012	2013	2014	2015	2016
Argentina	..	..	..	0.4	0.3	8.0	7.8	7.5
Australie	14.0	13.6	14.8	15.2	14.2	14.3	14.7	16.0
Autriche	..	..	..	..	18.2	14.7	13.6	13.7
Belgique	4.8	7.4	7.5	7.3	7.1	7.6	6.4	5.7
Bolivie	..	..	..	0.6	..	..	..	1.4
Brésil	..	..	..	..	..	0.1	0.0	0.0
Canada	11.3	8.1	8.2	8.3	9.7	18.1	17.7	..
Chili	0.8	0.6	0.7	1.2	1.4	1.5	1.6	1.3
Colombie	..	..	..	0.6	..	..	..	1.4
Costa Rica	..	0.1	0.1	0.2	0.4	0.3	0.4	0.3
République tchèque	1.5	2.6	3.2	3.5	3.3	2.9	3.4	3.7
Danemark	..	..	0.8	1.1	1.1	1.3	1.4	8.0
Équateur	..	..	..	..	..	..	2.4	2.2
El Salvador	..	..	..	..	..	..	..	..
Estonie	0.1	0.0	0.1	..	..	..	..	..
Finlande	3.7	3.5	3.7	3.7	3.3	3.0	3.0	3.0
France	12.6	13.1	14.0	13.3	13.4	13.3	13.5	17.9
Allemagne	..	..	..	35.6	34.6	34.7	37.0	36.4
Grèce	..	1.8	2.1	3.3	3.7	2.2	1.9	1.8
Guatemala	..	..	..	3.1	3.2	3.0	3.4	3.2
Honduras	..	..	..	..	0.0	0.0	0.0	..
Hong-Kong, Chine	20.4	23.2	26.2	26.2	26.0	26.1	24.2	23.3
Hongrie	1.1	1.2	1.5	2.2	2.9	1.9	2.1	2.0
Inde	..	..	11.6	..	..	..	..	3.0
Indonesie	..	..	..	14.4	15.2	7.3	6.8	7.5
Islande	1.1	0.9	2.0	2.5	2.5	2.7	2.6	1.9
Irlande	2.0	2.4	4.1	5.3	5.0	5.3	4.6	5.5
Israël[1]	0.0	0.0	0.0	..		..	..	0.0
Italie	2.1	2.2	2.6	2.4	3.4	3.4	3.8	3.9
Japon	13.2	13.7	14.3	..	..	..	..	16.0
Corée	12.5	11.0	10.7	10.2	11.1	10.1	10.3	10.2
Lettonie	0.5	0.8	1.8	1.7	0.0	0.0	0.0	0.0
Lithuanie	..	0.1	0.2	0.2	0.2	0.0	0.0	0.0
Luxembourg	0.3	0.3	2.0	1.3	0.3	0.2	0.2	0.2
Malaysie	12.5	15.0	14.8	16.4	16.5	16.7	17.3	17.8
Mexique	2.4	2.4	3.1	2.9	2.7	2.7	2.7	2.6
Pays-Bas	2.8	2.8	1.5	2.5	2.9	2.8	2.9	..
Nouvelle-Zélande	2.1	1.6	..	1.3	0.6	0.6	3.8	1.8
Nicaragua	..	..	..	..	0.0	..	..	..
Norvège	0.2	..	..	..	..	..	..	..
Paraguay	..	..	..	2.2	1.5	..	1.2	1.0
Pérou	..	..	1.4	1.3	1.0	0.8	0.7	0.8
Pologne	2.3	2.2	1.9	2.3	2.5	2.1	5.3	6.1
Portugal	9.4	10.3	10.3	11.0	11.7	12.3	12.1	12.6
Porto Rico	..	..	..	..	0.5	1.0	0.9	0.5
Russie	10.9	..	4.5	..	..	5.0	3.3	3.7
Singapour	20.2	52.5	55.3	37.6	38.1	37.3	40.7	39.2
République slovaque	1.2	1.2	1.9	2.1	2.1	3.1	4.0	..
Slovénie	15.4	15.6	15.4	15.8	14.6	14.6	16.3	15.7
Afrique du Sud	..	..	..	..	10.8	11.6	11.1	14.2
Espagne	3.6	3.8	10.3	4.8	12.9	12.6	13.5	14.1
Suède	16.4	13.8	11.8	14.6	12.9	13.5	11.4	11.8
Suisse	25.7	27.0	23.3	24.9	26.6	25.4	23.4	23.6
Tunisie	..	..	..	..	..	..	..	1.1
Turquie	..	4.5	3.5	3.1	2.8	5.4	3.3	0.1
Royaume-Uni	13.3	12.2	11.0	11.2	10.9	12.6	14.1	24.3
États-Unis	29.1	28.2	28.1	28.2	27.8	20.2	27.4	27.0

.. Non disponible

Note : Voir les métadonnées détaillées sur : http://metalinks.oecd.org/ins/20180621/fadf.

Responsabilité : http://oe.cd/disclaimer

1. Informations sur les données concernant Israël : http://oe.cd/israel-disclaimer.

Source : Indicateurs des activités d'assurances, Statistiques de l'OCDE sur les assurances (base de données)

Tableau 27. Part du marché national détenue par les entreprises étrangères (Vie)

Pourcentage

	2009	2010	2011	2012	2013	2014	2015	2016
Argentina	..	..	..	18.3	31.8	31.4	30.8	30.4
Australie	28.7	15.0	10.3	15.8	16.8	15.5	17.7	20.8
Autriche	..	..	..	..	37.5	39.2	37.7	39.3
Belgique	..	..	..	..	..	..	..	..
Bolivie	..	..	..	..	..	..	..	29.9
Brésil	..	..	..	..	..	18.6	18.3	17.2
Canada	10.9	10.1	7.9	6.3	5.6	26.0	21.0	..
Chili	53.7	49.0	37.6	43.7	46.7	45.0	41.8	41.6
Colombie	..	..	..	..	..	..	..	29.9
Costa Rica	..	0.2	3.4	5.5	12.4	17.0	23.0	24.8
République tchèque	97.2	97.4	97.2	97.1	96.8	96.7	96.3	96.8
Danemark	..	..	20.4	19.3	2.5	19.5	18.6	18.8
Équateur	..	..	..	..	..	..	..	11.7
El Salvador	..	..	9.3	9.7	17.4	9.6	9.4	9.6
Estonie	..	100.0	100.0	100.0	100.0	100.0	100.0	100.0
Finlande	36.1	..	..	38.3	42.0	43.0	38.5	..
France	..	..	..	..	..	..	..	..
Allemagne	26.8	27.0	27.4	30.1	27.4	26.0	26.7	25.3
Grèce	59.3	57.2	63.4	63.3	53.8	48.0	55.7	76.9
Guatemala	..	..	..	..	..	..	..	..
Honduras	..	..	..	..	13.8	59.6	62.2	..
Hong-Kong, Chine	..	..	..	..	..	..	..	..
Hongrie	95.9	93.4	92.8	93.5	95.6	96.2	95.8	96.9
Inde	..	..	0.0	..	..	..	..	0.0
Indonesie	..	..	..	..	..	..	..	..
Islande	2.0	3.0	3.6	3.9	4.3	5.0	5.8	..
Irlande	3.3	8.2	4.7	3.9	4.9	4.5	4.7	..
Israël[1]	30.6	30.6	30.4	0.3	0.4	0.4	0.4	0.4
Italie	30.8	30.2	30.1	27.4	28.9	31.3	30.5	33.1
Japon	17.8	17.6	19.2	22.4	20.7	20.1	20.6	21.8
Corée	20.1	19.7	18.9	16.3	16.1	13.2	12.4	14.7
Lettonie	59.0	97.3	90.1	90.0	91.8	91.0	89.8	90.3
Lithuanie	..	97.0	96.9	96.8	97.0	97.4	97.4	97.5
Luxembourg	96.6	95.1	95.6	94.6	96.2	96.4	92.5	77.2
Malaysie	71.1	62.0	67.9	68.1	68.6	68.8	69.6	69.7
Mexique	74.0	72.5	69.9	71.1	6.3	74.0	72.3	70.6
Pays-Bas	22.5	25.2	21.1	21.1	19.2	4.6	18.5	..
Nouvelle-Zélande	..	..	..	..	..	..	..	..
Nicaragua	..	..	..	32.6	29.1	26.6	26.4	18.0
Norvège	..	9.7	9.3	10.7	12.3	13.3	15.1	0.7
Paraguay	..	..	..	..	6.2	..	0.0	0.0
Pérou	..	..	22.3	20.7	23.5	30.7	56.8	28.1
Pologne	49.4	49.8	50.9	51.1	48.8	50.0	50.7	54.3
Portugal	7.1	5.8	9.3	7.9	6.8	54.0	64.2	77.5
Porto Rico	..	..	..	..	10.4	7.8	0.0	59.9
Russie	3.0	..	..	..	..	8.5	18.1	15.5
Singapour	41.5	44.0	61.0	66.3	67.2	71.3	70.6	70.0
République slovaque	91.6	91.0	90.4	90.2	90.4	90.0	89.0	..
Slovénie	16.7	16.6	17.1	16.8	17.6	17.2	17.0	17.1
Afrique du Sud	..	..	20.8	33.0	31.9	35.2	33.3	34.6
Espagne	10.0	10.3	8.8	19.1	12.4	12.8	12.3	..
Suède	14.0	16.8	17.3	18.4	19.5	7.9	8.8	11.2
Suisse	3.3	30.5	29.9	30.6	31.2	27.9	26.9	25.6
Tunisie	..	..	..	..	..	..	..	..
Turquie	50.5	27.5	27.7	27.1	47.1	47.9	59.7	54.2
Royaume-Uni	20.6	18.8	21.0	26.4	23.3	16.0	16.9	..
États-Unis	25.6	20.6	19.8	19.6	20.0	21.0	17.4	22.5

.. Non disponible

Note : Voir les métadonnées détaillées sur : http://metalinks.oecd.org/ins/20180621/fadf.

Responsabilité : http://oe.cd/disclaimer

1. Informations sur les données concernant Israël : http://oe.cd/israel-disclaimer.

Source : Indicateurs des activités d'assurances, Statistiques de l'OCDE sur les assurances (base de données)

Tableau 28. Part du marché des entreprises étrangères dans le marché national (Vie)
Succursales ou agences d'entreprises

Pourcentage

	2009	2010	2011	2012	2013	2014	2015	2016
Argentina	..	..	..	1.5	1.8	3.9	3.2	3.4
Australie	..	..	..	..	..	..	..	..
Autriche	..	..	..	..	0.0	0.0	0.0	0.0
Belgique	..	..	..	..	..	..	..	..
Bolivie	..	..	..	..	..	..	..	..
Brésil	..	..	..	..	..	..	0.0	0.0
Canada	2.6	2.8	2.4	2.6	2.2	15.5	15.8	..
Chili	0.0	0.0	..	..	..	..	..	..
Colombie	..	..	..	..	..	..	..	..
Costa Rica	..	0.0	0.0	0.0	0.2	0.6	1.1	1.0
République tchèque	10.2	8.4	8.3	8.1	7.5	7.2	10.8	10.9
Danemark	..	..	..	..	..	..	..	..
Équateur	..	..	..	..	..	..	..	..
El Salvador	..	..	9.3	9.7	17.4	9.6	9.4	9.6
Estonie	..	0.0	0.0	2.9	2.5	2.7	2.8	2.2
Finlande	..	..	..	..	..	..	..	..
France	..	..	..	..	..	..	..	..
Allemagne	1.2	0.4	3.1	4.0	4.0	3.9	4.0	3.9
Grèce	12.9	13.6	6.2	0.4	0.0	0.0	0.0	0.0
Guatemala	..	..	..	..	..	..	..	..
Honduras	..	..	..	..	13.8	25.6	23.1	..
Hong-Kong, Chine	..	..	..	..	..	..	..	..
Hongrie	..	..	..	..	..	..	..	..
Inde	..	..	0.0	..	..	..	..	0.0
Indonesie	..	..	..	..	..	..	..	..
Islande	0.0	0.0	0.0	..	..	..	..	..
Irlande	3.3	8.2	4.7	3.9	4.9	4.5	4.7	..
Israël[1]	0.0	0.0	..	..	..	..	..	..
Italie	0.0	0.0	0.0	0.0	0.0	0.0	0.0	0.0
Japon	7.3	7.7	9.2	5.5	4.9	4.2	4.1	4.3
Corée	3.2	2.9	2.7	2.2	2.2	2.4	0.2	2.0
Lettonie	32.2	38.0	51.5	55.7	56.3	58.5	59.3	64.8
Lithuanie	..	47.7	46.7	41.5	41.6	43.1	41.8	40.8
Luxembourg	0.5	0.2	0.4	0.3	0.5	0.1	0.1	0.1
Malaysie	0.2	0.4	0.4	0.4	0.5	0.5	0.5	0.5
Mexique	..	..	..	..	..	..	..	..
Pays-Bas	2.7	3.0	2.7	2.7	2.0	0.0	0.0	..
Nouvelle-Zélande	..	..	..	..	..	..	..	..
Nicaragua	..	..	..	..	..	..	..	..
Norvège	..	1.2	1.0	0.8	1.3	1.4	0.7	0.7
Paraguay	..	..	..	..	..	..	0.0	0.0
Pérou	..	..	..	..	..	..	..	..
Pologne	0.0	..	..	..	..	..	..	..
Portugal	0.7	0.5	0.8	0.0	0.0	0.0	0.0	0.0
Porto Rico	..	..	..	..	..	..	..	35.3
Russie	..	..	..	..	..	..	..	..
Singapour	..	30.0	29.8	15.1	15.0	32.6	30.7	32.3
République slovaque	3.8	4.2	4.5	4.3	5.4	4.4	4.8	..
Slovénie	..	..	..	..	..	..	..	..
Afrique du Sud	..	..	..	..	0.0	..	..	..
Espagne	0.2	0.3	0.3	0.2	0.0	0.0	0.0	..
Suède	..	..	..	..	..	0.7	..	..
Suisse	3.3	4.0	1.6	2.1	1.5	0.0	0.0	0.0
Tunisie	..	..	..	..	..	..	..	..
Turquie	..	0.0	..	..	..	..	..	0.0
Royaume-Uni	0.3	0.9	0.1	0.0	0.0	0.0	0.0	..
États-Unis	0.0	0.0	0.0	..	..	..	..	0.0

.. Non disponible

Note : Voir les métadonnées détaillées sur : http://metalinks.oecd.org/ins/20180621/fadf.

Responsabilité : http://oe.cd/disclaimer

1. Informations sur les données concernant Israël : http://oe.cd/israel-disclaimer.

Source : Indicateurs des activités d'assurances, Statistiques de l'OCDE sur les assurances (base de données)

Tableau 29. Part du marché national détenue par les entreprises étrangères (Non-vie)

Pourcentage

	2009	2010	2011	2012	2013	2014	2015	2016
Argentina	..	..	..	17.6	20.1	21.1	22.0	23.4
Australie	28.6	28.7	27.3	27.1	27.7	28.7	28.2	28.7
Autriche	..	..	..	..	35.2	37.5	36.9	36.6
Belgique	..	..	..	..	..	..	..	..
Bolivie	..	..	..	..	..	..	..	27.9
Brésil	..	..	..	..	..	51.3	32.4	35.7
Canada	30.1	30.9	29.8	29.0	27.9	44.8	41.6	..
Chili	67.9	66.8	66.5	65.7	63.7	63.5	62.7	79.0
Colombie	..	..	..	..	..	..	..	27.9
Costa Rica	..	0.9	5.8	7.6	10.0	14.2	17.5	20.5
République tchèque	90.9	89.0	88.6	88.6	88.2	89.4	90.0	89.1
Danemark	..	..	16.0	16.6	16.4	27.5	27.9	28.3
Équateur	..	..	..	..	..	..	..	0.4
El Salvador	..	..	2.3	2.4	0.0	0.0	0.0	0.0
Estonie	74.0	91.7	90.4	92.7	94.3	95.1	95.2	94.8
Finlande	24.3	..	..	25.0	23.8	23.7	100.0	..
France	0.3	0.1	0.1	0.1	0.1	0.1	0.1	..
Allemagne	17.5	17.1	18.2	13.2	14.0	14.5	14.3	13.3
Grèce	35.3	33.8	36.6	41.2	34.5	41.2	43.0	57.3
Guatemala	..	..	..	..	..	..	..	..
Honduras	..	..	..	..	10.5	40.3	42.8	..
Hong-Kong, Chine	..	..	..	..	..	..	..	..
Hongrie	95.0	97.3	96.8	95.7	94.9	94.7	92.8	91.7
Inde	..	..	0.0	..	..	..	..	..
Indonesie	..	..	..	..	..	..	..	..
Islande	11.8	9.2	9.7	9.9	10.4	10.9	11.3	..
Irlande	8.2	8.9	8.2	17.6	14.3	24.3	22.2	..
Israël[1]	11.4	11.1	11.2	3.3	3.3	3.4	4.0	3.8
Italie	30.0	27.3	27.6	27.5	27.8	28.9	32.2	31.8
Japon	10.2	10.9	12.8	..	..	..	..	9.4
Corée	5.4	4.7	3.9	3.8	4.0	3.7	3.7	3.7
Lettonie	60.9	58.6	44.3	48.1	49.4	48.7	57.1	79.0
Lithuanie	..	95.9	98.0	98.5	98.8	99.0	99.0	99.3
Luxembourg	62.0	61.6	62.7	58.9	52.1	53.3	52.8	51.7
Malaysie	33.1	32.3	42.7	43.9	45.8	46.6	47.8	48.5
Mexique	50.0	53.5	51.1	52.4	9.7	48.7	52.2	48.5
Pays-Bas	17.0	17.0	29.4	29.4	22.7	11.6	16.3	..
Nouvelle-Zélande	..	..	..	..	..	..	..	..
Nicaragua	..	..	..	24.6	25.7	24.7	25.7	26.0
Norvège	43.3	42.6	42.3	43.9	43.4	41.1	40.2	40.3
Paraguay	..	..	..	0.0	26.4	..	0.0	22.8
Pérou	..	..	18.8	19.1	19.9	20.6	45.9	24.8
Pologne	56.1	59.3	61.1	62.8	61.3	61.3	61.8	59.1
Portugal	34.6	28.3	26.7	26.5	26.6	84.2	84.3	91.0
Porto Rico	..	..	..	..	52.6	51.8	41.0	57.0
Russie	33.4	..	..	..	..	2.2	13.7	13.7
Singapour	66.4	67.0	85.6	86.8	86.2	89.0	89.2	90.2
République slovaque	95.1	94.7	94.4	94.0	93.8	93.6	93.2	..
Slovénie	4.2	4.9	5.1	4.9	5.1	5.2	5.3	5.7
Afrique du Sud	..	..	27.3	63.5	45.2	39.5	34.6	37.4
Espagne	22.2	18.6	17.0	32.2	29.1	28.8	23.6	..
Suède	53.9	53.1	51.9	63.8	57.6	55.4	44.8	46.7
Suisse	3.1	19.9	19.8	20.4	20.6	19.6	20.3	20.1
Tunisie	..	..	..	..	..	..	..	..
Turquie	52.5	55.2	57.9	53.8	62.2	59.3	66.7	63.7
Royaume-Uni	54.2	53.1	55.2	55.2	58.0	57.8	57.5	0.5
États-Unis	18.5	13.9	13.9	10.1	10.4	9.4	9.5	10.2

.. Non disponible

Note : Voir les métadonnées détaillées sur : http://metalinks.oecd.org/ins/20180621/fadf.

Responsabilité : http://oe.cd/disclaimer

1. Informations sur les données concernant Israël : http://oe.cd/israel-disclaimer.

Source : Indicateurs des activités d'assurances, Statistiques de l'OCDE sur les assurances (base de données)

Tableau 30. Part du marché des entreprises étrangères dans le marché national (Non-vie)
Succursales ou agences d'entreprises

Pourcentage

	2009	2010	2011	2012	2013	2014	2015	2016
Argentina	..	..	..	0.1	0.1	3.2	2.5	2.4
Australie	11.2	11.6	9.7	9.7	9.7	10.1	9.1	9.9
Autriche	..	..	..	..	0.1	0.1	0.0	0.0
Belgique	..	..	..	..	..	..	..	..
Bolivie	..	..	..	..	..	..	..	..
Brésil	..	..	..	..	..	..	0.0	0.0
Canada	14.3	15.1	14.3	13.4	13.1	23.2	21.0	..
Chili	0.0	0.0	..	..	..	..	..	..
Colombie	..	..	..	..	..	..	..	..
Costa Rica	..	0.0	0.0	0.1	0.3	0.4	0.8	1.3
République tchèque	2.8	3.2	3.1	2.7	3.7	4.7	4.9	5.3
Danemark	..	..	..	..	..	..	..	..
Équateur	..	..	..	..	..	..	..	..
El Salvador	..	..	2.3	2.4	0.0	0.0	0.0	0.0
Estonie	16.7	0.0	0.0	14.5	13.6	14.8	13.5	15.0
Finlande	..	..	..	..	..	..	..	..
France	0.3	0.1	0.1	0.1	0.1	0.1	0.1	..
Allemagne	2.1	1.5	3.0	3.1	2.7	3.2	3.5	3.1
Grèce	6.2	4.0	4.6	7.9	0.0	0.0	0.0	0.0
Guatemala	..	..	..	..	..	..	..	..
Honduras	..	..	..	..	10.5	4.4	3.6	..
Hong-Kong, Chine	..	..	..	..	..	..	..	..
Hongrie	..	..	..	..	..	..	..	..
Inde	..	..	0.0	..	..	..	..	..
Indonesie	..	..	..	..	..	..	..	..
Islande	0.0	0.0	0.0	..	..	..	..	..
Irlande	8.2	8.9	8.2	17.6	14.3	24.3	22.2	..
Israël[1]	0.0	0.0				..	..	..
Italie	4.9	1.0	1.1	1.1	1.1	1.1	1.4	1.6
Japon	5.3	5.6	7.8	..	..	..	..	2.3
Corée	3.7	3.2	2.6	2.0	3.1	2.3	2.3	2.3
Lettonie	10.2	11.2	10.9	13.3	18.5	20.4	20.2	22.6
Lithuanie	..	19.8	40.4	39.7	52.9	53.1	53.9	46.8
Luxembourg	8.3	7.9	7.2	7.5	6.5	3.6	3.6	3.5
Malaysie	2.2	3.8	4.4	5.8	6.7	7.3	8.4	9.6
Mexique	..	..	..	..	..	..	..	..
Pays-Bas	1.9	1.9	1.9	1.9	0.3	0.3	0.0	..
Nouvelle-Zélande	..	..	..	..	..	..	..	..
Nicaragua	..	..	..	..	..	..	..	..
Norvège	41.7	41.4	41.5	43.2	43.4	41.1	40.2	40.3
Paraguay	..	..	..	..	..	..	0.0	0.0
Pérou	..	..	..	..	..	..	..	..
Pologne	0.3	..	..	..	..	..	..	..
Portugal	0.6	0.3	0.3	0.0	0.0	0.0	0.0	0.0
Porto Rico	..	..	..	..	..	..	..	3.1
Russie	..	..	..	..	..	..	..	0.1
Singapour	..	44.1	44.0	42.7	46.8	39.6	38.2	37.4
République slovaque	5.1	6.2	6.2	7.1	8.0	8.7	8.5	..
Slovénie	..	..	..	..	..	..	..	..
Afrique du Sud	..	..	..	..	0.0	..	..	..
Espagne	0.2	0.2	0.2	0.2	0.0	0.0	0.0	..
Suède	..	..	..	..	..	8.2	..	..
Suisse	3.1	4.8	4.8	4.9	5.0	5.5	6.0	7.1
Tunisie	..	..	..	..	..	..	..	..
Turquie	0.1	0.2	0.2	0.3	0.3	0.3	0.4	0.4
Royaume-Uni	5.9	5.3	5.4	4.7	3.7	4.1	4.6	0.5
États-Unis	0.1	0.1	0.1	0.1	0.0	0.0	0.1	0.1

.. Non disponible

Note : Voir les métadonnées détaillées sur : http://metalinks.oecd.org/ins/20180621/fadf.

Responsabilité : http://oe.cd/disclaimer

1. Informations sur les données concernant Israël : http://oe.cd/israel-disclaimer.

Source : Indicateurs des activités d'assurances, Statistiques de l'OCDE sur les assurances (base de données)

Statistiques de l'OCDE sur les assurances 2017

PARTIE II

Tableaux par pays

Australie
Tableau 1. Agrégats sélectionnés

Millions AUD

	2009	2010	2011	2012	2013	2014	2015	2016
1.1 Opérations d'assurance conclues dans le pays déclarant								
1.1.1 Opérations d'assurance, par intérêt								
Primes brutes								
Entreprises nationales	70 384	73 331	78 509	79 230	86 754	103 414	100 992	95 348
Entreprises sous contrôle étranger	17 570	12 274	11 038	13 757	15 722	17 983	19 150	19 836
Succursales d'entreprises étrangères	3 639	3 844	3 450	3 713	3 977	4 206	3 893	4 393
Ensemble des entreprises	74 023	77 176	81 959	82 943	90 731	107 620	104 885	99 741
Primes cédées								
Entreprises nationales	9 406	9 989	11 246	11 507	12 121	13 268	15 209	17 826
Entreprises sous contrôle étranger	2 797	2 770	3 170	4 111	4 666	5 483	5 986	6 268
Succursales d'entreprises étrangères	1 202	1 402	1 442	1 659	1 947	1 842	1 739	1 759
Ensemble des entreprises	10 607	11 391	12 688	13 166	14 068	15 110	16 948	19 585
Primes nettes émises								
Entreprises nationales	60 978	63 343	67 263	67 724	74 633	90 147	85 783	77 522
Entreprises sous contrôle étranger	14 773	9 439	7 868	9 646	11 055	12 500	13 164	13 568
Succursales d'entreprises étrangères	2 437	2 441	2 008	2 054	2 030	2 365	2 154	2 634
Ensemble des entreprises	63 415	65 785	69 271	69 778	76 663	92 511	87 937	80 156
1.1.2 Opérations d'assurance par risque à l'étranger, primes brutes								
Vie	494	495	475	491	574	686	701	711
Non-vie	694	..	..	..	..	..	..	..
Mixtes total	..	..	..	..	..	..	..	..
Total	1 187	495	475	491	574	686	701	711
1.1.3 Paiement par catégories d'assurance, primes brutes (vie)								
Rentes	..	..	..	..	..	..	..	..
Unit linked	..	..	..	..	..	..	..	..
Autre assurance vie	..	..	..	..	..	..	..	..
Total assurance vie	..	..	..	41 091	45 794	60 881	56 868	49 890
***dont :** Contrats de retraite*	..	..	..	..	..	..	..	..
1.1.4 Paiement par catégories d'assurance, primes brutes (non-vie)								
L'assurance automobile	10 670	..	11 474	12 114	12 924	13 467	13 749	14 512
Les assurances transport (y compris maritime et aérien)	1 324	..	1 457	1 484	1 523	1 598	1 673	1 648
L'assurance de fret	..	..	..	..	..	..	..	..
L'assurance incendie et des dommages aux bien	8 106	..	9 537	10 918	12 038	11 836	12 031	12 297
L'assurance des pertes pécuniaires	1 384	..	1 161	1 207	1 258	1 454	1 493	1 443
L'assurance de la responsabilité civile générale	4 858	..	4 821	5 008	5 283	5 418	5 435	5 348
Les assurances accidents et maladie	1 039	..	1 038	1 049	1 134	1 124	1 130	1 064
***dont :** Maladie*	..	..	..	..	..	..	..	..
Autres assurances non-vie	654	..	751	835	900	951	1 029	1 071
Réassurance obligatoire	4 578	..	5 235	5 836	5 823	5 970	6 271	7 115
Total assurance non-vie	32 612	33 223	35 475	38 450	40 884	41 818	42 811	44 498
1.2 Paiements bruts des sinistres								
Vie								
Entreprises nationales	37 546	41 639	44 988	45 777	47 647	64 828	56 547	59 350
Entreprises sous contrôle étranger	9 499	5 355	4 301	4 181	5 212	5 876	6 681	7 133
Succursales d'entreprises étrangères	..	..	..	..	..	..	..	..
Ensemble des entreprises	37 546	41 639	44 988	45 777	47 647	64 828	56 547	59 350
Non-vie								
Entreprises nationales	18 193	21 552	31 597	22 048	24 141	26 293	29 311	28 324
Entreprises sous contrôle étranger	3 579	4 120	6 668	4 538	4 542	5 446	6 183	5 534
Succursales d'entreprises étrangères	1 951	2 401	7 061	1 749	1 984	3 318	2 585	3 217
Ensemble des entreprises	20 144	23 953	38 658	23 797	26 126	29 611	31 896	31 541
Mixtes, ensemble des entreprises	..	..	..	..	..	..	..	..
Total								
Entreprises nationales	55 739	63 191	76 585	67 825	71 788	91 121	85 858	87 674
Entreprises sous contrôle étranger	13 078	9 475	10 969	8 719	9 754	11 322	12 864	12 667
Succursales d'entreprises étrangères	1 951	2 401	7 061	1 749	1 984	3 318	2 585	3 217
Ensemble des entreprises	57 690	65 592	83 646	69 574	73 773	94 439	88 443	90 891

Australie
Tableau 1. Agrégats sélectionnés (*suite*)

Millions AUD

	2009	2010	2011	2012	2013	2014	2015	2016
1.3 Commissions								
Vie								
Entreprises nationales	2 588	2 738	2 852	3 007	3 015	3 118	3 087	3 129
Entreprises sous contrôle étranger	907	440	455	252	447	451	460	464
Succursales d'entreprises étrangères	..	..	..	..	..	..	..	..
Ensemble des entreprises	2 588	2 738	2 852	3 007	3 015	3 118	3 087	3 129
Non-vie								
Entreprises nationales	..	..	..	..	506	566	816	1 038
Entreprises sous contrôle étranger	..	..	..	..	239	270	276	308
Succursales d'entreprises étrangères	..	..	..	..	264	287	301	327
Ensemble des entreprises	..	..	..	..	770	853	1 117	1 364
Mixtes, ensemble des entreprises	..	..	..	..	..	..	..	..
Total								
Entreprises nationales	2 588	2 738	2 852	3 007	3 521	3 684	3 903	4 167
Entreprises sous contrôle étranger	907	440	455	252	686	721	736	772
Succursales d'entreprises étrangères	..	..	..	..	264	287	301	327
Ensemble des entreprises	2 588	2 738	2 852	3 007	3 785	3 971	4 204	4 493
1.4 Dépenses brutes d'exploitation								
Vie								
Entreprises nationales	6 355	6 640	6 777	7 274	7 830	8 128	8 041	8 666
Entreprises sous contrôle étranger	2 138	1 608	1 709	1 430	2 392	2 393	2 487	3 038
Succursales d'entreprises étrangères	..	..	..	..	..	..	..	..
Ensemble des entreprises	6 355	6 640	6 777	7 274	7 830	8 128	8 041	8 666
Non-vie								
Entreprises nationales	6 043	6 027	6 658	7 197	7 361	7 502	7 497	7 368
Entreprises sous contrôle étranger	1 089	1 172	1 370	1 490	1 618	1 704	1 850	1 829
Succursales d'entreprises étrangères	627	559	571	559	597	629	660	618
Ensemble des entreprises	6 670	6 586	7 229	7 756	7 959	8 131	8 157	7 987
Mixtes, ensemble des entreprises	..	..	..	..	..	..	..	..
Total								
Entreprises nationales	12 399	12 667	13 435	14 471	15 191	15 630	15 538	16 034
Entreprises sous contrôle étranger	3 226	2 780	3 079	2 920	4 010	4 097	4 337	4 867
Succursales d'entreprises étrangères	627	559	571	559	597	629	660	618
Ensemble des entreprises	13 025	13 226	14 006	15 030	15 789	16 259	16 198	16 653
1.5 Opérations à l'étranger par succursale, primes brutes								
Vie								
Succursales et agences	..	..	..	..	..	..	..	..
Filiales	..	..	..	..	..	..	..	..
Total	..	..	..	..	..	..	..	..
Non-vie								
Succursales et agences	..	..	..	..	..	..	..	..
Filiales	..	..	..	..	..	..	..	..
Total	..	..	..	..	..	..	..	..
Mixtes total	..	..	..	..	..	..	..	..
Total								
Succursales et agences	..	..	..	..	..	..	..	..
Filiales	..	..	..	..	..	..	..	..
Total	..	..	..	..	..	..	..	..

.. Non disponible

Note : Voir les métadonnées détaillées sur : http://metalinks.oecd.org/ins/20180621/ea17.

Responsabilité : http://oe.cd/disclaimer

Source : Statistiques de l'OCDE sur les assurances (base de données)

Australie
Tableau 2. Nombre d'entreprises et d'employés

	2009	2010	2011	2012	2013	2014	2015	2016
2.1 Nombre d'entreprises								
Vie								
Entreprises nationales	26	26	31	28	28	28	28	29
Entreprises sous contrôle étranger	8	8	14	14	14	14	13	13
Succursales d'entreprises étrangères	..	..	..	..	..	..	..	..
Ensemble des entreprises	26	26	31	28	28	28	28	29
Non-vie								
Entreprises nationales	85	84	81	79	75	74	70	68
Entreprises sous contrôle étranger	22	20	19	17	18	19	19	17
Succursales d'entreprises étrangères	35	34	31	30	29	29	29	31
Ensemble des entreprises	120	118	112	109	104	103	99	99
Mixtes, ensemble des entreprises	..	..	..	..	..	..	0	..
Réassurance								
Entreprises nationales	8	2	3	3	3	3	2	2
Entreprises sous contrôle étranger	7	1	1	1	1	1	1	1
Succursales d'entreprises étrangères	12	10	9	9	9	9	9	8
Ensemble des entreprises	20	12	12	12	12	12	11	10
Total								
Entreprises nationales	119	112	115	110	106	105	100	99
Entreprises sous contrôle étranger	37	29	34	32	33	34	33	31
Succursales d'entreprises étrangères	47	44	40	39	38	38	38	39
Ensemble des entreprises	166	156	155	149	144	143	138	138
2.2 Nombre d'employés								
Entreprises d'assurance	..	..	..	..	..	..	..	..
Intermédiaires	..	..	..	..	..	..	..	..
Total	..	..	..	..	..	..	..	..

.. Non disponible

Note : Voir les métadonnées détaillées sur : http://metalinks.oecd.org/ins/20180621/ea17.

Responsabilité : http://oe.cd/disclaimer

Source : Statistiques de l'OCDE sur les assurances (base de données)

Autriche
Tableau 1. Agrégats sélectionnés

Millions EUR

	2009	2010	2011	2012	2013	2014	2015	2016
1.1 Opérations d'assurance conclues dans le pays déclarant								
1.1.1 Opérations d'assurance, par intérêt								
Primes brutes								
Entreprises nationales	..	..	..	..	18 879	18 889	19 003	18 647
Entreprises sous contrôle étranger	..	..	..	..	6 781	7 196	7 060	6 979
Succursales d'entreprises étrangères	..	..	..	..	8	6	6	6
Ensemble des entreprises	..	..	..	..	18 887	18 895	19 009	18 653
Primes cédées								
Entreprises nationales	..	..	..	..	3 539	3 102	2 996	3 521
Entreprises sous contrôle étranger	..	..	..	..	1 127	1 171	1 113	1 636
Succursales d'entreprises étrangères	..	..	..	..	0	0	0	0
Ensemble des entreprises	..	..	..	..	3 539	3 102	2 996	3 522
Primes nettes émises								
Entreprises nationales	..	..	..	..	15 340	15 787	16 007	15 126
Entreprises sous contrôle étranger	..	..	..	..	5 654	6 024	5 948	5 343
Succursales d'entreprises étrangères	..	..	..	..	8	6	6	6
Ensemble des entreprises	..	..	..	..	15 348	15 793	16 013	15 131
1.1.2 Opérations d'assurance par risque à l'étranger, primes brutes								
Vie	83 |	991	174	72	157	22	20	14
Non-vie	121 |	4 630	722	662	717	726	702	753
Mixtes	398 |	13 176	523	626	595	489	391	371
dont :								
Vie	243 |	6 471	252	188	202	158	111	95
Non-vie	155 |	6 704	270	438	393	331	280	276
Total	602	18 797	1 419	1 360	1 469	1 237	1 114	1 138
1.1.3 Paiement par catégories d'assurance, primes brutes (vie)								
Rentes	..	..	..	..	1 441	1 822	1 946	1 531
Unit linked	2 521	2 860	2 255	1 846	1 248	1 011	933	864
Autre assurance vie	4 797	4 578	4 644	4 588	3 738	3 852	3 812	3 646
Total Assurance Vie	..	7 438	6 899	6 434	6 427	6 685	6 692	6 041
***dont :** Contrats de retraite*	..	..	..	..	997	1 116	1 031	940
1.1.4 Paiement par catégories d'assurance, primes brutes (non-vie)								
L'assurance automobile	1 243	1 260	1 316	1 386	1 487	1 447	3 920	4 043
Les assurances transport (y compris maritime et aérien)	118	124	140	165	174	138	11	9
L'assurance de fret	0	..	..	..	..	..	155	148
L'assurance incendie et des dommages aux bien	957	973	978	1 008	1 081	1 058	3 153	3 178
L'assurance des pertes pécuniaires	211	220	237	167	174	183	178	176
L'assurance de la responsabilité civile générale	870	888	922	834	860	886	889	905
Les assurances accidents et maladie	2 503	2 572	2 873	3 024	3 150	3 143	3 257	3 391
***dont :** Maladie*	1 598	1 653	1 704	1 762	1 841	1 905	2 007	2 096
Autres assurances non-vie	4 798	5 193	5 517	5 672	5 517	5 340	742	749
Réassurance obligatoire	..	..	..	..	..	..	..	..
Total assurance non-vie	10 701	11 230	11 983	12 255	12 444	12 195	12 303	12 599
1.2 Paiements bruts des sinistres								
Vie								
Entreprises nationales	167 |	256	314	360	358	1 110	1 254	947
Entreprises sous contrôle étranger	0 |	0	0	145	140	714	837	920
Succursales d'entreprises étrangères	0	0	0	..	0	0	0	0
Ensemble des entreprises	167 |	256	314	360	358	1 110	1 254	947
Non-vie								
Entreprises nationales	3 229 |	3 019	2 290	2 675	1 107	1 632	2 072	2 203
Entreprises sous contrôle étranger	1 108 |	1 531	875	1 490	905	873	1 288	2 620
Succursales d'entreprises étrangères	12	5	5	5	4	3	2	3
Ensemble des entreprises	3 241 |	3 024	2 296	2 681	1 111	1 636	2 075	2 206
Mixtes								
Entreprises nationales	10 317 |	10 023	10 854	11 652	11 676	11 289	12 780	12 440
Entreprises sous contrôle étranger	3 315 |	3 565	3 751	3 829	3 846	3 026	3 760	10 479
Succursales d'entreprises étrangères	0	0	0	..	0	0	0	0
Ensemble des entreprises	10 317 |	10 023	10 854	11 652	11 676	11 289	12 780	12 440
dont :								
Vie	5 631 |	5 599	6 338	6 047	6 011	5 955	7 193	6 817
Entreprises nationales	5 631 |	5 599	6 338	6 047	6 011	5 955	7 193	6 817
Entreprises sous contrôle étranger	1 786 |	2 117	2 297	2 281	2 274	1 630	2 235	3 500
Succursales d'entreprises étrangères	0	0	0	..	0	0	0	0
Ensemble des entreprises	5 631 |	5 599	6 338	6 047	6 011	5 955	7 193	6 817
Non-vie	4 685 |	4 425	4 516	5 605	5 665	5 335	5 588	5 623
Entreprises nationales	4 685 |	4 425	4 516	5 605	5 665	5 335	5 588	5 623
Entreprises sous contrôle étranger	1 529 |	1 448	1 454	1 549	1 572	1 396	1 525	6 979
Succursales d'entreprises étrangères	0	0	0	..	0	0	0	0
Ensemble des entreprises	4 685 |	4 425	4 516	5 605	5 665	5 335	5 588	5 623
Total								
Entreprises nationales	13 713	13 298	13 458	14 687	13 141	14 032	16 107	15 590
Entreprises sous contrôle étranger	4 424	5 096	4 626	5 464	4 891	4 613	5 885	14 018
Succursales d'entreprises étrangères	12	5	5	5	4	3	2	3
Ensemble des entreprises	13 725	13 304	13 463	14 692	13 145	14 036	16 109	15 593

Autriche
Tableau 1. Agrégats sélectionnés (*suite*)

Millions EUR

	2009	2010	2011	2012	2013	2014	2015	2016
1.3 Commissions								
Vie								
Entreprises nationales	118	129	138	75	99	98	98	80
Entreprises sous contrôle étranger	0	0	0	17	5	70	70	79
Succursales d'entreprises étrangères	0	0	0	..	0	0	0	0
Ensemble des entreprises	118	129	138	75	99	98	98	80
Non-vie								
Entreprises nationales	518	519	548	338	354	398	386	399
Entreprises sous contrôle étranger	97	295	302	309	319	329	341	348
Succursales d'entreprises étrangères	9	1	2	2	2	1	1	1
Ensemble des entreprises	527	521	549	340	356	399	387	400
Mixtes								
Entreprises nationales	1 805	1 916	1 962	2 309	2 285	2 279	2 354	2 392
Entreprises sous contrôle étranger	638	712	717	750	752	666	739	734
Succursales d'entreprises étrangères	0	0	0	..	0	0	0	0
Ensemble des entreprises	1 805	1 916	1 962	2 309	2 285	2 279	2 354	2 392
dont :								
Vie	616	688	669	692	644	624	623	579
Entreprises nationales	616	688	669	692	644	624	623	579
Entreprises sous contrôle étranger	194	256	255	253	238	163	188	163
Succursales d'entreprises étrangères	0	0	0	..	0	0	0	0
Ensemble des entreprises	616	688	669	692	644	624	623	579
Non-vie	1 189	1 228	1 292	1 616	1 641	1 655	1 731	1 812
Entreprises nationales	1 189	1 228	1 292	1 616	1 641	1 655	1 731	1 812
Entreprises sous contrôle étranger	444	456	462	497	514	503	551	571
Succursales d'entreprises étrangères	0	0	0	..	0	0	0	0
Ensemble des entreprises	1 189	1 228	1 292	1 616	1 641	1 655	1 731	1 812
Total								
Entreprises nationales	2 440	2 564	2 647	2 722	2 738	2 775	2 839	2 871
Entreprises sous contrôle étranger	734	1 008	1 019	1 077	1 076	1 065	1 150	1 161
Succursales d'entreprises étrangères	9	1	2	2	2	1	1	1
Ensemble des entreprises	2 450	2 565	2 649	2 724	2 740	2 776	2 840	2 872
1.4 Dépenses brutes d'exploitation								
Vie								
Entreprises nationales	136	146	157	95	120	43	40	37
Entreprises sous contrôle étranger	0	0	0	0	14	30	30	36
Succursales d'entreprises étrangères	0	0	0	..	0	0	0	0
Ensemble des entreprises	136	146	157	95	120	43	40	37
Non-vie								
Entreprises nationales	801	906	672	860	697	153	143	192
Entreprises sous contrôle étranger	266	443	263	447	414	116	92	111
Succursales d'entreprises étrangères	16	3	3	3	3	1	1	1
Ensemble des entreprises	818	909	675	863	700	154	144	193
Mixtes								
Entreprises nationales	2 026	2 115	2 054	1 918	2 306	623	678	702
Entreprises sous contrôle étranger	644	723	667	695	699	167	185	177
Succursales d'entreprises étrangères	0	0	0	..	0	0	0	0
Ensemble des entreprises	2 026	2 115	2 054	1 918	2 306	623	678	702
dont :								
Vie	845	908	879	513	848	194	202	223
Entreprises nationales	845	908	879	513	848	194	202	223
Entreprises sous contrôle étranger	279	341	344	339	323	61	68	63
Succursales d'entreprises étrangères	0	0	0	..	0	0	0	0
Ensemble des entreprises	845	908	879	513	848	194	202	223
Non-vie	1 181	1 208	1 175	1 405	1 458	428	476	479
Entreprises nationales	1 181	1 208	1 175	1 405	1 458	428	476	479
Entreprises sous contrôle étranger	365	382	323	356	376	106	117	114
Succursales d'entreprises étrangères	0	0	0	..	0	0	0	0
Ensemble des entreprises	1 181	1 208	1 175	1 405	1 458	428	476	479
Total								
Entreprises nationales	2 963	3 167	2 883	2 873	3 124	819	861	930
Entreprises sous contrôle étranger	910	1 166	930	1 143	1 128	313	308	324
Succursales d'entreprises étrangères	16	3	3	3	3	1	1	1
Ensemble des entreprises	2 980	3 170	2 885	2 876	3 127	820	862	931

Autriche
Tableau 1. Agrégats sélectionnés *(suite)*

Millions EUR

	2009	2010	2011	2012	2013	2014	2015	2016
1.5 Opérations à l'étranger par succursale, primes brutes								
Vie								
Succursales et agences	85 |	139	174	72	157	22	19	13
Filiales	..	..	..	..	..	..	..	..
Total	85 |	139	174	72	157	22	19	13
Non-vie								
Succursales et agences	111 |	141	219	149	159	198	204	217
Filiales	..	..	..	..	..	..	..	..
Total	111 |	141	219	149	159	198	204	217
Mixtes								
Succursales et agences	331 |	539	480	557	480	368	284	251
Filiales	..	..	..	..	..	..	..	..
Total	331 |	539	480	557	480	368	284	251
dont :								
Vie	226 |	407	233	168	140	103	78	83
Succursales et agences	226 |	407	233	168	140	103	78	83
Filiales	..	..	..	..	..	..	..	..
Total	226 |	407	233	168	140	103	78	83
Non-vie	105 |	132	246	389	340	266	206	168
Succursales et agences	105 |	132	246	389	340	266	206	168
Filiales	..	..	..	..	..	..	..	..
Total	105 |	132	246	389	340	266	206	168
Total								
Succursales et agences	528	818	873	778	796	587	507	481
Filiales	..	..	..	..	..	..	..	..
Total	528	818	873	778	796	587	507	481

.. Non disponible ; | Rupture de série

Note : Voir les métadonnées détaillées sur : http://metalinks.oecd.org/ins/20180621/8fd1.

Responsabilité : http://oe.cd/disclaimer

Source : Statistiques de l'OCDE sur les assurances (base de données)

Autriche
Tableau 2. Nombre d'entreprises et d'employés

	2009	2010	2011	2012	2013	2014	2015	2016
2.1 Nombre d'entreprises								
Vie								
Entreprises nationales	3	3	3	3	3	7	7	6
Entreprises sous contrôle étranger	0	0	0	1	1	3	3	4
Succursales d'entreprises étrangères	0	0	0	0	0	0	0	0
Ensemble des entreprises	3	3	3	3	3	7	7	6
Non-vie								
Entreprises nationales	16	17	17	14	14	12	12	12
Entreprises sous contrôle étranger	8	9	8	7	7	8	8	8
Succursales d'entreprises étrangères	2	1	1	1	1	1	1	1
Ensemble des entreprises	18	18	18	15	15	13	13	13
Mixtes								
Entreprises nationales	28	28	28	27	26	21	20	17
Entreprises sous contrôle étranger	9	10	10	10	9	6	5	4
Succursales d'entreprises étrangères	0	0	0	0	0	0	0	0
Ensemble des entreprises	28	28	28	27	26	21	20	17
Réassurance								
Entreprises nationales	3	3	3	3	3	3	2	3
Entreprises sous contrôle étranger	2	2	2	2	1	2	1	1
Succursales d'entreprises étrangères	0	0	0	0	0	0	0	0
Ensemble des entreprises	3	3	3	3	3	3	2	3
Total								
Entreprises nationales	50	51	51	47	46	43	41	38
Entreprises sous contrôle étranger	19	21	20	20	18	19	17	17
Succursales d'entreprises étrangères	2	1	1	1	1	1	1	1
Ensemble des entreprises	52	52	52	48	47	44	42	39
2.2 Nombre d'employés								
Entreprises d'assurance	27 896	27 755	27 671	27 430	27 738	27 791	27 911	28 336
Intermédiaires	9 693	9 872	9 839	9 255	..	..	..	..
Total	27 896	27 755	27 671	27 430	27 738	27 791	27 911	28 336

.. Non disponible

Note : Voir les métadonnées détaillées sur : http://metalinks.oecd.org/ins/20180621/8fd1.

Responsabilité : http://oe.cd/disclaimer

Source : Statistiques de l'OCDE sur les assurances (base de données)

Belgique
Tableau 1. Agrégats sélectionnés

Millions EUR

	2009	2010	2011	2012	2013	2014	2015	2016
1.1 Opérations d'assurance conclues dans le pays déclarant								
1.1.1 Opérations d'assurance, par intérêt								
Primes brutes								
Entreprises nationales	28 488	29 575	29 363	32 640	28 251	28 863	27 712	27 497
Entreprises sous contrôle étranger	..	..	..	..	..	..	..	..
Succursales d'entreprises étrangères	..	..	..	..	..	..	..	..
Ensemble des entreprises	28 488	29 575	29 363	32 640	28 251	28 863	27 712	27 497
Primes cédées								
Entreprises nationales	1 645	1 773	1 441	2 417	2 474	3 251	3 183	3 514
Entreprises sous contrôle étranger	..	..	..	..	..	..	..	..
Succursales d'entreprises étrangères	..	..	..	..	..	..	..	..
Ensemble des entreprises	1 645	1 773	1 441	2 417	2 474	3 251	3 183	3 514
Primes nettes émises								
Entreprises nationales	26 843	27 802	27 922	30 223	25 777	25 612	24 529	23 983
Entreprises sous contrôle étranger	..	..	..	..	..	..	..	..
Succursales d'entreprises étrangères	..	..	..	..	..	..	..	..
Ensemble des entreprises	26 843	27 802	27 922	30 223	25 777	25 612	24 529	23 983
1.1.2 Opérations d'assurance par risque à l'étranger, primes brutes								
Vie	..	..	..	31	25	15	24	20
Non-vie	..	..	..	242	268	563	436	532
Mixtes	..	..	..	230	218	223	321	325
dont :								
Vie	..	..	..	77	53	39	38	17
Non-vie	..	..	..	153	165	184	282	308
Total	..	..	..	502	511	801	781	877
1.1.3 Paiement par catégories d'assurance, primes brutes (vie)								
Rentes	..	..	..	..	..	..	..	..
Unit linked	1 664	2 049	2 142	4 844	2 743	2 524	3 008	2 220
Autre assurance vie	16 740	17 092	16 324	16 235	13 501	13 723	12 302	12 669
Total Assurance Vie	18 404	19 141	18 467	21 078	16 244	16 247	15 310	14 889
***dont :** Contrats de retraite*	..	..	..	..	..	..	..	..
1.1.4 Paiement par catégories d'assurance, primes brutes (non-vie)								
L'assurance automobile	..	..	..	3 459	3 487	3 542	3 585	..
Les assurances transport (y compris maritime et aérien)	..	..	..	78	71	69	81	..
L'assurance de fret	..	..	..	116	104	100	73	..
L'assurance incendie et des dommages aux bien	..	..	..	2 573	2 696	2 755	2 708	..
L'assurance des pertes pécuniaires	..	..	..	407	404	725	598	..
L'assurance de la responsabilité civile générale	..	..	..	780	770	785	762	..
Les assurances accidents et maladie	..	..	..	3 361	3 592	3 695	3 653	..
***dont :** Maladie*	..	..	..	1 517	1 618	1 708	1 849	..
Autres assurances non-vie	..	..	..	737	825	885	888	..
Réassurance obligatoire	..	..	..	7	..	..	..	..
Total assurance non-vie	..	..	..	11 516	11 949	12 556	12 349	12 542
1.2 Paiements bruts des sinistres								
Vie								
Entreprises nationales	1 207	514	547	592	528	626	469	623
Entreprises sous contrôle étranger	..	..	..	..	..	..	..	..
Succursales d'entreprises étrangères	..	..	..	..	..	..	..	..
Ensemble des entreprises	..	..	..	592	528	626	469	623
Non-vie								
Entreprises nationales	1 120	1 496	1 512	1 898	1 960	2 272	2 363	2 538
Entreprises sous contrôle étranger	..	..	..	..	..	..	..	..
Succursales d'entreprises étrangères	..	..	..	..	..	..	..	..
Ensemble des entreprises	..	..	..	1 898	1 960	2 272	2 363	2 538
Mixtes								
Entreprises nationales	16 620	17 461	20 798	23 438	23 890	24 323	25 926	25 246
Entreprises sous contrôle étranger	..	..	..	..	..	..	..	..
Succursales d'entreprises étrangères	..	..	..	..	..	..	..	..
Ensemble des entreprises	..	..	..	23 438	23 890	24 323	25 926	25 246
dont :								
Vie	..	..	..	17 427	17 746	17 418	19 244	18 345
Entreprises nationales	11 992	12 194	15 232	17 427	17 746	17 418	19 244	18 345
Entreprises sous contrôle étranger	..	..	..	..	..	..	..	..
Succursales d'entreprises étrangères	..	..	..	..	..	..	..	..
Ensemble des entreprises	..	..	..	17 427	17 746	17 418	19 244	18 345
Non-vie	..	..	..	6 010	6 144	6 905	6 682	6 901
Entreprises nationales	4 628	5 267	5 566	6 010	6 144	6 905	6 682	6 901
Entreprises sous contrôle étranger	..	..	..	..	..	..	..	..
Succursales d'entreprises étrangères	..	..	..	..	..	..	..	..
Ensemble des entreprises	..	..	..	6 010	6 144	6 905	6 682	6 901
Total								
Entreprises nationales	18 947	19 470	22 857	25 928	26 378	27 222	28 758	28 407
Entreprises sous contrôle étranger	..	..	..	..	..	..	..	..
Succursales d'entreprises étrangères	..	..	..	..	..	..	..	..
Ensemble des entreprises	..	..	..	25 928	26 378	27 222	28 758	28 407

Belgique
Tableau 1. Agrégats sélectionnés *(suite)*

Millions EUR

	2009	2010	2011	2012	2013	2014	2015	2016
1.3 Commissions								
Vie								
Entreprises nationales	140	74	54	59	55	45	47	25
Entreprises sous contrôle étranger	..	..	..	..	..	..	..	..
Succursales d'entreprises étrangères	..	..	..	..	..	..	..	..
Ensemble des entreprises	..	..	..	59	55	45	47	25
Non-vie								
Entreprises nationales	207	340	318	394	391	450	550	617
Entreprises sous contrôle étranger	..	..	..	..	..	..	..	..
Succursales d'entreprises étrangères	..	..	..	..	..	..	..	..
Ensemble des entreprises	..	..	..	394	391	450	550	617
Mixtes								
Entreprises nationales	1 926	2 118	2 209	2 397	2 446	2 478	2 493	2 514
Entreprises sous contrôle étranger	..	..	..	..	..	..	..	..
Succursales d'entreprises étrangères	..	..	..	..	..	..	..	..
Ensemble des entreprises	..	..	..	2 397	2 446	2 478	2 493	2 514
dont :								
Vie	..	..	..	905	875	852	833	795
Entreprises nationales	695	808	826	905	875	852	833	795
Entreprises sous contrôle étranger	..	..	..	..	..	..	..	..
Succursales d'entreprises étrangères	..	..	..	..	..	..	..	..
Ensemble des entreprises	..	..	..	905	875	852	833	795
Non-vie	..	..	..	1 493	1 572	1 626	1 660	1 719
Entreprises nationales	1 231	1 310	1 382	1 493	1 572	1 626	1 660	1 719
Entreprises sous contrôle étranger	..	..	..	..	..	..	..	..
Succursales d'entreprises étrangères	..	..	..	..	..	..	..	..
Ensemble des entreprises	..	..	..	1 493	1 572	1 626	1 660	1 719
Total								
Entreprises nationales	2 273	2 531	2 581	2 851	2 892	2 973	3 090	3 157
Entreprises sous contrôle étranger	..	..	..	..	..	..	..	..
Succursales d'entreprises étrangères	..	..	..	..	..	..	..	..
Ensemble des entreprises	..	..	..	2 851	2 892	2 973	3 090	3 157
1.4 Dépenses brutes d'exploitation								
Vie								
Entreprises nationales	219	135	115	118	58	41	45	42
Entreprises sous contrôle étranger	..	..	..	..	..	..	..	..
Succursales d'entreprises étrangères	..	..	..	..	..	..	..	..
Ensemble des entreprises	..	..	..	118	58	41	45	42
Non-vie								
Entreprises nationales	451	648	621	806	386	643	618	641
Entreprises sous contrôle étranger	..	..	..	..	..	..	..	..
Succursales d'entreprises étrangères	..	..	..	..	..	..	..	..
Ensemble des entreprises	..	..	..	806	386	643	618	641
Mixtes								
Entreprises nationales	3 645	4 007	4 176	4 401	2 084	2 197	2 205	2 325
Entreprises sous contrôle étranger	..	..	..	..	..	..	..	..
Succursales d'entreprises étrangères	..	..	..	..	..	..	..	..
Ensemble des entreprises	..	..	..	4 401	2 084	2 197	2 205	2 325
dont :								
Vie	..	..	..	1 702	830	833	824	864
Entreprises nationales	1 407	1 560	1 597	1 702	830	833	824	864
Entreprises sous contrôle étranger	..	..	..	..	..	..	..	..
Succursales d'entreprises étrangères	..	..	..	..	..	..	..	..
Ensemble des entreprises	..	..	..	1 702	830	833	824	864
Non-vie	..	..	..	2 699	1 254	1 364	1 382	1 461
Entreprises nationales	2 238	2 446	2 579	2 699	1 254	1 364	1 382	1 461
Entreprises sous contrôle étranger	..	..	..	..	..	..	..	..
Succursales d'entreprises étrangères	..	..	..	..	..	..	..	..
Ensemble des entreprises	..	..	..	2 699	1 254	1 364	1 382	1 461
Total								
Entreprises nationales	4 315	4 790	4 912	5 325	2 528	2 881	2 868	3 007
Entreprises sous contrôle étranger	..	..	..	..	..	..	..	..
Succursales d'entreprises étrangères	..	..	..	..	..	..	..	..
Ensemble des entreprises	..	..	..	5 325	2 528	2 881	2 868	3 007

Belgique
Tableau 1. Agrégats sélectionnés *(suite)*

Millions EUR

	2009	2010	2011	2012	2013	2014	2015	2016
1.5 Opérations à l'étranger par succursale, primes brutes								
Vie								
Succursales et agences	..	..	..	2	2	2	0	0
Filiales	..	..	..	..	..	..	..	..
Total	..	..	..	2	2	2	..	..
Non-vie								
Succursales et agences	..	..	..	698	727	1 572	1 931	1 837
Filiales	..	..	..	..	..	..	..	..
Total	..	..	..	698	727	1 572	1 931	1 837
Mixtes								
Succursales et agences	..	..	..	442	448	1 121	1 156	1 185
Filiales	..	..	..	..	..	..	..	..
Total	..	..	..	442	448	1 121	1 156	1 185
dont :								
Vie	..	..	..	32	28	16	16	2
Succursales et agences	..	..	..	32	28	16	16	2
Filiales	..	..	..	..	..	..	..	..
Total	..	..	..	32	28	16	16	2
Non-vie	..	..	..	409	421	1 105	1 141	1 183
Succursales et agences	..	..	..	409	421	1 105	1 141	1 183
Filiales	..	..	..	..	..	..	..	..
Total	..	..	..	409	421	1 105	1 141	1 183
Total								
Succursales et agences	..	..	..	1 142	1 178	2 696	3 087	3 022
Filiales	..	..	..	..	..	..	..	..
Total	..	..	..	1 142	1 178	2 696	3 087	3 022

.. Non disponible ; | Rupture de série

Note : Voir les métadonnées détaillées sur : http://metalinks.oecd.org/ins/20180621/4b91.

Responsabilité : http://oe.cd/disclaimer

Source : Statistiques de l'OCDE sur les assurances (base de données)

Belgique
Tableau 2. Nombre d'entreprises et d'employés

	2009	2010	2011	2012	2013	2014	2015	2016
2.1 Nombre d'entreprises								
Vie								
Entreprises nationales	21	20	18	17	16	15	15	12
Entreprises sous contrôle étranger	..	..	..	..	..	..	..	..
Succursales d'entreprises étrangères	8	8	8	7	7	8	8	10
Ensemble des entreprises	29	28	26	24	23	23	23	22
Non-vie								
Entreprises nationales	54	54	53	49	44	42	41	38
Entreprises sous contrôle étranger	..	..	..	..	..	..	..	..
Succursales d'entreprises étrangères	41	40	44	36	36	36	32	32
Ensemble des entreprises	95	94	97	85	80	78	73	70
Mixtes								
Entreprises nationales	21	23	24	23	23	23	23	22
Entreprises sous contrôle étranger	..	..	..	..	..	..	..	..
Succursales d'entreprises étrangères	2	2	2	2	2	2	2	2
Ensemble des entreprises	23	25	26	25	25	25	25	24
Réassurance								
Entreprises nationales	1	2	2	1	1	1	1	1
Entreprises sous contrôle étranger	..	..	..	..	..	..	..	..
Succursales d'entreprises étrangères	0	0	0	1	1	1	1	1
Ensemble des entreprises	1	2	2	2	2	2	2	2
Total								
Entreprises nationales	97	99	97	90	84	81	80	73
Entreprises sous contrôle étranger	..	..	..	..	..	..	..	..
Succursales d'entreprises étrangères	51	50	54	46	46	47	43	45
Ensemble des entreprises	148	149	151	136	130	128	123	118
2.2 Nombre d'employés								
Entreprises d'assurance	23 588	23 833	25 083	..	..	..	..	..
Intermédiaires	20 897	18 075	..	..	..	..	..	..
Total	44 485	41 908	..	..	..	..	..	..

.. Non disponible
Note : Voir les métadonnées détaillées sur : http://metalinks.oecd.org/ins/20180621/4b91.
Responsabilité : http://oe.cd/disclaimer
Source : Statistiques de l'OCDE sur les assurances (base de données)

Canada
Tableau 1. Agrégats sélectionnés

Millions CAD

	2009	2010	2011	2012	2013	2014	2015	2016
1.1 Opérations d'assurance conclues dans le pays déclarant								
1.1.1 Opérations d'assurance, par intérêt								
Primes brutes								
Entreprises nationales	77 487	78 875	83 513	87 337	91 830	81 347	86 082	..
Entreprises sous contrôle étranger	11 354	11 288	11 273	11 465	11 237	10 957	17 321	..
Succursales d'entreprises étrangères	8 730	9 464	9 502	9 621	9 651	21 604	20 840	..
Ensemble des entreprises	86 217	88 339	93 014	96 958	101 481	102 951	106 922	..
Primes cédées								
Entreprises nationales	16 856	16 638	21 174	23 483	25 176	22 771	25 855	..
Entreprises sous contrôle étranger	2 227	2 465	2 550	2 413	2 504	5 070	4 912	..
Succursales d'entreprises étrangères	1 791	2 014	1 923	2 405	2 094	4 469	4 735	..
Ensemble des entreprises	18 648	18 651	23 097	25 888	27 270	27 240	30 590	..
Primes nettes émises								
Entreprises nationales	60 631	62 237	62 338	63 854	66 655	58 576	60 227	..
Entreprises sous contrôle étranger	9 127	8 823	8 723	9 052	8 733	13 888	12 410	..
Succursales d'entreprises étrangères	6 939	7 450	7 579	7 216	7 557	17 135	16 104	..
Ensemble des entreprises	67 570	69 687	69 917	71 070	74 212	75 710	76 331	..
1.1.2 Opérations d'assurance par risque à l'étranger, primes brutes								
Vie	..	..	..	..	..	..	..	..
Non-vie	..	..	..	..	..	..	..	..
Mixtes	..	..	..	..	..	..	..	..
dont :								
Vie	..	..	..	..	..	..	..	..
Non-vie	..	..	..	..	..	..	..	..
Total	..	..	..	..	..	..	..	..
1.1.3 Paiement par catégories d'assurance, primes brutes (vie)								
Rentes	8 943	7 815	6 457	5 276	6 263	5 562	5 539	..
Unit linked	68	70	..	..	..	..	..	..
Autre assurance vie	18 483	19 212	..	..	..	..	..	..
Total Assurance Vie	38 923	39 093	..	..	..	..	..	..
***dont :** Contrats de retraite*	1 837	1 598	..	..	..	..	..	..
1.1.4 Paiement par catégories d'assurance, primes brutes (non-vie)								
L'assurance automobile	17 993	18 191	20 277	21 805	22 857	21 007	21 426	..
Les assurances transport (y compris maritime et aérien)	628	650	656	672	630	773	716	..
L'assurance de fret	..	..	..	..	..	..	..	..
L'assurance incendie et des dommages aux bien	13 097	13 483	15 268	16 577	16 687	18 994	19 992	..
L'assurance des pertes pécuniaires	1 391	1 643	1 716	1 785	1 748	2 271	2 613	..
L'assurance de la responsabilité civile générale	4 766	4 797	5 054	5 197	5 267	5 830	6 289	..
Les assurances accidents et maladie	17 371	18 043	25 743	19 672	20 262	25 708	26 370	..
***dont :** Maladie*	..	..	..	..	..	..	..	..
Autres assurances non-vie	12	6	8	14	32	138	275	..
Réassurance obligatoire	..	..	..	..	..	..	..	..
Total assurance non-vie	55 258	56 813	68 723	65 723	67 482	74 721	77 682	..
1.2 Paiements bruts des sinistres								
Vie								
Entreprises nationales	0	0	0	0	0	0	0	..
Entreprises sous contrôle étranger	0	0	0	0	0	0	0	..
Succursales d'entreprises étrangères	24	25	27	28	36	41	13	..
Ensemble des entreprises	24	25	27	28	36	41	13	..
Non-vie								
Entreprises nationales	22 318	21 444	23 354	24 435	28 506	25 194	25 500	..
Entreprises sous contrôle étranger	5 102	4 666	5 150	4 939	5 566	8 332	8 552	..
Succursales d'entreprises étrangères	4 531	5 971	5 840	4 875	5 242	5 901	4 601	..
Ensemble des entreprises	26 849	27 415	29 193	29 310	33 748	31 095	30 193	..
Mixtes								
Entreprises nationales	13 064	13 016	10 525	10 851	11 227	9 477	10 030	..
Entreprises sous contrôle étranger	742	773	666	731	736	881	303	..
Succursales d'entreprises étrangères	193	220	160	163	159	7 182	7 161	..
Ensemble des entreprises	13 257	13 236	10 685	11 014	11 386	16 659	17 190	..
dont :								
Vie	5 039	5 224	4 599	4 749	4 969	5 480	5 747	..
Entreprises nationales	4 931	5 096	4 523	4 650	4 869	3 858	4 186	..
Entreprises sous contrôle étranger	311	301	100	180	100	044	100	..
Succursales d'entreprises étrangères	108	128	76	99	99	1 622	1 561	..
Ensemble des entreprises	5 039	5 224	4 599	4 749	4 969	5 480	5 747	..
Non-vie	8 218	8 012	6 085	6 264	6 417	11 179	11 444	..
Entreprises nationales	8 133	7 920	6 002	6 201	6 357	5 620	5 844	..
Entreprises sous contrôle étranger	431	472	475	542	546	537	115	..
Succursales d'entreprises étrangères	85	92	83	63	60	5 560	5 600	..
Ensemble des entreprises	8 218	8 012	6 085	6 264	6 417	11 179	11 444	..
Total								
Entreprises nationales	35 381	34 460	33 879	35 286	39 733	34 671	35 529	..
Entreprises sous contrôle étranger	5 844	5 440	5 816	5 670	6 301	9 213	8 854	..
Succursales d'entreprises étrangères	4 748	6 216	6 026	5 066	5 437	13 124	11 867	..
Ensemble des entreprises	40 129	40 676	39 905	40 351	45 170	47 795	47 396	..

Canada
Tableau 1. Agrégats sélectionnés *(suite)*

Millions CAD

	2009	2010	2011	2012	2013	2014	2015	2016
1.3 Commissions								
Vie								
Entreprises nationales	0	0	0	0	0	..	0	..
Entreprises sous contrôle étranger	0	0	0	0	0	..	..	..
Succursales d'entreprises étrangères	0	11	10	12	10	..	0	..
Ensemble des entreprises	0	11	10	12	10	..	0	..
Non-vie								
Entreprises nationales	3 855	4 055	4 305	4 719	4 781	..	5 441	..
Entreprises sous contrôle étranger	934	932	91	1 115	1 092	..	1 882	..
Succursales d'entreprises étrangères	1 003	1 070	1 102	1 077	1 095	..	1 104	..
Ensemble des entreprises	4 858	5 125	5 407	5 796	5 876	..	6 545	..
Mixtes								
Entreprises nationales	2 654	5 232	5 539	5 505	5 558	..	4 787	..
Entreprises sous contrôle étranger	0	377	377	258	239	..	97	..
Succursales d'entreprises étrangères	171	169	158	147	145	..	193	..
Ensemble des entreprises	2 825	5 401	5 697	5 652	5 703	..	4 980	..
dont :								
Vie	2 382	4 026	4 212	4 239	4 291	..	3 572	..
Entreprises nationales	2 276	3 920	4 115	4 150	4 213	..	3 457	..
Entreprises sous contrôle étranger	0	273	285	172	173	..	65	..
Succursales d'entreprises étrangères	107	106	97	89	78	..	115	..
Ensemble des entreprises	2 382	4 026	4 212	4 239	4 291	..	3 572	..
Non-vie	443	1 375	1 485	1 413	1 412	..	1 408	..
Entreprises nationales	379	1 312	1 424	1 355	1 345	..	1 330	..
Entreprises sous contrôle étranger	0	104	91	86	66	..	32	..
Succursales d'entreprises étrangères	64	63	61	58	67	..	78	..
Ensemble des entreprises	443	1 375	1 485	1 413	1 412	..	1 408	..
Total								
Entreprises nationales	6 509	9 287	9 844	10 224	10 339	..	10 228	..
Entreprises sous contrôle étranger	934	1 309	467	1 373	1 331	..	1 979	..
Succursales d'entreprises étrangères	1 174	1 250	1 270	1 235	1 249	..	1 298	..
Ensemble des entreprises	7 683	10 537	11 114	11 460	11 588	..	11 526	..
1.4 Dépenses brutes d'exploitation								
Vie								
Entreprises nationales	17	18	20	22	23	24	22	..
Entreprises sous contrôle étranger	0	0	0	0	..	0	0	..
Succursales d'entreprises étrangères	30	27	29	32	27	28	15	..
Ensemble des entreprises	46	45	49	53	50	52	37	..
Non-vie								
Entreprises nationales	4 412	4 707	5 235	5 774	6 023	4 032	4 493	..
Entreprises sous contrôle étranger	1 282	1 310	1 385	1 465	1 409	1 385	1 488	..
Succursales d'entreprises étrangères	888	929	931	1 001	1 017	855	689	..
Ensemble des entreprises	5 300	5 636	6 166	6 775	7 040	4 887	5 182	..
Mixtes								
Entreprises nationales	12 118	13 129	10 675	12 274	13 728	12 612	14 400	..
Entreprises sous contrôle étranger	583	557	558	557	571	736	187	..
Succursales d'entreprises étrangères	127	124	119	110	117	206	272	..
Ensemble des entreprises	12 245	13 253	10 794	12 384	13 845	12 818	14 672	..
dont :								
Vie	..	..	..	..	..	..	..	..
Entreprises nationales	..	..	..	..	..	..	..	..
Entreprises sous contrôle étranger	..	..	..	..	..	..	..	..
Succursales d'entreprises étrangères	..	..	..	..	..	..	..	..
Ensemble des entreprises	..	..	..	..	..	..	..	..
Non-vie	..	..	..	..	..	..	..	..
Entreprises nationales	..	..	..	..	..	..	..	..
Entreprises sous contrôle étranger	..	..	..	..	..	..	..	..
Succursales d'entreprises étrangères	..	..	..	..	..	..	..	..
Ensemble des entreprises	..	..	..	..	..	..	..	..
Total								
Entreprises nationales	16 546	17 854	15 930	18 069	19 774	16 668	18 915	..
Entreprises sous contrôle étranger	1 864	1 868	1 943	2 021	1 981	2 121	1 675	..
Succursales d'entreprises étrangères	1 045	1 079	1 079	1 143	1 161	1 089	976	..
Ensemble des entreprises	17 591	18 933	17 009	19 212	20 934	17 757	19 891	..

Canada
Tableau 1. Agrégats sélectionnés *(suite)*

Millions CAD

	2009	2010	2011	2012	2013	2014	2015	2016
1.5 Opérations à l'étranger par succursale, primes brutes								
Vie								
Succursales et agences	..	..	..	..	..	..	..	..
Filiales	..	..	..	..	..	..	..	..
Total	0 |	..	..	..	..	0	0	..
Non vie								
Succursales et agences	..	..	..	..	..	..	..	..
Filiales	..	..	..	..	..	..	..	..
Total	325 |	250	545	548	1 018	1 320	1 500	..
Mixtes								
Succursales et agences	..	..	..	..	..	..	..	..
Filiales	..	..	..	..	..	..	..	..
Total	41 003 |	36 677	34 423	37 741	7 942	31 162	40 235	..
dont :								
Vie	..	..	..	..	..	27 224	..	..
Succursales et agences	..	..	..	..	..	..	..	..
Filiales	..	..	..	..	..	..	..	..
Total	..	..	..	..	..	27 224	..	..
Non-vie	..	..	..	..	..	3 939	..	..
Succursales et agences	..	..	..	..	..	..	..	..
Filiales	..	..	..	..	..	..	..	..
Total	..	..	..	..	..	3 939	..	..
Total								
Succursales et agences	..	..	..	..	..	..	..	..
Filiales	..	..	..	..	..	..	..	..
Total	41 328	36 927	34 968	38 289	8 959	32 482	41 736	..

.. Non disponible ; | Rupture de série

Note : Voir les métadonnées détaillées sur : http://metalinks.oecd.org/ins/20180621/b535.

Responsabilité : http://oe.cd/disclaimer

Source : Statistiques de l'OCDE sur les assurances (base de données)

Canada
Tableau 2. Nombre d'entreprises et d'employés

	2009	2010	2011	2012	2013	2014	2015	2016
2.1 Nombre d'entreprises								
Vie								
Entreprises nationales	1	1	1	1	1	1	1	..
Entreprises sous contrôle étranger	0	0	0	0	0	0	0	..
Succursales d'entreprises étrangères	9	7	5	5	5	5	5	..
Ensemble des entreprises	10	8	6	6	6	6	6	..
Non-vie								
Entreprises nationales	89	87	86	84	60	66	66	..
Entreprises sous contrôle étranger	24	23	23	23	22	28	28	..
Succursales d'entreprises étrangères	67	66	61	60	60	60	58	..
Ensemble des entreprises	156	153	147	144	120	126	124	..
Mixtes								
Entreprises nationales	46	44	43	43	34	34	33	..
Entreprises sous contrôle étranger	11	11	10	10	10	9	7	..
Succursales d'entreprises étrangères	27	26	26	21	26	23	22	..
Ensemble des entreprises	73	70	69	64	60	57	55	..
Réassurance								
Entreprises nationales	6	6	6	6	6	5	5	..
Entreprises sous contrôle étranger	5	5	6	6	6	5	5	..
Succursales d'entreprises étrangères	27	24	28	27	28	25	26	..
Ensemble des entreprises	33	30	34	33	34	30	31	..
Total								
Entreprises nationales	142	138	136	134	101	106	105	..
Entreprises sous contrôle étranger	40	39	39	39	38	42	40	..
Succursales d'entreprises étrangères	130	123	120	113	119	113	111	..
Ensemble des entreprises	272	261	256	247	220	219	216	..
2.2 Nombre d'employés								
Entreprises d'assurance	..	..	..	..	..	..	..	..
Intermédiaires	..	..	..	..	..	..	..	..
Total	..	..	..	..	..	..	..	..

.. Non disponible

Note : Voir les métadonnées détaillées sur : http://metalinks.oecd.org/ins/20180621/b535.

Responsabilité : http://oe.cd/disclaimer

Source : Statistiques de l'OCDE sur les assurances (base de données)

Chili

Tableau 1. Agrégats sélectionnés

Millions CLP

	2009	2010	2011	2012	2013	2014	2015	2016
1.1 Opérations d'assurance conclues dans le pays déclarant								
1.1.1 Opérations d'assurance, par intérêt								
Primes brutes								
Entreprises nationales	3 504 520	4 239 694	4 691 200	5 496 223	5 832 221	6 260 019	7 465 743	8 394 971
Entreprises sous contrôle étranger	2 056 570	2 335 007	2 270 671	2 821 041	3 056 166	3 211 682	3 614 011	4 422 880
Succursales d'entreprises étrangères	0	0	..	..	..	..	..	..
Ensemble des entreprises	3 504 520	4 239 694	4 691 200	5 496 223	5 832 221	6 260 019	7 465 743	8 394 971
Primes cédées								
Entreprises nationales	644 272	..	911 543	930 906	906 942	998 507	1 135 872	1 310 392
Entreprises sous contrôle étranger	486 353	..	648 512	671 333	647 814	676 439	749 522	953 240
Succursales d'entreprises étrangères	0	..	..	..	..	..	..	..
Ensemble des entreprises	644 272	..	911 543	930 906	906 942	998 507	1 135 872	1 310 392
Primes nettes émises								
Entreprises nationales	2 860 248	..	3 779 657	4 565 317	4 925 279	5 261 513	6 329 871	7 084 578
Entreprises sous contrôle étranger	1 570 226	..	1 622 159	2 149 709	2 408 352	2 535 243	2 864 489	3 469 640
Succursales d'entreprises étrangères	0	..	..	..	..	..	..	..
Ensemble des entreprises	2 860 248	..	3 779 657	4 565 317	4 925 279	5 261 513	6 329 871	7 084 578
1.1.2 Opérations d'assurance par risque à l'étranger, primes brutes								
Vie	..	..	0	..	..	..	..	..
Non-vie	..	..	0	..	..	..	..	..
Mixtes total	..	..	..	..	..	..	..	..
Total	..	..	0	..	..	..	..	..
1.1.3 Paiement par catégories d'assurance, primes brutes (vie)								
Rentes	808 248	1 067 841	1 105 236	1 623 894	1 729 819	1 692 693	2 343 736	2 759 473
Unit linked	201 107	196 316	201 183	213 028	318 975	475 508	613 110	712 539
Autre assurance vie	1 268 495	1 531 021	1 625 966	1 761 476	1 827 419	1 948 628	2 123 123	2 373 130
Total assurance vie	2 277 850	2 795 177	2 932 385	3 598 399	3 876 213	4 116 829	5 079 969	5 845 142
***dont :** Contrats de retraite*	0	0	1 340 726	..	..	..	..	..
1.1.4 Paiement par catégories d'assurance, primes brutes (non-vie)								
L'assurance automobile	293 508	348 409	420 964	480 767	467 370	509 632	554 020	607 928
Les assurances transport (y compris maritime et aérien)	69 483	75 737	92 530	93 208	117 884	129 698	148 074	132 318
L'assurance de fret	0	0	0	0	0	0	0	0
L'assurance incendie et des dommages aux bien	439 527	539 516	663 739	726 707	711 066	788 536	901 636	926 988
L'assurance des pertes pécuniaires	44 298	49 420	58 737	62 661	55 877	62 708	73 291	81 763
L'assurance de la responsabilité civile générale	50 340	52 327	69 048	80 035	52 154	56 828	41 342	34 468
Les assurances accidents et maladie	121 524	123 267	115 563	117 127	25 789	30 296	46 180	53 105
***dont :** Maladie*	195	571	943	1 362	1 349	6 186	2 268	8 145
Autres assurances non-vie	204 829	252 717	336 427	335 850	524 059	561 863	602 569	651 596
Réassurance obligatoire	0	0	0	0	0	0	0	0
Total assurance non-vie	1 223 509	1 441 393	1 757 008	1 896 354	1 954 198	2 139 562	2 367 113	2 488 165
1.2 Paiements bruts des sinistres								
Vie								
Entreprises nationales	2 771 258	2 989 991	2 914 714	3 393 850	3 714 398	4 027 828	2 853 170	3 342 724
Entreprises sous contrôle étranger	1 177 463	1 103 085	989 305	1 353 122	1 551 286	1 580 430	1 020 903	1 219 666
Succursales d'entreprises étrangères	0	0	0	..	..	..	..	..
Ensemble des entreprises	2 771 258	2 989 991	2 914 714	3 393 850	3 714 398	4 027 828	2 853 170	3 342 724
Non-vie								
Entreprises nationales	501 155	4 196 890	658 815	874 913	896 672	260 092	1 421 296	1 491 740
Entreprises sous contrôle étranger	300 774	3 421 645	420 283	524 939	541 982	157 970	889 183	1 193 951
Succursales d'entreprises étrangères	0	0	0	..	..	..	..	..
Ensemble des entreprises	501 155	4 196 890	658 815	874 913	896 672	260 092	1 421 296	1 491 740
Mixtes, ensemble des entreprises	..	..	..	..	..	..	..	..
Total								
Entreprises nationales	3 272 413	7 186 881	3 573 529	4 268 763	4 611 070	4 287 920	4 274 466	4 834 464
Entreprises sous contrôle étranger	1 478 237	4 524 730	1 409 588	1 878 061	2 093 268	1 738 400	1 910 087	2 413 617
Succursales d'entreprises étrangères	0	0	0	..	..	..	..	..
Ensemble des entreprises	3 272 413	7 186 881	3 573 529	4 268 763	4 611 070	4 287 920	4 274 466	4 834 464
1.3 Commissions								
Vie								
Entreprises nationales	153 504	183 002	182 335	228 573	248 645	263 060	301 418	318 445
Entreprises sous contrôle étranger	80 584	97 836	86 321	118 560	131 550	139 650	164 172	159 299
Succursales d'entreprises étrangères	0	0	0	..	..	..	..	..
Ensemble des entreprises	153 504	183 002	182 335	228 573	248 645	263 060	301 418	318 445
Non-vie								
Entreprises nationales	145 287	171 903	205 222	224 665	230 945	260 092	287 918	312 001
Entreprises sous contrôle étranger	98 178	114 424	134 674	142 291	140 238	157 970	171 469	242 835
Succursales d'entreprises étrangères	0	0	0	..	..	..	..	..
Ensemble des entreprises	145 287	171 903	205 222	224 665	230 945	260 092	287 918	312 001
Mixtes, ensemble des entreprises	..	..	..	..	..	..	..	..
Total								
Entreprises nationales	298 791	354 905	387 557	453 238	479 590	523 153	589 336	630 445
Entreprises sous contrôle étranger	178 762	212 260	220 996	260 851	271 787	297 621	335 641	402 134
Succursales d'entreprises étrangères	0	0	0	..	..	..	..	..
Ensemble des entreprises	298 791	354 905	387 557	453 238	479 590	523 153	589 336	630 445

Chili
Tableau 1. Agrégats sélectionnés *(suite)*

Millions CLP

	2009	2010	2011	2012	2013	2014	2015	2016
1.4 Dépenses brutes d'exploitation								
Vie								
Entreprises nationales	445 121	497 317	502 620	519 184	549 344	583 313	612 178	664 997
Entreprises sous contrôle étranger	238 613	271 689	242 660	250 271	268 515	284 692	308 320	316 103
Succursales d'entreprises étrangères	0	0	0	..	..	..	..	..
Ensemble des entreprises	445 121	497 317	502 620	519 184	549 344	583 313	612 178	664 997
Non-vie								
Entreprises nationales	263 732	290 845	331 560	339 044	359 066	382 886	412 676	457 861
Entreprises sous contrôle étranger	200 942	214 753	241 486	239 100	251 791	266 721	288 658	367 114
Succursales d'entreprises étrangères	0	0	0	..	..	..	..	..
Ensemble des entreprises	263 732	290 845	331 560	339 044	359 066	382 886	412 676	457 861
Mixtes, ensemble des entreprises	..	..	..	..	..	..	..	..
Total								
Entreprises nationales	708 853	788 162	834 180	858 228	908 410	966 199	1 024 854	1 122 857
Entreprises sous contrôle étranger	439 555	486 443	484 145	489 370	520 306	551 413	596 978	683 216
Succursales d'entreprises étrangères	0	0	0	..	..	..	..	..
Ensemble des entreprises	708 853	788 162	834 180	858 228	908 410	966 199	1 024 854	1 122 857
1.5 Opérations à l'étranger par succursale, primes brutes								
Vie								
Succursales et agences	..	..	0	..	..	..	..	..
Filiales	..	..	0	..	..	..	..	..
Total	..	..	0	..	..	..	..	..
Non-vie								
Succursales et agences	..	..	0	..	..	..	..	..
Filiales	..	..	0	..	..	..	..	..
Total	..	..	0	..	..	..	..	..
Mixtes total	..	..	..	..	..	..	..	..
Total								
Succursales et agences	..	..	0	..	..	..	..	..
Filiales	..	..	0	..	..	..	..	..
Total	..	..	0	..	..	..	..	..

.. Non disponible

Note : Voir les métadonnées détaillées sur : http://metalinks.oecd.org/ins/20180621/59eb.

Responsabilité : http://oe.cd/disclaimer

Source : Statistiques de l'OCDE sur les assurances (base de données)

Chili
Tableau 2. Nombre d'entreprises et d'employés

	2009	2010	2011	2012	2013	2014	2015	2016
2.1 Nombre d'entreprises								
Vie								
Entreprises nationales	30	31	30	32	33	34	36	36
Entreprises sous contrôle étranger	12	12	12	11	12	12	13	13
Succursales d'entreprises étrangères	0	0	0	..	..	..	..	0
Ensemble des entreprises	30	31	30	32	33	34	36	36
Non-vie								
Entreprises nationales	25	26	27	28	29	29	30	30
Entreprises sous contrôle étranger	14	15	16	16	18	17	18	11
Succursales d'entreprises étrangères	0	0	0	..	..	..	..	0
Ensemble des entreprises	25	26	27	28	29	29	30	30
Mixtes, ensemble des entreprises	**0**	**0**	**0**	**0**	**0**	**0**	**0**	**0**
Réassurance								
Entreprises nationales	1	1	1	1	1	1	1	1
Entreprises sous contrôle étranger	1	1	1	1	1	1	..	1
Succursales d'entreprises étrangères	0	0	0	..	..	..	..	0
Ensemble des entreprises	1	1	1	1	1	1	1	1
Total								
Entreprises nationales	56	58	58	61	63	64	67	67
Entreprises sous contrôle étranger	27	28	29	28	31	30	31	25
Succursales d'entreprises étrangères	0	0	0	..	..	..	..	0
Ensemble des entreprises	56	58	58	61	63	64	67	67
2.2 Nombre d'employés								
Entreprises d'assurance	13 236	13 554	14 366	16 304	16 686	17 039	15 368	16 414
Intermédiaires	6 492	6 828	7 211	6 828	7 046	6 959	7 499	7 599
Total	19 728	20 382	21 577	23 132	23 732	23 998	22 867	24 013

.. Non disponible

Note : Voir les métadonnées détaillées sur : http://metalinks.oecd.org/ins/20180621/59eb.

Responsabilité : http://oe.cd/disclaimer

Source : Statistiques de l'OCDE sur les assurances (base de données)

République tchèque
Tableau 1. Agrégats sélectionnés

Millions CZK

	2009	2010	2011	2012	2013	2014	2015	2016
1.1 Opérations d'assurance conclues dans le pays déclarant								
1.1.1 Opérations d'assurance, par intérêt								
Primes brutes								
Entreprises nationales	135 645	147 259	146 494	145 572	147 955	148 755	140 688	135 581
Entreprises sous contrôle étranger	126 354	136 170	134 999	134 114	135 671	137 200	129 432	124 165
Succursales d'entreprises étrangères	8 512	8 723	8 598	8 026	8 567	9 164	11 159	11 102
Ensemble des entreprises	144 157	155 981	155 092	153 597	156 522	157 919	151 846	146 683
Primes cédées								
Entreprises nationales	23 094	26 327	27 642	27 730	29 333	29 915	29 857	28 913
Entreprises sous contrôle étranger	21 993	23 843	24 903	24 826	26 054	26 601	26 578	25 450
Succursales d'entreprises étrangères	1 121	1 174	1 120	984	1 016	1 250	1 561	1 993
Ensemble des entreprises	24 215	27 502	28 762	28 714	30 349	31 165	31 418	30 905
Primes nettes émises								
Entreprises nationales	112 551	120 931	118 852	117 842	118 623	118 839	110 831	106 669
Entreprises sous contrôle étranger	104 361	112 327	110 096	109 288	109 617	110 598	102 854	98 714
Succursales d'entreprises étrangères	7 391	7 548	7 478	7 041	7 550	7 914	9 598	9 109
Ensemble des entreprises	119 942	128 480	126 330	124 884	126 173	126 754	120 429	115 778
1.1.2 Opérations d'assurance par risque à l'étranger, primes brutes								
Vie	3 626	..	2	3	0	0	0	0
Non-vie	86 665	..	814	931	741	993	524	274
Mixtes	..	..	1 553	1 681	1 780	2 121	1 867	1 843
dont :								
Vie	..	..	1	0	37	360	4	0
Non-vie	..	..	1 553	1 681	1 742	1 761	1 863	1 843
Total	90 291	..	2 370	2 614	2 521	3 113	2 390	2 117
1.1.3 Paiement par catégories d'assurance, primes brutes (vie)								
Rentes	2 314	2 082	1 881	1 810	1 775	1 505	1 413	..
Unit linked	24 126	33 956	36 584	37 799	34 764	37 632	35 125	26 131
Autre assurance vie	33 791	35 710	33 543	32 437	35 030	32 042	25 876	33 110
Total Assurance Vie	60 232	71 748	72 008	72 046	71 569	71 179	62 414	59 240
***dont :** Contrats de retraite*	..	..	..	..	..	..	..	..
1.1.4 Paiement par catégories d'assurance, primes brutes (non-vie)								
L'assurance automobile	41 099	38 467	35 827	34 350	35 804	37 855	39 633	38 212
Les assurances transport (y compris maritime et aérien)	255	289	274	243	214	294	331	912
L'assurance de fret	376	378	385	336	393	461	466	0
L'assurance incendie et des dommages aux bien	19 847	20 151	20 586	20 832	21 442	21 687	22 655	23 042
L'assurance des pertes pécuniaires	3 873	5 047	5 413	5 190	5 920	4 933	3 770	3 959
L'assurance de la responsabilité civile générale	11 642	12 128	12 416	12 420	12 869	13 164	13 810	13 609
Les assurances accidents et maladie	4 628	5 491	5 708	5 523	5 482	5 342	5 393	5 136
***dont :** Maladie*	0	0	0	0	0	0	0	0
Autres assurances non-vie	2 204	2 284	2 477	2 656	2 825	3 002	3 374	2 223
Réassurance obligatoire	0	0	0	0	0	0	0	0
Total assurance non-vie	83 925	84 234	83 084	81 550	84 950	86 738	89 431	87 092

République tchèque
Tableau 1. Agrégats sélectionnés *(suite)*

Millions CZK

	2009	2010	2011	2012	2013	2014	2015	2016
1.2 Paiements bruts des sinistres								
Vie								
Entreprises nationales	29 536	247 |	934	968	765	1 307	702	.. c
Entreprises sous contrôle étranger	28 702	247 |	934	968	765	1 307	702	.. c
Succursales d'entreprises étrangères	3 864	4 041	4 193	4 402	7 219	6 044	6 376	6 094
Ensemble des entreprises	33 400	4 287 |	5 127	5 370	7 984	7 352	7 077	6 456
Non-vie								
Entreprises nationales	41 439	3 939 |	2 981	3 594	5 208	6 045	2 285	2 103
Entreprises sous contrôle étranger	37 426	1 983 |	1 463	1 648	2 171	1 734	1 288	1 072
Succursales d'entreprises étrangères	903	1 001	922	746	1 184	1 353	1 216	1 674
Ensemble des entreprises	42 343	4 940 |	3 903	4 340	6 392	7 398	3 501	3 777
Mixtes								
Entreprises nationales	..	72 968 |	76 178	78 484	86 244	90 284	84 909	81 024
Entreprises sous contrôle étranger	..	69 071 |	72 105	74 012	81 355	84 712	79 681	75 835
Succursales d'entreprises étrangères	..	0	0	0	0	0	0	0
Ensemble des entreprises	..	72 968 |	76 178	78 484	86 244	90 284	84 909	81 024
dont :								
Vie	..	31 760 |	36 944	41 040	43 395	50 972	44 105	37 676
Entreprises nationales	..	31 760 |	36 944	41 040	43 395	50 972	44 105	37 676
Entreprises sous contrôle étranger	..	30 834 |	35 822	39 685	42 174	49 092	42 631	36 570
Succursales d'entreprises étrangères	..	0	0	0	0	0	0	0
Ensemble des entreprises	..	31 760 |	36 944	41 040	43 395	50 972	44 105	37 676
Non-vie	..	41 208 |	39 235	37 444	42 849	39 312	40 805	43 348
Entreprises nationales	..	41 208 |	39 235	37 444	42 849	39 312	40 805	43 348
Entreprises sous contrôle étranger	..	38 237 |	36 283	34 327	39 180	35 620	37 050	39 265
Succursales d'entreprises étrangères	..	0	0	0	0	0	0	0
Ensemble des entreprises	..	41 208 |	39 235	37 444	42 849	39 312	40 805	43 348
Total								
Entreprises nationales	70 975	77 154	80 094	83 046	92 217	97 636	87 896	83 490
Entreprises sous contrôle étranger	66 128	71 301	74 502	76 628	84 291	87 754	81 671	77 269
Succursales d'entreprises étrangères	4 768	5 041	5 116	5 148	8 403	7 397	7 592	7 767
Ensemble des entreprises	75 743	82 196	85 209	88 194	100 620	105 033	95 488	91 257
1.3 Commissions								
Vie								
Entreprises nationales	..	9 |	628	..	..	..	..	..
Entreprises sous contrôle étranger	..	9 |	628	..	..	..	..	..
Succursales d'entreprises étrangères	..	0	486	..	..	..	..	..
Ensemble des entreprises	..	9 |	1 114	..	..	..	..	..
Non-vie								
Entreprises nationales	..	313 |	466	..	..	..	..	..
Entreprises sous contrôle étranger	..	257 |	273	..	..	..	..	..
Succursales d'entreprises étrangères	..	214	418	..	..	..	..	..
Ensemble des entreprises	..	528 |	884	..	..	..	..	..
Mixtes								
Entreprises nationales	..	5 035 |	12 386	..	..	..	..	..
Entreprises sous contrôle étranger	..	4 607 |	11 419	..	..	..	..	..
Succursales d'entreprises étrangères	..	0	0	..	..	..	..	..
Ensemble des entreprises	..	5 035 |	12 386	..	..	..	..	..
dont :								
Vie	..	414 |	7 407	..	..	..	..	..
Entreprises nationales	..	414 |	7 407	..	..	..	..	..
Entreprises sous contrôle étranger	..	414 |	7 243	..	..	..	..	..
Succursales d'entreprises étrangères	..	0	0	..	..	..	..	..
Ensemble des entreprises	..	414 |	7 407	..	..	..	..	..
Non-vie	..	4 620 |	4 980	..	..	..	..	..
Entreprises nationales	..	4 620 |	4 980	..	..	..	..	..
Entreprises sous contrôle étranger	..	4 193 |	4 176	..	..	..	..	..
Succursales d'entreprises étrangères	..	0	0	..	..	..	..	..
Ensemble des entreprises	..	4 620 |	4 980	..	..	..	..	..
Total								
Entreprises nationales	..	5 357	13 481	..	..	..	..	..
Entreprises sous contrôle étranger	..	4 873	12 320	..	..	..	..	..
Succursales d'entreprises étrangères	..	214	904	..	..	..	..	..
Ensemble des entreprises	..	5 572	14 384	..	..	..	..	..

République tchèque
Tableau 1. Agrégats sélectionnés *(suite)*

Millions CZK

	2009	2010	2011	2012	2013	2014	2015	2016
1.4 Dépenses brutes d'exploitation								
Vie								
Entreprises nationales	12 964	1 060 |	1 085	1 132	748	759	739	.. c
Entreprises sous contrôle étranger	12 557	1 060 |	1 085	1 132	748	759	739	.. c
Succursales d'entreprises étrangères	1 387	1 440	1 617	1 659	1 587	1 459	2 036	2 015
Ensemble des entreprises	14 351	2 499 |	2 702	2 791	2 335	2 219	2 775	2 520
Non-vie								
Entreprises nationales	22 391	2 303 |	2 559	1 970	1 795	1 805	1 571	1 203
Entreprises sous contrôle étranger	19 946	1 446 |	1 509	1 152	987	937	883	622
Succursales d'entreprises étrangères	735	874	933	277	715	841	1 203	1 224
Ensemble des entreprises	23 126	3 177 |	3 491	2 247	2 510	2 646	2 773	2 427
Mixtes								
Entreprises nationales	..	31 688 |	33 219	21 405	21 863	22 207	20 341	21 319
Entreprises sous contrôle étranger	..	25 999 |	31 001	20 417	20 499	21 233	19 120	19 893
Succursales d'entreprises étrangères	..	0	0	0	0	0	0	0
Ensemble des entreprises	..	31 688 |	33 219	21 405	21 863	22 207	20 341	21 319
dont :								
Vie	..	12 087 |	13 363	12 009	11 670	11 475	9 613	9 217
Entreprises nationales	..	12 087 |	13 363	12 009	11 670	11 475	9 613	9 217
Entreprises sous contrôle étranger	..	11 605 |	12 861	11 604	11 231	11 050	9 059	8 637
Succursales d'entreprises étrangères	..	0	0	0	0	0	0	0
Ensemble des entreprises	..	12 087 |	13 363	12 009	11 670	11 475	9 613	9 217
Non-vie	..	19 601 |	19 856	9 396	10 193	10 733	10 728	12 102
Entreprises nationales	..	19 601 |	19 856	9 396	10 193	10 733	10 728	12 102
Entreprises sous contrôle étranger	..	17 994 |	18 140	8 814	9 268	10 184	10 061	11 256
Succursales d'entreprises étrangères	..	0	0	0	0	0	0	0
Ensemble des entreprises	..	19 601 |	19 856	9 396	10 193	10 733	10 728	12 102
Total								
Entreprises nationales	35 356	35 050	36 863	24 507	24 407	24 772	22 650	23 027
Entreprises sous contrôle étranger	32 503	28 505	33 595	22 701	22 234	22 929	20 742	21 020
Succursales d'entreprises étrangères	2 122	2 314	2 550	1 936	2 302	2 301	3 239	3 239
Ensemble des entreprises	37 477	37 364	39 413	26 443	26 708	27 072	25 889	26 266
1.5 Opérations à l'étranger par succursale, primes brutes								
Vie								
Succursales et agences	1 077	0 |	0	0	0	0	0	0
Filiales	..	..	..	..	..	..	..	..
Total	1 077	0 |	0	0	0	0	0	..
Non-vie								
Succursales et agences	421	437 |	318	307	323	313	351	377
Filiales	..	..	..	..	..	..	..	..
Total	421	437 |	318	307	323	313	351	377
Mixtes								
Succursales et agences	..	1 264 |	1 294	1 359	3 714	4 528	5 164	1 697
Filiales	..	..	..	..	..	..	..	..
Total	..	1 264 |	1 294	1 359	3 714	4 528	5 164	1 697
dont :								
Vie	..	1 254 |	1 244	1 317	1 737	1 434	1 460	1 697
Succursales et agences	..	1 254 |	1 244	1 317	1 737	1 434	1 460	1 697
Filiales	..	..	..	..	..	..	..	..
Total	..	1 254 |	1 244	1 317	1 737	1 434	1 460	1 697
Non-vie	..	10 |	49	42	1 977	3 095	3 704	..
Succursales et agences	..	10 |	49	42	1 977	3 095	3 704	0
Filiales	..	..	..	..	..	..	..	..
Total	..	10 |	49	42	1 977	3 095	3 704	..
Total								
Succursales et agences	1 498	1 701	1 612	1 666	4 037	4 841	5 516	2 074
Filiales	..	..	..	..	..	..	..	..
Total	1 498	1 701	1 612	1 666	4 037	4 841	5 516	2 074

.. Non disponible ; | Rupture de série ; c Donnée confidentielle

Note : Voir les métadonnées détaillées sur : http://metalinks.oecd.org/ins/20180621/c923.

Responsabilité : http://oe.cd/disclaimer

Source : Statistiques de l'OCDE sur les assurances (base de données)

République tchèque
Tableau 2. Nombre d'entreprises et d'employés

	2009	2010	2011	2012	2013	2014	2015	2016
2.1 Nombre d'entreprises								
Vie								
Entreprises nationales	3	3	3	3	2	2	2	1
Entreprises sous contrôle étranger	3	3	3	3	2	2	2	1
Succursales d'entreprises étrangères	4	4	4	3	3	4	5	5
Ensemble des entreprises	7	7	7	6	5	6	7	6
Non-vie								
Entreprises nationales	17	17	17	16	16	15	15	13
Entreprises sous contrôle étranger	9	9	9	8	8	7	5	4
Succursales d'entreprises étrangères	12	13	14	15	15	16	18	19
Ensemble des entreprises	29	30	31	31	31	31	33	32
Mixtes								
Entreprises nationales	15	15	15	15	15	15	14	14
Entreprises sous contrôle étranger	12	12	12	12	12	12	11	11
Succursales d'entreprises étrangères	1	0	0	0	0	0	0	0
Ensemble des entreprises	16	15	15	15	15	15	14	14
Réassurance								
Entreprises nationales	1	1	1	1	1	1	1	1
Entreprises sous contrôle étranger	1	1	1	1	1	1	1	1
Succursales d'entreprises étrangères	0	0	..	..	..	..	..	..
Ensemble des entreprises	1	1	1	1	1	1	1	1
Total								
Entreprises nationales	36	36	36	35	34	33	32	29
Entreprises sous contrôle étranger	25	25	25	24	23	22	19	17
Succursales d'entreprises étrangères	17	17	18	18	18	20	23	24
Ensemble des entreprises	53	53	54	53	52	53	55	53
2.2 Nombre d'employés								
Entreprises d'assurance	14 594	..	..	..	..	..	..	..
Intermédiaires	96 957	..	..	..	..	..	..	..
Total	111 551	..	..	..	..	..	..	..

.. Non disponible

Note : Voir les métadonnées détaillées sur : http://metalinks.oecd.org/ins/20180621/c923.

Responsabilité : http://oe.cd/disclaimer

Source : Statistiques de l'OCDE sur les assurances (base de données)

Danemark
Tableau 1. Agrégats sélectionnés

Millions DKK

	2009	2010	2011	2012	2013	2014	2015	2016
1.1 Opérations d'assurance conclues dans le pays déclarant								
1.1.1 Opérations d'assurance, par intérêt								
Primes brutes								
Entreprises nationales	161 090	171 554	181 700	189 673	1 268 025	208 213	215 276	225 500
Entreprises sous contrôle étranger	25 454	27 763	34 560	34 996	39 736	46 022	46 192	49 042
Succursales d'entreprises étrangères	..	..	..	..	..	..	..	..
Ensemble des entreprises	..	..	181 700	189 673	1 268 025	208 213	215 276	225 500
Primes cédées								
Entreprises nationales	4 213	6 015	7 676	7 009	7 417	5 875	6 309	6 943
Entreprises sous contrôle étranger	706	1 456	3 427	3 293	3 199	2 080	2 462	2 355
Succursales d'entreprises étrangères	..	..	..	..	..	..	..	..
Ensemble des entreprises	..	..	7 676	7 009	7 417	5 875	6 309	6 943
Primes nettes émises								
Entreprises nationales	156 877	165 540	174 024	182 664	1 260 608	202 338	208 966	218 557
Entreprises sous contrôle étranger	24 748	26 307	31 132	31 703	36 537	43 942	43 730	46 687
Succursales d'entreprises étrangères	..	..	..	..	..	..	..	..
Ensemble des entreprises	..	..	174 024	182 664	1 260 608	202 338	208 966	218 557
1.1.2 Opérations d'assurance par risque à l'étranger, primes brutes								
Vie	..	..	3 099	3 530	1 125	631	631	..
Non-vie	..	..	13 950	14 359	14 611	23 099	22 611	..
Mixtes total	..	..	..	..	..	..	..	..
Total	..	..	17 050	17 889	15 737	23 730	23 242	..
1.1.3 Paiement par catégories d'assurance, primes brutes (vie)								
Rentes	..	..	..	..	..	..	..	..
Unit linked	..	..	..	..	..	..	..	..
Autre assurance vie	..	..	..	..	..	..	..	..
Total assurance vie	..	..	..	129 477	133 294	140 314	147 662	153 907
***dont :** Contrats de retraite*	..	..	..	..	..	..	..	..
1.1.4 Paiement par catégories d'assurance, primes brutes (non-vie)								
L'assurance automobile	..	..	16 520	16 511	16 304	19 310	19 146	21 247
Les assurances transport (y compris maritime et aérien)	..	..	1 328	1 397	1 263	1 174	1 105	1 857
L'assurance de fret	..	..	..	..	..	..	0	..
L'assurance incendie et des dommages aux bien	..	..	15 003	20 461	20 737	22 855	22 642	25 107
L'assurance des pertes pécuniaires	..	..	336	359	372	402	417	1 113
L'assurance de la responsabilité civile générale	..	..	1 857	2 023	2 061	2 377	2 314	3 203
Les assurances accidents et maladie	..	..	13 403	13 553	12 611	15 063	15 282	15 965
***dont :** Maladie*	..	..	900	1 013	1 051	1 265	1 337	4 498
Autres assurances non-vie	..	..	3 983	4 465	4 659	5 156	5 052	1 635
Réassurance obligatoire	..	..	451	638	653	867	937	538
Total assurance non-vie	..	..	52 882	59 407	58 661	67 204	66 895	70 665
1.2 Paiements bruts des sinistres								
Vie								
Entreprises nationales	69 241	77 577	86 498	92 230	111 119	124 323	98 376	115 270
Entreprises sous contrôle étranger	13 699	16 488	20 780	22 286	24 154	24 385	20 765	23 573
Succursales d'entreprises étrangères	..	..	..	..	..	..	..	..
Ensemble des entreprises	82 940	77 577	86 498	92 230	111 119	124 323	98 376	115 270
Non-vie								
Entreprises nationales	39 988	42 282	45 935	40 906	43 547	46 601	47 833	44 773
Entreprises sous contrôle étranger	6 018	6 002	7 484	6 308	6 731	13 007	13 316	11 816
Succursales d'entreprises étrangères	..	..	..	..	..	..	..	..
Ensemble des entreprises	46 006	42 282	45 935	40 906	43 547	46 601	47 833	44 773
Mixtes, ensemble des entreprises	..	..	..	..	..	..	..	..
Total								
Entreprises nationales	109 229	119 859	132 433	133 136	154 666	170 924	146 209	160 043
Entreprises sous contrôle étranger	19 716	22 490	28 264	28 594	30 885	37 392	34 081	35 389
Succursales d'entreprises étrangères	..	..	..	..	..	..	..	..
Ensemble des entreprises	128 945	119 859	132 433	133 136	154 666	170 924	146 209	160 043

Danemark
Tableau 1. Agrégats sélectionnés *(suite)*

Millions DKK

	2009	2010	2011	2012	2013	2014	2015	2016
1.3 Commissions								
Vie								
Entreprises nationales	493	226	235	194	182	195	199	175
Entreprises sous contrôle étranger	98	97	77	59	43	60	36	34
Succursales d'entreprises étrangères	..	..	..	..	..	..	..	..
Ensemble des entreprises	..	..	235	194	182	195	199	175
Non-vie								
Entreprises nationales	1 194	1 309	1 257	1 434	1 380	1 613	1 879	1 361
Entreprises sous contrôle étranger	230	292	257	367	361	579	891	494
Succursales d'entreprises étrangères	..	..	..	..	..	..	..	..
Ensemble des entreprises	..	..	1 257	1 434	1 380	1 613	1 879	1 361
Mixtes, ensemble des entreprises	..	..	..	..	..	..	..	..
Total								
Entreprises nationales	1 687	1 535	1 492	1 629	1 562	1 808	2 079	1 536
Entreprises sous contrôle étranger	328	389	334	426	405	639	927	528
Succursales d'entreprises étrangères	..	..	..	..	..	..	..	..
Ensemble des entreprises	..	..	1 492	1 629	1 562	1 808	2 079	1 536
1.4 Dépenses brutes d'exploitation								
Vie								
Entreprises nationales	4 930	4 685	5 136	5 088	4 954	4 887	4 570	4 788
Entreprises sous contrôle étranger	1 385	1 340	1 325	1 316	1 326	1 377	1 284	1 268
Succursales d'entreprises étrangères	..	..	..	..	..	..	..	..
Ensemble des entreprises	6 315	4 685	5 136	5 088	4 954	4 887	4 570	4 788
Non-vie								
Entreprises nationales	9 179	9 713	10 241	10 292	10 391	11 564	11 856	12 050
Entreprises sous contrôle étranger	1 688	1 577	1 940	2 124	2 200	3 867	4 065	3 780
Succursales d'entreprises étrangères	..	..	..	..	..	..	..	..
Ensemble des entreprises	10 867	9 713	10 241	10 292	10 391	11 564	11 856	12 050
Mixtes, ensemble des entreprises	..	..	..	..	..	..	..	..
Total								
Entreprises nationales	14 109	14 398	15 377	15 380	15 345	16 451	16 426	16 838
Entreprises sous contrôle étranger	3 073	2 917	3 265	3 440	3 526	5 244	5 349	5 048
Succursales d'entreprises étrangères	..	..	..	..	..	..	..	..
Ensemble des entreprises	17 182	14 398	15 377	15 380	15 345	16 451	16 426	16 838
1.5 Opérations à l'étranger par succursale, primes brutes								
Vie								
Succursales et agences	478	423	353	..	..	..	..	..
Filiales	..	..	..	..	..	..	..	..
Total	..	..	353	..	..	..	..	..
Non-vie								
Succursales et agences	647	8 805	9 995	10 646	10 031	9 286	8 607	19 043
Filiales	..	..	..	..	..	..	..	..
Total	..	..	9 995	10 646	10 031	9 286	8 607	19 043
Mixtes total	..	..	..	..	..	..	..	..
Total								
Succursales et agences	1 126	9 227	10 348	10 646	10 031	9 286	8 607	19 043
Filiales	..	..	..	..	..	..	..	..
Total	..	..	10 348	10 646	10 031	9 286	8 607	19 043

.. Non disponible

Note : Voir les métadonnées détaillées sur : http://metalinks.oecd.org/ins/20180621/1d08.

Responsabilité : http://oe.cd/disclaimer

Source : Statistiques de l'OCDE sur les assurances (base de données)

Danemark
Tableau 2. Nombre d'entreprises et d'employés

	2009	2010	2011	2012	2013	2014	2015	2016
2.1 Nombre d'entreprises								
Vie								
Entreprises nationales	59	55	55	47	39	37	33	33
Entreprises sous contrôle étranger	8	8	8	7	5	4	4	4
Succursales d'entreprises étrangères	4	4	6	6	1	1	1	1
Ensemble des entreprises	71	59	61	53	40	38	34	34
Non-vie								
Entreprises nationales	100	87	85	76	77	63	63	63
Entreprises sous contrôle étranger	10	8	8	6	6	6	6	6
Succursales d'entreprises étrangères	10	45	41	38	48	49	49	53
Ensemble des entreprises	120	132	126	114	125	112	112	116
Mixtes, ensemble des entreprises	**0**	**0**	**0**	**0**	**0**	**0**	**0**	**0**
Réassurance								
Entreprises nationales	10	9	9	9	7	7	7	5
Entreprises sous contrôle étranger	1	0	0	..	..	..	..	0
Succursales d'entreprises étrangères	..	..	..	..	..	..	..	..
Ensemble des entreprises	11	..	9	9	7	7	7	5
Total								
Entreprises nationales	169	..	149	132	123	107	103	101
Entreprises sous contrôle étranger	19	..	16	13	11	10	10	10
Succursales d'entreprises étrangères	14	..	47	44	49	50	50	54
Ensemble des entreprises	202	..	196	176	172	157	153	155
2.2 Nombre d'employés								
Entreprises d'assurance	16 455	16 051	16 130	15 835	15 377	17 057	16 472	16 112
Intermédiaires	..	..	..	..	..	..	..	..
Total	..	..	16 130	15 835	15 377	17 057	16 472	16 112

.. Non disponible

Note : Voir les métadonnées détaillées sur : http://metalinks.oecd.org/ins/20180621/1d08.

Responsabilité : http://oe.cd/disclaimer

Source : Statistiques de l'OCDE sur les assurances (base de données)

Estonie
Tableau 1. Agrégats sélectionnés

Millions EUR

	2009	2010	2011	2012	2013	2014	2015	2016
1.1 Opérations d'assurance conclues dans le pays déclarant								
1.1.1 Opérations d'assurance, par intérêt								
Primes brutes								
Entreprises nationales	281	427	403	430	523	561	619	654
Entreprises sous contrôle étranger	100	406	380	407	499	539	596	627
Succursales d'entreprises étrangères	41	0	0	51	60	70	70	82
Ensemble des entreprises	247	427	403	480	583	631	689	736
Primes cédées								
Entreprises nationales	25	20	20	..	27	28	29	31
Entreprises sous contrôle étranger	10	13	11	..	18	2	20	22
Succursales d'entreprises étrangères	..	0	0	..	..	..	..	..
Ensemble des entreprises	..	20	20	..	..	..	..	..
Primes nettes émises								
Entreprises nationales	256	406	383	..	496	534	590	624
Entreprises sous contrôle étranger	178	393	368	..	481	217	576	605
Succursales d'entreprises étrangères	..	0	0	..	..	..	..	..
Ensemble des entreprises	..	406	383	..	..	..	..	..
1.1.2 Opérations d'assurance par risque à l'étranger, primes brutes								
Vie	..	96	90	..	..	..	..	..
Non-vie	..	62	68	..	..	..	..	..
Mixtes total	..	..	..	..	..	..	..	..
Total	..	158	158	..	..	..	..	..
1.1.3 Paiement par catégories d'assurance, primes brutes (vie)								
Rentes	6	8	9	10	17	19	24	27
Unit linked	33	104	84	27	87	109	118	116
Autre assurance vie	37	61	67	30	66	63	72	80
Total assurance vie	76	173	160	68	171	191	215	221
***dont :** Contrats de retraite*	0	1	26	30	33	37	36	40
1.1.4 Paiement par catégories d'assurance, primes brutes (non-vie)								
L'assurance automobile	161	148	142	143	229	244	259	292
Les assurances transport (y compris maritime et aérien)	1	1	1	3	2	2	2	6
L'assurance de fret	1	2	2	..	3	4	4	..
L'assurance incendie et des dommages aux bien	56	63	63	59	99	107	115	127
L'assurance des pertes pécuniaires	12	4	5	5	8	9	9	12
L'assurance de la responsabilité civile générale	5	8	9	6	15	16	19	21
Les assurances accidents et maladie	7	28	30	15	40	42	42	54
***dont :** Maladie*	..	..	..	..	9	..	..	..
Autres assurances non-vie	0	1	1	1	9	16	23	4
Réassurance obligatoire	..	0	0	..	8	..	..	..
Total assurance non-vie	242	254	253	231	412	440	474	515
1.2 Paiements bruts des sinistres								
Vie								
Entreprises nationales	44	82	115	112	101	..	97	87
Entreprises sous contrôle étranger	16	82	115	112	101	..	97	87
Succursales d'entreprises étrangères	..	0	0	..	..	..	..	0
Ensemble des entreprises	44	82	115	112	101	..	97	87
Non-vie								
Entreprises nationales	121	153	154	147	197	..	230	243
Entreprises sous contrôle étranger	86	139	141	134	184	..	217	228
Succursales d'entreprises étrangères	28	0	0	..	33	..	40	43
Ensemble des entreprises	149	153	154	147	230	246	271	287
Mixtes, ensemble des entreprises	..	..	..	..	..	..	..	..
Total								
Entreprises nationales	165	235	270	259	298	..	328	369
Entreprises sous contrôle étranger	102	221	256	246	285	..	314	354
Succursales d'entreprises étrangères	28	0	0	..	33	..	40	47
Ensemble des entreprises	193	235	270	259	331	246	368	416
1.3 Commissions								
Vie								
Entreprises nationales	..	3	8	9	19	21	23	..
Entreprises sous contrôle étranger	..	3	8	9	19	21	23	..
Succursales d'entreprises étrangères	..	0	0	..	..	..	..	..
Ensemble des entreprises	..	3	8	9	19	..	23	..
Non-vie								
Entreprises nationales	..	17	17	4	72	73	78	..
Entreprises sous contrôle étranger	..	16	15	2	67	69	73	..
Succursales d'entreprises étrangères	..	0	0	..	..	..	..	..
Ensemble des entreprises	..	17	17	4	72	..	78	..
Mixtes, ensemble des entreprises	..	..	..	..	..	..	..	..
Total								
Entreprises nationales	..	20	25	13	90	94	101	..
Entreprises sous contrôle étranger	..	18	23	11	86	89	95	..
Succursales d'entreprises étrangères	..	0	0	..	..	..	..	..
Ensemble des entreprises	..	20	25	13	90	..	101	..

Estonie
Tableau 1. Agrégats sélectionnés (*suite*)

Millions EUR

	2009	2010	2011	2012	2013	2014	2015	2016
1.4 Dépenses brutes d'exploitation								
Vie								
Entreprises nationales	..	21	24	23	9	9	11	..
Entreprises sous contrôle étranger	..	21	24	23	9	9	11	..
Succursales d'entreprises étrangères	..	0	0	..	..	..	..	..
Ensemble des entreprises	..	21	24	23	9	..	11	..
Non-vie								
Entreprises nationales	..	71	74	73	27	30	27	115
Entreprises sous contrôle étranger	..	64	67	67	25	29	26	..
Succursales d'entreprises étrangères	..	0	0	..	..	..	..	..
Ensemble des entreprises	..	71	74	73	27	..	27	..
Mixtes, ensemble des entreprises	..	..	..	..	..	..	..	..
Total								
Entreprises nationales	..	92	98	96	37	40	38	115
Entreprises sous contrôle étranger	..	85	91	90	35	38	36	..
Succursales d'entreprises étrangères	..	0	0	..	..	..	..	..
Ensemble des entreprises	..	92	98	96	37	..	38	..
1.5 Opérations à l'étranger par succursale, primes brutes								
Vie								
Succursales et agences	47	96	90	85	94	114	130	96
Filiales	..	0	0	..	..	..	..	..
Total	47	96	90	85	94	114	130	96
Non-vie								
Succursales et agences	28	62	68	96	170	174	190	201
Filiales	..	0	0	..	..	..	..	..
Total	28	62	68	96	170	174	190	201
Mixtes total	..	..	..	..	..	..	..	..
Total								
Succursales et agences	75	158	158	181	264	288	320	349
Filiales	..	0	0	..	..	..	..	..
Total	75	158	158	181	264	288	320	349

.. Non disponible

Note : Voir les métadonnées détaillées sur : http://metalinks.oecd.org/ins/20180621/640f.

Responsabilité : http://oe.cd/disclaimer

Source : Statistiques de l'OCDE sur les assurances (base de données)

Estonie
Tableau 2. Nombre d'entreprises et d'employés

	2009	2010	2011	2012	2013	2014	2015	2016
2.1 Nombre d'entreprises								
Vie								
Entreprises nationales	5	5	4	4	4	4	4	2
Entreprises sous contrôle étranger	4	5	4	4	4	4	4	2
Succursales d'entreprises étrangères	0	0	0	1	1	1	1	0
Ensemble des entreprises	5	5	4	5	5	5	5	2
Non-vie								
Entreprises nationales	7	8	8	8	8	8	8	8
Entreprises sous contrôle étranger	4	5	5	5	5	5	5	5
Succursales d'entreprises étrangères	5	0	0	4	4	4	3	4
Ensemble des entreprises	12	8	8	12	12	12	11	12
Mixtes, ensemble des entreprises	**0**	**0**	**0**	**0**	**0**	**0**	**0**	**0**
Réassurance								
Entreprises nationales	..	0	0	..	0	0	0	0
Entreprises sous contrôle étranger	..	0	0	..	0	0	0	0
Succursales d'entreprises étrangères	..	0	0	..	..	..	0	0
Ensemble des entreprises	..	0	0	..	..	..	0	0
Total								
Entreprises nationales	..	13	12	12	12	12	12	12
Entreprises sous contrôle étranger	..	10	9	9	9	9	9	9
Succursales d'entreprises étrangères	..	0	0	5	5	5	4	5
Ensemble des entreprises	..	13	12	17	17	17	16	17
2.2 Nombre d'employés								
Entreprises d'assurance	1 737	2 702	1 867	1 903	2 596	2 561	2 581	..
Intermédiaires	..	..	814	849	1 271	1 217	1 232	..
Total	1 737	..	2 681	2 752	3 867	3 778	3 813	..

.. Non disponible

Note : Voir les métadonnées détaillées sur : http://metalinks.oecd.org/ins/20180621/640f.

Responsabilité : http://oe.cd/disclaimer

Source : Statistiques de l'OCDE sur les assurances (base de données)

Finlande
Tableau 1. Agrégats sélectionnés

Millions EUR

	2009	2010	2011	2012	2013	2014	2015	2016
1.1 Opérations d'assurance conclues dans le pays déclarant								
1.1.1 Opérations d'assurance, par intérêt								
Primes brutes								
Entreprises nationales	6 817	8 770	7 279	7 279	9 834	10 632	10 741	9 045
Entreprises sous contrôle étranger	2 053	..	..	2 317	3 357	3 698	6 892	..
Succursales d'entreprises étrangères	..	..	..	..	..	..	..	..
Ensemble des entreprises	6 817	8 770	7 279	7 279	9 834	10 632	10 741	9 045
Primes cédées								
Entreprises nationales	245	242	240	240	257	259	246	241
Entreprises sous contrôle étranger	28	..	..	20	19	15	217	..
Succursales d'entreprises étrangères	..	..	..	..	..	..	..	..
Ensemble des entreprises	245	242	240	240	257	259	246	241
Primes nettes émises								
Entreprises nationales	6 781	8 528	7 039	7 039	9 577	10 373	10 495	8 804
Entreprises sous contrôle étranger	2 053	..	..	2 297	3 338	3 683	6 675	..
Succursales d'entreprises étrangères	..	..	..	..	..	..	..	..
Ensemble des entreprises	6 781	8 528	7 039	7 039	9 577	10 373	10 495	8 804
1.1.2 Opérations d'assurance par risque à l'étranger, primes brutes								
Vie	..	..	..	..	..	..	..	..
Non-vie	..	..	..	..	..	..	..	..
Mixtes total	..	..	..	..	..	..	..	..
Total	..	..	..	..	..	..	..	..
1.1.3 Paiement par catégories d'assurance, primes brutes (vie)								
Rentes	1 127	2 798	1 988	1 988	2 458	2 544	2 287	694
Unit linked	2 114	1 297	1 255	1 255	2 509	2 929	3 224	2 446
Autre assurance vie	104	1 120	505	505	614	619	745	1 433
Total assurance vie	3 345	5 215	3 749	3 749	5 581	6 092	6 256	4 573
***dont :** Contrats de retraite*	949	1 491	828	828	819	756	597	675
1.1.4 Paiement par catégories d'assurance, primes brutes (non-vie)								
L'assurance automobile	1 292	1 282	1 389	1 474	1 520	1 591	1 639	1 639
Les assurances transport (y compris maritime et aérien)	57	60	64	68	70	70	68	73
L'assurance de fret	54	49	50	53	55	56	52	57
L'assurance incendie et des dommages aux bien	765	750	828	864	929	985	1 030	1 028
L'assurance des pertes pécuniaires	36	41	38	33	33	30	28	22
L'assurance de la responsabilité civile générale	167	169	191	191	239	392	385	234
Les assurances accidents et maladie	852	846	938	1 024	1 048	1 060	1 058	1 119
***dont :** Maladie*	176	191	218	245	264	299	290	368
Autres assurances non-vie	115	117	129	131	144	152	88	163
Réassurance obligatoire	..	122	132	149	149	135	135	136
Total assurance non-vie	3 467	3 435	3 759	3 986	4 187	4 471	4 483	4 471
1.2 Paiements bruts des sinistres								
Vie								
Entreprises nationales	2 855	3 919	3 592	3 917	3 927	3 871	3 957	4 324
Entreprises sous contrôle étranger	..	..	1 013	1 479	1 399	1 160	1 124	.. c
Succursales d'entreprises étrangères	..	..	..	..	..	..	..	..
Ensemble des entreprises	2 855	3 919	3 592	3 917	3 927	3 871	3 957	4 324
Non-vie								
Entreprises nationales	2 345	2 568	2 706	2 873	2 858	2 939	2 872	3 103
Entreprises sous contrôle étranger	..	..	676	696	741	724	2 872	.. c
Succursales d'entreprises étrangères	..	..	..	..	..	..	..	..
Ensemble des entreprises	2 345	2 568	2 706	2 873	2 858	2 939	2 872	3 103
Mixtes, ensemble des entreprises	..	..	..	..	..	..	..	..
Total								
Entreprises nationales	5 201	6 487	6 298	6 790	6 785	6 810	6 829	7 427
Entreprises sous contrôle étranger	..	..	1 689	2 175	2 140	1 884	3 996	..
Succursales d'entreprises étrangères	..	..	..	..	..	..	..	..
Ensemble des entreprises	5 201	6 487	6 298	6 790	6 785	6 810	6 829	7 427

Finlande
Tableau 1. Agrégats sélectionnés *(suite)*

Millions EUR

	2009	2010	2011	2012	2013	2014	2015	2016
1.3 Commissions								
Vie								
Entreprises nationales	54	64	81	68	90	-83	101	126
Entreprises sous contrôle étranger	..	..	7	6	9	-10	15	.. c
Succursales d'entreprises étrangères	..	..	..	..	..	..	..	..
Ensemble des entreprises	54	64	81	68	90	-83	101	126
Non-vie								
Entreprises nationales	68	99	90	102	58	-142	113	166
Entreprises sous contrôle étranger	..	..	13	16	21	-18	23	.. c
Succursales d'entreprises étrangères	..	..	..	..	..	..	..	..
Ensemble des entreprises	68	99	90	102	58	-142	113	166
Mixtes, ensemble des entreprises	..	..	..	..	..	..	..	..
Total								
Entreprises nationales	122	163	171	170	148	-225	214	292
Entreprises sous contrôle étranger	..	..	21	22	30	-28	38	..
Succursales d'entreprises étrangères	..	..	..	..	..	..	..	..
Ensemble des entreprises	122	163	171	170	148	-225	214	292
1.4 Dépenses brutes d'exploitation								
Vie								
Entreprises nationales	230	255	275	283	302	317	316	341
Entreprises sous contrôle étranger	..	..	39	36	34	36	34	.. c
Succursales d'entreprises étrangères	..	..	..	..	..	..	..	..
Ensemble des entreprises	230	255	275	283	302	317	316	341
Non-vie								
Entreprises nationales	690	699	738	778	827	844	847	876
Entreprises sous contrôle étranger	..	..	138	143	161	158	847	.. c
Succursales d'entreprises étrangères	..	..	..	..	..	..	..	..
Ensemble des entreprises	690	699	738	778	827	844	847	876
Mixtes, ensemble des entreprises	..	..	..	..	..	..	..	..
Total								
Entreprises nationales	921	954	1 013	1 061	1 129	1 161	1 163	1 217
Entreprises sous contrôle étranger	..	..	177	179	195	194	881	..
Succursales d'entreprises étrangères	..	..	..	..	..	..	..	..
Ensemble des entreprises	921	954	1 013	1 061	1 129	1 161	1 163	1 217
1.5 Opérations à l'étranger par succursale, primes brutes								
Vie								
Succursales et agences	480	598	614	203	162	107	17	..
Filiales	..	..	..	..	..	..	..	..
Total	480	598	614	203	162	107	17	..
Non-vie								
Succursales et agences	9	..	..	..	..	..	..	..
Filiales	..	..	..	..	..	..	..	..
Total	9	..	..	..	..	..	..	..
Mixtes total	..	..	..	..	..	..	..	..
Total								
Succursales et agences	490	598	614	203	162	107	17	..
Filiales	..	..	..	..	..	..	..	..
Total	490	598	614	203	162	107	17	..

.. Non disponible ; c Donnée confidentielle

Note : Voir les métadonnées détaillées sur : http://metalinks.oecd.org/ins/20180621/6d3a.

Responsabilité : http://oe.cd/disclaimer

Source : Statistiques de l'OCDE sur les assurances (base de données)

Finlande
Tableau 2. Nombre d'entreprises et d'employés

	2009	2010	2011	2012	2013	2014	2015	2016
2.1 Nombre d'entreprises								
Vie								
Entreprises nationales	12	11	11	13	13	13	13	11
Entreprises sous contrôle étranger	..	..	1	1	1	1	1	1
Succursales d'entreprises étrangères	..	..	..	..	..	..	..	..
Ensemble des entreprises	12	11	11	13	13	13	13	11
Non-vie								
Entreprises nationales	103	79	78	42	42	38	38	37
Entreprises sous contrôle étranger	..	..	1	1	1	1	1	2
Succursales d'entreprises étrangères	..	..	..	..	..	..	..	..
Ensemble des entreprises	103	79	78	42	42	38	38	37
Mixtes, ensemble des entreprises	..	..	..	..	..	..	..	..
Réassurance								
Entreprises nationales	2	2	2	..	..	..	..	..
Entreprises sous contrôle étranger	..	..	..	..	..	..	..	..
Succursales d'entreprises étrangères	..	..	..	..	..	..	..	..
Ensemble des entreprises	2	2	2	..	..	..	..	..
Total								
Entreprises nationales	117	92	91	55	55	51	51	48
Entreprises sous contrôle étranger	..	..	2	2	2	2	2	3
Succursales d'entreprises étrangères	..	..	..	..	..	..	..	..
Ensemble des entreprises	117	92	91	55	55	51	51	48
2.2 Nombre d'employés								
Entreprises d'assurance	9 316	9 221	9 321	9 321	9 231	8 980	8 750	8 815
Intermédiaires	331	331	338	342	203	216	221	244
Total	9 647	9 552	9 659	9 663	9 434	9 196	8 971	9 059

.. Non disponible

Note : Voir les métadonnées détaillées sur : http://metalinks.oecd.org/ins/20180621/6d3a.

Responsabilité : http://oe.cd/disclaimer

Source : Statistiques de l'OCDE sur les assurances (base de données)

France
Tableau 1. Agrégats sélectionnés

Millions EUR

	2009	2010	2011	2012	2013	2014	2015	2016
1.1 Opérations d'assurance conclues dans le pays déclarant								
1.1.1 Opérations d'assurance, par intérêt								
Primes brutes								
Entreprises nationales	216 463	224 190	207 586	201 207	207 521	221 223	226 000	295 909
Entreprises sous contrôle étranger	..	..	..	..	..	..	..	..
Succursales d'entreprises étrangères	190	84	95	104	103	103	111	..
Ensemble des entreprises	216 654	224 274	207 680	201 310	207 624	221 327	226 111	295 909
Primes cédées								
Entreprises nationales	18 050	19 192	20 994	21 638	22 115	19 932	25 840	45 137
Entreprises sous contrôle étranger	..	..	..	..	..	..	..	..
Succursales d'entreprises étrangères	17	18	19	18	19	22	21	..
Ensemble des entreprises	18 067	19 210	21 013	21 657	22 135	19 954	25 861	45 137
Primes nettes émises								
Entreprises nationales	198 413	204 998	186 592	179 568	185 406	201 291	200 160	250 772
Entreprises sous contrôle étranger	..	..	..	..	..	..	..	..
Succursales d'entreprises étrangères	178	66	76	85	84	82	90	..
Ensemble des entreprises	198 591	205 064	186 668	179 654	185 490	201 373	200 250	250 772
1.1.2 Opérations d'assurance par risque à l'étranger, primes brutes								
Vie	430	429	107	83	259	73	60	..
Non-vie	367	391	1 592	1 589	1 735	1 876	2 188	..
Mixtes	..	..	227	206	636	468	485	..
dont :								
Vie	..	..	226	206	167	456	482	..
Non-vie	..	..	1	1	469	12	3	..
Total	797	821	1 926	1 879	2 631	2 416	2 734	..
1.1.3 Paiement par catégories d'assurance, primes brutes (vie)								
Rentes	..	..	..	..	..	..	..	1 080
Unit linked	46 699	220 612	..	..	..	..	..	30 066
Autre assurance vie	..	..	..	..	..	..	..	119 133
Total Assurance Vie	..	..	..	..	..	..	..	150 279
***dont :** Contrats de retraite*	..	..	..	..	..	..	..	..
1.1.4 Paiement par catégories d'assurance, primes brutes (non-vie)								
L'assurance automobile	..	..	..	..	..	..	..	22 712
Les assurances transport (y compris maritime et aérien)	..	..	..	..	..	..	..	1 721
L'assurance de fret	..	..	..	..	..	..	..	..
L'assurance incendie et des dommages aux bien	..	..	..	..	..	..	..	21 498
L'assurance des pertes pécuniaires	..	..	..	..	..	..	..	2 887
L'assurance de la responsabilité civile générale	..	..	..	..	..	..	..	6 884
Les assurances accidents et maladie	..	..	..	..	..	..	..	49 416
***dont :** Maladie*	..	..	..	..	..	..	..	..
Autres assurances non-vie	..	..	..	..	..	..	..	10 953
Réassurance obligatoire	..	..	..	..	..	..	..	..
Total assurance non-vie	68 945	71 329	71 324	76 295	..	..	..	116 071
1.2 Paiements bruts des sinistres								
Vie								
Entreprises nationales	21 613 |	22 766	30 961	31 131	25 663	26 144	26 794	26 184
Entreprises sous contrôle étranger	..	..	..	..	..	..	..	..
Succursales d'entreprises étrangères	..	..	..	..	..	..	..	..
Ensemble des entreprises	21 613 |	22 766	30 961	31 131	25 663	26 144	26 794	26 184
Non-vie								
Entreprises nationales	43 467 |	49 368	48 584	50 472	45 317	61 895	63 029	46 084
Entreprises sous contrôle étranger	..	..	..	..	..	..	..	..
Succursales d'entreprises étrangères	95	44	51	59	59	52	51	..
Ensemble des entreprises	43 562 |	49 412	48 635	50 531	45 376	61 947	63 080	46 084
Mixtes								
Entreprises nationales	75 111 |	73 529	93 502	98 016	97 287	86 518	91 862	137 406
Entreprises sous contrôle étranger	..	..	..	..	..	..	..	..
Succursales d'entreprises étrangères	..	..	..	..	..	..	..	..
Ensemble des entreprises	75 111 |	73 529	93 502	98 016	97 287	86 518	91 862	137 406
dont :								
Vie	..	..	..	..	88 620	..	..	105 772
Entreprises nationales	..	..	..	..	88 620	..	..	105 772
Entreprises sous contrôle étranger	..	..	..	..	..	..	..	..
Succursales d'entreprises étrangères	..	..	..	..	..	..	..	..
Ensemble des entreprises	..	..	..	..	88 620	..	..	105 772
Non-vie	..	..	..	..	8 667	..	..	31 634
Entreprises nationales	..	..	..	..	8 667	..	..	31 634
Entreprises sous contrôle étranger	..	..	..	..	..	..	..	..
Succursales d'entreprises étrangères	..	..	..	..	..	..	..	..
Ensemble des entreprises	..	..	..	..	8 667	..	..	31 634
Total								
Entreprises nationales	140 191	145 663	173 047	179 619	168 267	174 557	181 685	209 674
Entreprises sous contrôle étranger	..	..	..	..	..	..	..	..
Succursales d'entreprises étrangères	95	44	51	59	59	52	51	..
Ensemble des entreprises	140 286	145 707	173 098	179 678	168 326	174 608	181 736	209 674

France
Tableau 1. Agrégats sélectionnés *(suite)*

Millions EUR

	2009	2010	2011	2012	2013	2014	2015	2016
1.3 Commissions								
Vie								
Entreprises nationales	6 323	1 323	1 682	1 705	..	..	..	..
Entreprises sous contrôle étranger	..	..	..	..	..	..	..	..
Succursales d'entreprises étrangères	..	..	..	..	..	..	..	..
Ensemble des entreprises	6 323	1 323	1 682	1 705	..	..	..	..
Non-vie								
Entreprises nationales	9 983	10 198	10 449	10 610	..	..	..	..
Entreprises sous contrôle étranger	..	..	..	..	..	..	..	..
Succursales d'entreprises étrangères	66	18	19	22	..	..	..	..
Ensemble des entreprises	10 048	10 215	10 468	10 633	..	..	..	..
Mixtes								
Entreprises nationales	..	5 201	5 915	5 717	..	..	..	..
Entreprises sous contrôle étranger	..	..	..	..	..	..	..	..
Succursales d'entreprises étrangères	..	..	..	..	..	..	..	..
Ensemble des entreprises	..	5 201	5 915	5 717	..	..	..	..
dont :								
Vie	..	..	4 985	4 677	..	..	..	..
Entreprises nationales	..	..	4 985	4 677	..	..	..	..
Entreprises sous contrôle étranger	..	..	..	..	..	..	..	..
Succursales d'entreprises étrangères	..	..	..	..	..	..	..	..
Ensemble des entreprises	..	..	4 985	4 677	..	..	..	..
Non-vie	..	..	930	1 041	..	..	..	..
Entreprises nationales	..	..	930	1 041	..	..	..	..
Entreprises sous contrôle étranger	..	..	..	..	..	..	..	..
Succursales d'entreprises étrangères	..	..	..	..	..	..	..	..
Ensemble des entreprises	..	..	930	1 041	..	..	..	..
Total								
Entreprises nationales	16 306	16 722	18 046	18 033	..	..	..	..
Entreprises sous contrôle étranger	..	..	..	..	..	..	..	..
Succursales d'entreprises étrangères	66	18	19	22	..	..	..	..
Ensemble des entreprises	16 371	16 739	18 065	18 055	..	..	..	..
1.4 Dépenses brutes d'exploitation								
Vie								
Entreprises nationales	2 481	719	842	2 982	2 828	2 893	2 914	3 436
Entreprises sous contrôle étranger	..	..	..	..	..	..	..	..
Succursales d'entreprises étrangères	..	..	..	..	..	..	..	..
Ensemble des entreprises	2 481	719	842	2 982	2 828	2 893	2 914	3 436
Non-vie								
Entreprises nationales	14 448	5 842	5 487	15 726	15 969	16 156	15 936	20 162
Entreprises sous contrôle étranger	..	..	..	..	..	..	..	..
Succursales d'entreprises étrangères	17	8	10	9	..	8	..	..
Ensemble des entreprises	14 465	5 849	5 497	15 726	15 969	16 164	15 936	20 162
Mixtes								
Entreprises nationales	11 460	4 505	4 937	12 392	12 957	13 439	14 727	23 144
Entreprises sous contrôle étranger	..	..	..	..	..	..	..	..
Succursales d'entreprises étrangères	..	..	..	..	..	..	..	..
Ensemble des entreprises	11 460	4 505	4 937	12 392	12 957	13 439	14 727	23 144
dont :								
Vie	..	..	..	..	10 533	10 808	11 414	17 608
Entreprises nationales	..	..	..	..	10 533	..	..	17 608
Entreprises sous contrôle étranger	..	..	..	..	..	..	..	..
Succursales d'entreprises étrangères	..	..	..	..	..	..	..	..
Ensemble des entreprises	..	..	..	..	10 533	10 808	11 414	17 608
Non-vie	..	..	..	..	2 424	2 631	3 313	5 536
Entreprises nationales	..	..	..	..	2 424	..	..	5 536
Entreprises sous contrôle étranger	..	..	..	..	..	..	..	..
Succursales d'entreprises étrangères	..	..	..	..	..	..	..	..
Ensemble des entreprises	..	..	..	..	2 424	2 631	3 313	5 536
Total								
Entreprises nationales	28 389	11 066	11 266	31 100	31 754	32 488	33 578	46 742
Entreprises sous contrôle étranger	..	..	..	..	..	..	..	..
Succursales d'entreprises étrangères	17	8	10	9	..	8	..	..
Ensemble des entreprises	28 406	11 074	11 276	31 100	31 754	32 497	33 578	46 742

France
Tableau 1. Agrégats sélectionnés *(suite)*

Millions EUR

	2009	2010	2011	2012	2013	2014	2015	2016
1.5 Opérations à l'étranger par succursale, primes brutes								
Vie								
Succursales et agences	1 205	1 761	1 929	1 895	2 691	2 860	3 373	107
Filiales	..	..	..	..	..	..	..	..
Total	1 205	1 761	1 929	1 895	2 691	2 860	3 373	..
Non-vie								
Succursales et agences	4 191	5 111	5 592	4 107	4 176	4 960	5 460	3 024
Filiales	..	..	..	..	..	..	..	..
Total	4 191	5 111	5 592	4 107	4 176	4 960	5 460	..
Mixtes								
Succursales et agences	..	..	..	..	..	..	..	9 037
Filiales	..	..	..	..	..	..	..	..
Total	..	..	..	..	..	..	..	..
dont :								
Vie	..	..	..	..	..	..	..	..
Succursales et agences	..	..	..	..	..	..	..	..
Filiales	..	..	..	..	..	..	..	..
Total	..	..	..	..	..	..	..	..
Non-vie	..	..	..	..	..	..	..	..
Succursales et agences	..	..	..	..	..	..	..	..
Filiales	..	..	..	..	..	..	..	..
Total	..	..	..	..	..	..	..	..
Total								
Succursales et agences	5 396	6 872	7 521	6 001	6 867	7 820	8 834	12 168
Filiales	..	..	..	..	..	..	..	..
Total	5 396	6 872	7 521	6 001	6 867	7 820	8 834	..

.. Non disponible ; | Rupture de série

Note : Voir les métadonnées détaillées sur : http://metalinks.oecd.org/ins/20180621/0298.

Responsabilité : http://oe.cd/disclaimer

Source : Statistiques de l'OCDE sur les assurances (base de données)

France
Tableau 2. Nombre d'entreprises et d'employés

	2009	2010	2011	2012	2013	2014	2015	2016
2.1 Nombre d'entreprises								
Vie								
Entreprises nationales	63	61	61	62	59	55	51	..
Entreprises sous contrôle étranger	..	..	..	..	..	..	..	..
Succursales d'entreprises étrangères	..	..	..	..	..	..	..	..
Ensemble des entreprises	63	61	61	62	59	55	51	59
Non-vie								
Entreprises nationales	259	257	250	221	212	206	191	..
Entreprises sous contrôle étranger	9	8	7	5	..	..	..	..
Succursales d'entreprises étrangères	..	..	..	..	4	4	4	..
Ensemble des entreprises	259	257	250	221	216	210	195	241
Mixtes								
Entreprises nationales	38	39	40	40	38	38	39	..
Entreprises sous contrôle étranger	..	..	..	..	..	..	..	..
Succursales d'entreprises étrangères	..	..	..	..	..	..	..	..
Ensemble des entreprises	38	39	40	40	38	38	39	173
Réassurance								
Entreprises nationales	26	24	20	16	16	15	16	..
Entreprises sous contrôle étranger	..	..	..	..	..	..	..	..
Succursales d'entreprises étrangères	..	..	..	..	..	..	..	..
Ensemble des entreprises	26	24	20	16	16	15	16	..
Total								
Entreprises nationales	386	381	371	339	325	314	297	..
Entreprises sous contrôle étranger	..	..	7	5	..	..	..	..
Succursales d'entreprises étrangères	..	..	..	..	4	4	4	..
Ensemble des entreprises	386	381	371	339	329	318	301	473
2.2 Nombre d'employés								
Entreprises d'assurance	..	..	..	..	..	..	..	..
Intermédiaires	..	..	..	..	..	..	..	..
Total	..	..	..	..	..	..	..	..

.. Non disponible

Note : Voir les métadonnées détaillées sur : http://metalinks.oecd.org/ins/20180621/0298.

Responsabilité : http://oe.cd/disclaimer

Source : Statistiques de l'OCDE sur les assurances (base de données)

Allemagne
Tableau 1. Agrégats sélectionnés

Millions EUR

	2009	2010	2011	2012	2013	2014	2015	2016
1.1 Opérations d'assurance conclues dans le pays déclarant								
1.1.1 Opérations d'assurance, par intérêt								
Primes brutes								
Entreprises nationales	174 647	180 083	178 145	233 661	243 304	246 201	254 407	257 208
Entreprises sous contrôle étranger	35 702	37 912	35 602	37 194	39 396	38 694	39 170	36 978
Succursales d'entreprises étrangères	3 000	1 744	5 560	8 062	7 963	8 796	9 751	8 994
Ensemble des entreprises	177 647	181 828	183 705	235 634	251 267	254 997	264 158	266 203
Primes cédées								
Entreprises nationales	15 976	14 656	15 996	23 045	25 709	27 853	32 499	31 990
Entreprises sous contrôle étranger	3 899	3 414	3 905	3 947	4 645	4 615	4 593	4 041
Succursales d'entreprises étrangères	..	..	..	100	108	103	114	112
Ensemble des entreprises	..	..	..	23 145	25 817	27 956	32 613	32 102
Primes nettes émises								
Entreprises nationales	158 671	165 427	162 149	210 616	217 596	218 348	221 907	225 218
Entreprises sous contrôle étranger	31 804	34 499	31 696	33 247	34 751	34 078	34 577	32 937
Succursales d'entreprises étrangères	..	..	..	1 873	7 854	8 693	9 637	8 882
Ensemble des entreprises	..	..	..	212 489	225 450	227 041	231 545	234 100
1.1.2 Opérations d'assurance par risque à l'étranger, primes brutes								
Vie	..	..	..	..	..	..	..	..
Non-vie	..	..	..	..	..	..	..	..
Mixtes total	..	..	..	..	..	..	..	..
Total	..	..	..	..	..	..	..	..
1.1.3 Paiement par catégories d'assurance, primes brutes (vie)								
Rentes	23 949	27 898	27 237	29 443	32 863	34 019	31 782	31 215
Unit linked	12 113	13 466	12 808	12 721	12 919	13 863	13 863	15 351
Autre assurance vie	44 304	44 734	40 660	40 822	41 934	40 891	41 214	38 845
Total assurance vie	80 365	86 098	80 705	82 986	87 716	88 774	86 859	85 411
***dont :** Contrats de retraite*	..	..	..	..	..	..	..	..
1.1.4 Paiement par catégories d'assurance, primes brutes (non-vie)								
L'assurance automobile	25 745	24 680	26 350	27 577	28 592	31 425	32 589	36 521
Les assurances transport (y compris maritime et aérien)	4 689	4 535	4 156	4 537	4 476	4 379	5 116	4 749
L'assurance de fret	..	..	..	..	..	..	..	..
L'assurance incendie et des dommages aux bien	32 555	33 154	36 611	34 420	36 832	35 422	38 830	42 499
L'assurance des pertes pécuniaires	1 245	2 910	2 979	2 754	2 815	2 088	2 197	2 376
L'assurance de la responsabilité civile générale	11 887	11 648	12 321	12 623	13 265	14 213	15 425	16 126
Les assurances accidents et maladie	50 621	45 055	47 235	48 823	49 395	48 811	49 176	49 721
***dont :** Maladie*	33 350	37 290	39 555	41 036	41 747	40 924	41 627	37 178
Autres assurances non-vie	3 819	4 195	4 316	4 794	4 841	4 865	31 030	25 991
Réassurance obligatoire	..	..	..	..	..	..	..	..
Total assurance non-vie	130 561	126 177	133 968	135 526	140 215	141 203	174 363	177 983
1.2 Paiements bruts des sinistres								
Vie								
Entreprises nationales	62 837	71 181	85 244	66 288	69 267	74 625	73 307	78 596
Entreprises sous contrôle étranger	..	..	..	15 284	17 017	17 510	17 929	17 942
Succursales d'entreprises étrangères	..	..	..	..	..	..	..	..
Ensemble des entreprises	62 837	71 181	85 244	66 288	69 267	74 625	73 307	78 596
Non-vie								
Entreprises nationales	91 083	84 864	93 574	101 839	113 293	72 709	77 667	78 086
Entreprises sous contrôle étranger	..	..	..	12 192	12 402	8 955	3 653	9 227
Succursales d'entreprises étrangères	..	..	..	..	..	..	..	..
Ensemble des entreprises	91 083	84 864	93 574	101 839	113 293	72 709	77 667	78 086
Mixtes, ensemble des entreprises	..	..	..	..	..	..	..	..
Total								
Entreprises nationales	153 920	156 045	178 818	168 127	182 560	147 334	150 974	156 682
Entreprises sous contrôle étranger	..	..	..	27 475	29 419	26 465	21 581	27 160
Succursales d'entreprises étrangères	..	..	..	..	..	..	..	..
Ensemble des entreprises	153 920	156 045	178 818	168 127	182 560	147 334	150 974	156 682
1.3 Commissions								
Vie								
Entreprises nationales	5 514	5 875	6 312	6 005	5 367	5 583	5 069	4 987
Entreprises sous contrôle étranger	..	..	..	1 771	1 604	1 533	1 488	1 238
Succursales d'entreprises étrangères	..	..	..	..	..	..	..	..
Ensemble des entreprises	5 514	5 875	6 312	6 005	5 367	5 583	5 069	4 987
Non-vie								
Entreprises nationales	9 904	9 627	9 908	10 069	10 048	10 221	10 740	11 105
Entreprises sous contrôle étranger	..	..	..	1 985	1 720	1 626	257	1 594
Succursales d'entreprises étrangères	..	..	..	..	..	..	..	..
Ensemble des entreprises	9 904	9 627	9 908	10 069	10 048	10 221	10 740	11 105
Mixtes, ensemble des entreprises	..	..	..	..	..	..	..	..
Total								
Entreprises nationales	15 419	15 502	16 220	16 074	15 416	15 805	15 810	16 092
Entreprises sous contrôle étranger	..	..	..	3 756	3 323	3 159	1 745	2 832
Succursales d'entreprises étrangères	..	..	..	..	..	..	..	..
Ensemble des entreprises	15 419	15 502	16 220	16 074	15 416	15 805	15 810	16 092

Allemagne
Tableau 1. Agrégats sélectionnés *(suite)*

Millions EUR

	2009	2010	2011	2012	2013	2014	2015	2016
1.4 Dépenses brutes d'exploitation								
Vie								
Entreprises nationales	9 827	14 203	14 545	4 051	3 954	3 963	4 008	3 902
Entreprises sous contrôle étranger	..	..	..	925	921	894	1 036	938
Succursales d'entreprises étrangères	..	..	..	..	..	..	..	..
Ensemble des entreprises	9 827	14 203	14 545	4 051	3 954	3 963	4 008	3 902
Non-vie								
Entreprises nationales	30 298	27 565	28 382	11 593	11 599	10 296	10 627	10 807
Entreprises sous contrôle étranger	..	..	..	1 528	1 400	1 187	324	1 183
Succursales d'entreprises étrangères	..	..	..	..	..	..	..	..
Ensemble des entreprises	30 298	27 565	28 382	11 593	11 599	10 296	10 627	10 807
Mixtes, ensemble des entreprises	..	..	..	..	..	..	..	..
Total								
Entreprises nationales	40 125	41 768	42 927	15 644	15 553	14 259	14 635	14 709
Entreprises sous contrôle étranger	..	..	..	2 453	2 321	2 081	1 361	2 121
Succursales d'entreprises étrangères	..	..	..	..	..	..	..	..
Ensemble des entreprises	40 125	41 768	42 927	15 644	15 553	14 259	14 635	14 709
1.5 Opérations à l'étranger par succursale, primes brutes								
Vie								
Succursales et agences	142	..	..	..	..	..	..	..
Filiales	..	..	..	..	..	..	..	..
Total	142	..	..	..	..	..	..	..
Non-vie								
Succursales et agences	988	..	..	..	..	..	..	..
Filiales	..	..	..	..	..	..	..	..
Total	988	..	..	..	..	..	..	..
Mixtes total	..	..	..	..	..	..	..	..
Total								
Succursales et agences	1 129	..	..	..	..	..	..	..
Filiales	..	..	..	..	..	..	..	..
Total	1 129	..	..	..	..	..	..	..

.. Non disponible

Note : Voir les métadonnées détaillées sur : http://metalinks.oecd.org/ins/20180621/0912.

Responsabilité : http://oe.cd/disclaimer

Source : Statistiques de l'OCDE sur les assurances (base de données)

Allemagne
Tableau 2. Nombre d'entreprises et d'employés

	2009	2010	2011	2012	2013	2014	2015	2016
2.1 Nombre d'entreprises								
Vie								
Entreprises nationales	96	96	95	90	91	91	85	85
Entreprises sous contrôle étranger	22	19	20	19	17	17	14	14
Succursales d'entreprises étrangères	21	21	20	19	2	2	2	2
Ensemble des entreprises	117	117	115	109	93	93	87	87
Non-vie								
Entreprises nationales	266	261	265	256	259	255	257	252
Entreprises sous contrôle étranger	27	25	25	25	23	21	22	18
Succursales d'entreprises étrangères	64	72	69	62	3	3	3	2
Ensemble des entreprises	330	333	334	318	262	258	260	254
Mixtes, ensemble des entreprises	**0**	**0**	**0**	**0**	**0**	**0**	**0**	**0**
Réassurance								
Entreprises nationales	38	35	33	30	29	27	27	27
Entreprises sous contrôle étranger	5	5	5	6	4	3	3	3
Succursales d'entreprises étrangères	0	7	7	7	1	1	1	1
Ensemble des entreprises	38	42	40	37	30	28	28	28
Total								
Entreprises nationales	400	392	393	376	379	373	369	364
Entreprises sous contrôle étranger	54	49	50	50	44	41	39	35
Succursales d'entreprises étrangères	85	100	96	88	6	6	6	5
Ensemble des entreprises	485	492	489	464	385	379	375	369
2.2 Nombre d'employés								
Entreprises d'assurance	140 609	123 595	125 783	126 625	128 755	126 755	128 784	..
Intermédiaires	8 120	27 927	27 952	27 407	27 331	26 982	25 917	..
Total	148 729	151 522	153 735	154 032	156 086	153 737	154 701	156 675

.. Non disponible

Note : Voir les métadonnées détaillées sur : http://metalinks.oecd.org/ins/20180621/0912.

Responsabilité : http://oe.cd/disclaimer

Source : Statistiques de l'OCDE sur les assurances (base de données)

Grèce
Tableau 1. Agrégats sélectionnés

Millions EUR

	2009	2010	2011	2012	2013	2014	2015	2016
1.1 Opérations d'assurance conclues dans le pays déclarant								
1.1.1 Opérations d'assurance, par intérêt								
Primes brutes								
Entreprises nationales	2 354	4 818	4 691	4 289	4 071	3 806	3 573	3 531
Entreprises sous contrôle étranger	1 208	1 877	2 130	2 071	1 730	1 696	1 766	2 350
Succursales d'entreprises étrangères	481	427	261	211	0	0	0	0
Ensemble des entreprises	5 194	5 246	4 952	4 499	4 071	3 806	3 573	3 531
Primes cédées								
Entreprises nationales	193	523	737	534	824	471	459	396
Entreprises sous contrôle étranger	96	226	439	235	214	206	201	244
Succursales d'entreprises étrangères	116	96	90	0	0	0	0	0
Ensemble des entreprises	310	619	827	534	824	471	459	396
Primes nettes émises								
Entreprises nationales	2 161	4 295	3 954	3 754	3 247	3 334	3 114	3 135
Entreprises sous contrôle étranger	1 111	1 651	1 691	1 836	1 516	1 490	1 565	2 106
Succursales d'entreprises étrangères	365	332	171	211	0	0	0	0
Ensemble des entreprises	2 526	4 627	4 125	3 965	3 247	3 335	3 114	3 135
1.1.2 Opérations d'assurance par risque à l'étranger, primes brutes								
Vie	..	..	..	..	..	..	..	..
Non-vie	..	..	..	..	..	..	..	..
Mixtes	..	..	..	..	..	..	..	..
dont :								
Vie	..	..	..	..	..	..	..	..
Non-vie	..	..	..	..	..	..	..	..
Total	..	..	..	..	..	..	..	..
1.1.3 Paiement par catégories d'assurance, primes brutes (vie)								
Rentes	..	..	..	165	142	129	125	0
Unit linked	..	..	..	368	240	396	326	250
Autre assurance vie	..	..	..	1 406	1 299	1 353	1 348	1 416
Total Assurance Vie	..	..	..	1 939	1 681	1 879	1 799	1 666
***dont :** Contrats de retraite*	..	..	..	205	143	151	156	..
1.1.4 Paiement par catégories d'assurance, primes brutes (non-vie)								
L'assurance automobile	1 713	1 965	1 840	1 569	1 417	1 154	1 006	911
Les assurances transport (y compris maritime et aérien)	33	28	25	21	19	19	20	32
L'assurance de fret	37	33	27	24	24	21	21	..
L'assurance incendie et des dommages aux bien	604	576	529	538	529	448	440	410
L'assurance des pertes pécuniaires	81	65	69	78	69	30	30	40
L'assurance de la responsabilité civile générale	86	81	73	78	76	67	68	65
Les assurances accidents et maladie	79	76	76	68	64	57	57	300
***dont :** Maladie*	20	18	19	20	0	0	..	..
Autres assurances non-vie	181	153	146	179	188	128	129	137
Réassurance obligatoire	..	0	0	0	0	0	..	..
Total assurance non-vie	2 814	2 995	2 786	2 556	2 386	1 924	1 770	1 896

Grèce
Tableau 1. Agrégats sélectionnés *(suite)*

Millions EUR

	2009	2010	2011	2012	2013	2014	2015	2016
1.2 Paiements bruts des sinistres								
Vie								
Entreprises nationales	655	692	822	1 300	1 072	900	744	..
Entreprises sous contrôle étranger	524	506	591	1 017	707	1	502	..
Succursales d'entreprises étrangères	240	269	263	0	0	0	0	..
Ensemble des entreprises	894	961	1 085	1 300	1 072	900	744	..
Non-vie								
Entreprises nationales	540	550	501	431	373	355	314	..
Entreprises sous contrôle étranger	139	144	146	142	121	224	109	..
Succursales d'entreprises étrangères	70	35	47	0	1	1	0	..
Ensemble des entreprises	610	586	549	431	375	356	314	..
Mixtes								
Entreprises nationales	1 270	1 317	1 408	1 291	1 096	1 018	931	..
Entreprises sous contrôle étranger	399	422	430	441	364	412	347	..
Succursales d'entreprises étrangères	..	0	0	0	0	0	0	..
Ensemble des entreprises	1 270	1 317	1 408	1 291	1 096	1 018	931	..
dont :								
Vie	648	703	866	791	669	613	573	..
Entreprises nationales	648	703	866	791	669	613	573	..
Entreprises sous contrôle étranger	194	255	285	282	226	7	220	..
Succursales d'entreprises étrangères	..	0	0	0	0	0	0	..
Ensemble des entreprises	648	703	866	791	669	613	573	..
Non-vie	622	614	541	501	426	405	358	..
Entreprises nationales	622	614	541	501	426	405	358	..
Entreprises sous contrôle étranger	205	166	145	159	138	405	126	..
Succursales d'entreprises étrangères	..	0	0	0	0	0	0	
Ensemble des entreprises	622	614	541	501	426	405	358	..
Total								
Entreprises nationales	2 464	2 559	2 731	3 022	2 541	2 273	1 989	..
Entreprises sous contrôle étranger	1 061	1 072	1 167	1 600	1 192	637	957	..
Succursales d'entreprises étrangères	310	304	310	0	1	1	0	..
Ensemble des entreprises	2 774	2 864	3 042	3 022	2 542	2 274	1 989	..
1.3 Commissions								
Vie								
Entreprises nationales	..	..	..	..	..	95	91	..
Entreprises sous contrôle étranger	..	..	..	..	..	70	70	..
Succursales d'entreprises étrangères	..	..	..	..	..	0	0	..
Ensemble des entreprises	..	..	..	..	..	95	91	..
Non-vie								
Entreprises nationales	..	..	..	..	..	161	158	..
Entreprises sous contrôle étranger	..	..	..	..	..	63	66	..
Succursales d'entreprises étrangères	..	..	..	..	..	0	0	..
Ensemble des entreprises	..	..	..	..	..	162	158	..
Mixtes								
Entreprises nationales	..	..	..	..	..	276	709	..
Entreprises sous contrôle étranger	..	..	..	..	..	115	115	..
Succursales d'entreprises étrangères	..	..	..	..	..	0	0	..
Ensemble des entreprises	..	..	..	..	..	276	709	..
dont :								
Vie	..	..	..	..	..	102	544	..
Entreprises nationales	..	..	..	..	..	102	544	..
Entreprises sous contrôle étranger	..	..	..	..	..	39	40	..
Succursales d'entreprises étrangères	..	..	..	..	..	0	0	..
Ensemble des entreprises	..	..	..	..	..	102	544	..
Non-vie	..	..	..	..	..	174	164	..
Entreprises nationales	..	..	..	..	..	174	164	..
Entreprises sous contrôle étranger	..	..	..	..	..	76	75	..
Succursales d'entreprises étrangères	..	..	..	..	..	0	0	..
Ensemble des entreprises	..	..	..	..	..	174	164	..
Total								
Entreprises nationales	..	..	..	..	..	532	957	..
Entreprises sous contrôle étranger	..	..	..	..	..	248	251	..
Succursales d'entreprises étrangères	..	..	..	..	..	0	0	..
Ensemble des entreprises	..	..	..	..	..	532	957	..

Grèce
Tableau 1. Agrégats sélectionnés *(suite)*

Millions EUR

	2009	2010	2011	2012	2013	2014	2015	2016
1.4 Dépenses brutes d'exploitation								
Vie								
Entreprises nationales	192 |	177	182	82	79	176	163	35
Entreprises sous contrôle étranger	163 |	137	139	75	66	141	132	32
Succursales d'entreprises étrangères	62	59	57	0	0	0	..	0
Ensemble des entreprises	254 |	236	239	82	79	176	163	35
Non-vie								
Entreprises nationales	342 |	395	373	104	124	264	247	248
Entreprises sous contrôle étranger	113 |	135	137	59	61	115	116	145
Succursales d'entreprises étrangères	64	53	60	1	0	0	0	0
Ensemble des entreprises	406 |	448	432	106	124	264	247	248
Mixtes								
Entreprises nationales	509 |	608	543	67	169	404	371	700
Entreprises sous contrôle étranger	158 |	189	191	16	57	154	150	448
Succursales d'entreprises étrangères	..	0	0	0	0	0	..	0
Ensemble des entreprises	509 |	608	543	67	169	404	371	700
dont :								
Vie	157 |	195	176	36	53	144	145	315
Entreprises nationales	157 |	195	176	36	53	144	145	315
Entreprises sous contrôle étranger	51 |	70	69	11	21	53	52	231
Succursales d'entreprises étrangères	..	0	0	0	0	0	..	0
Ensemble des entreprises	157 |	195	176	36	53	144	145	315
Non-vie	352 |	413	368	31	116	260	226	385
Entreprises nationales	352 |	413	368	31	116	260	226	385
Entreprises sous contrôle étranger	106 |	119	122	4	36	101	98	217
Succursales d'entreprises étrangères	..	0	0	0	0	0	..	0
Ensemble des entreprises	352 |	413	368	31	116	260	226	385
Total								
Entreprises nationales	1 043	1 179	1 098	253	372	844	781	983
Entreprises sous contrôle étranger	434	461	467	150	184	410	398	625
Succursales d'entreprises étrangères	125	112	117	1	0	0	0	0
Ensemble des entreprises	1 169	1 291	1 215	254	372	844	781	983
1.5 Opérations à l'étranger par succursale, primes brutes								
Vie								
Succursales et agences	3	16	0	..	..	..	..	..
Filiales	..	..	..	..	..	..	..	..
Total	..	16	0	..	..	..	..	..
Non-vie								
Succursales et agences	2	14	0	..	..	..	..	..
Filiales	..	..	..	..	..	..	..	..
Total	..	14	0	..	..	..	..	..
Mixtes								
Succursales et agences	..	..	..	..	..	..	..	..
Filiales	..	..	..	..	..	..	..	..
Total	..	..	..	..	..	..	..	..
dont :								
Vie	..	..	..	..	..	..	..	..
Succursales et agences	..	..	..	..	..	..	..	..
Filiales	..	..	..	..	..	..	..	..
Total	..	..	..	..	..	..	..	..
Non-vie	..	..	..	..	..	..	..	..
Succursales et agences	..	..	..	..	..	..	..	..
Filiales	..	..	..	..	..	..	..	..
Total	..	..	..	..	..	..	..	..
Total								
Succursales et agences	6	30	0	..	..	..	..	..
Filiales	..	..	..	..	..	..	..	..
Total	..	30	0	..	..	..	..	..

.. Non disponible ; | Rupture de série

Note : Voir les métadonnées détaillées sur : http://metalinks.oecd.org/ins/20180621/8b6b.

Responsabilité : http://oe.cd/disclaimer

Source : Statistiques de l'OCDE sur les assurances (base de données)

Grèce
Tableau 2. Nombre d'entreprises et d'employés

	2009	2010	2011	2012	2013	2014	2015	2016
2.1 Nombre d'entreprises								
Vie								
Entreprises nationales	14	11	10	11	11	11	11	4
Entreprises sous contrôle étranger	9	6	6	7	7	7	7	2
Succursales d'entreprises étrangères	3	1	1	0	0	0	0	0
Ensemble des entreprises	17	12	11	11	11	11	11	4
Non-vie								
Entreprises nationales	30	32	31	31	28	24	24	24
Entreprises sous contrôle étranger	10	7	7	7	7	6	5	7
Succursales d'entreprises étrangères	17	2	2	2	2	2	2	0
Ensemble des entreprises	47	34	33	33	30	26	26	24
Mixtes								
Entreprises nationales	11	12	11	11	11	11	11	17
Entreprises sous contrôle étranger	4	4	4	4	4	4	4	10
Succursales d'entreprises étrangères	..	0	0	0	0	0	0	0
Ensemble des entreprises	11	12	11	11	11	11	11	17
Réassurance								
Entreprises nationales	..	0	0	0	0	0	0	0
Entreprises sous contrôle étranger	..	0	0	0	0	0	0	0
Succursales d'entreprises étrangères	..	0	0	0	0	0	0	0
Ensemble des entreprises	..	0	0	0	0	0	0	0
Total								
Entreprises nationales	55	55	52	53	50	46	46	45
Entreprises sous contrôle étranger	..	17	17	18	18	17	16	19
Succursales d'entreprises étrangères	20	3	3	2	2	2	2	0
Ensemble des entreprises	75	58	55	55	52	48	48	45
2.2 Nombre d'employés								
Entreprises d'assurance	..	..	..	..	..	..	..	..
Intermédiaires	..	..	..	..	..	..	..	..
Total	..	..	..	..	..	..	..	..

.. Non disponible

Note : Voir les métadonnées détaillées sur : http://metalinks.oecd.org/ins/20180621/8b6b.

Responsabilité : http://oe.cd/disclaimer

Source : Statistiques de l'OCDE sur les assurances (base de données)

Hongrie
Tableau 1. Agrégats sélectionnés

Millions HUF

	2009	2010	2011	2012	2013	2014	2015	2016
1.1 Opérations d'assurance conclues dans le pays déclarant								
1.1.1 Opérations d'assurance, par intérêt								
Primes brutes								
Entreprises nationales	825 793	842 781	815 038	760 249	801 210	833 664	835 428	885 781
Entreprises sous contrôle étranger	788 388	802 202	770 794	718 932	763 286	796 332	788 248	835 272
Succursales d'entreprises étrangères	..	..	..	..	..	..	..	..
Ensemble des entreprises	825 793	842 781	815 038	760 249	801 210	833 664	835 428	885 781
Primes cédées								
Entreprises nationales	131 366	134 572	131 231	127 261	111 755	116 117	115 801	118 081
Entreprises sous contrôle étranger	121 701	123 702	120 088	118 373	104 254	108 557	104 464	107 021
Succursales d'entreprises étrangères	..	..	..	..	..	..	..	..
Ensemble des entreprises	131 366	134 572	131 231	127 261	111 755	116 117	115 801	118 081
Primes nettes émises								
Entreprises nationales	694 427	708 209	683 807	632 989	689 455	717 547	719 627	767 700
Entreprises sous contrôle étranger	666 687	678 500	650 706	600 559	659 032	687 774	683 784	728 251
Succursales d'entreprises étrangères	..	..	..	..	..	..	..	..
Ensemble des entreprises	694 427	708 209	683 807	632 989	689 455	717 547	719 627	767 700
1.1.2 Opérations d'assurance par risque à l'étranger, primes brutes								
Vie	1 831	2 501	30 145	3 284	3 358	3 533	4 234	4 317
Non-vie	1 243	1 568	2 165	1 257	1 840	1 923	1 052	2 308
Mixtes	3 701	5 030	5 326	7 943	4 500	2 829	4 368	8 142
dont :								
Vie	39	64	80	279	781	228	216	177
Non-vie	3 662	4 965	5 246	7 665	3 719	2 602	4 152	7 965
Total	6 775	9 099	37 636	12 484	9 698	8 285	9 654	14 767
1.1.3 Paiement par catégories d'assurance, primes brutes (vie)								
Rentes	6 234	4 459	4 247	3 529	2 975	3 147	3 479	..
Unit linked	253 623	295 752	298 106	261 098	286 919	282 059	266 857	..
Autre assurance vie	155 725	147 947	142 599	138 251	146 439	171 738	156 617	..
Total Assurance Vie	415 582	448 159	444 952	402 878	436 333	456 944	426 953	438 718
***dont :** Contrats de retraite*	68	51	37	..	19	..	10	..
1.1.4 Paiement par catégories d'assurance, primes brutes (non-vie)								
L'assurance automobile	219 468	200 559	164 432	147 428	144 515	152 283	175 045	203 396
Les assurances transport (y compris maritime et aérien)	1 080	1 098	933	663	661	793	879	142
L'assurance de fret	2 615	2 798	3 082	2 405	2 552	2 856	3 165	5 733
L'assurance incendie et des dommages aux bien	138 136	140 943	147 551	152 904	159 562	158 219	161 160	168 736
L'assurance des pertes pécuniaires	4 387	3 829	4 922	2 930	3 739	3 672	4 822	5 430
L'assurance de la responsabilité civile générale	18 556	17 560	17 956	18 856	20 074	21 904	23 585	21 274
Les assurances accidents et maladie	19 161	20 323	22 596	23 361	25 922	28 358	29 859	22 389
***dont :** Maladie*	7 593	7 599	5 929	7 128	8 559	9 558	8 668	4 250
Autres assurances non-vie	6 780	7 479	8 811	8 758	7 781	8 557	9 909	19 916
Réassurance obligatoire	..	..	..	..	..	..	..	..
Total assurance non-vie	410 183	394 588	370 284	357 305	364 806	376 641	408 424	447 017

Hongrie
Tableau 1. Agrégats sélectionnés *(suite)*

Millions HUF

	2009	2010	2011	2012	2013	2014	2015	2016
1.2 Paiements bruts des sinistres								
Vie								
Entreprises nationales	132 391 |	142 272	170 016	153 649	139 994	130 633	150 198	155 047
Entreprises sous contrôle étranger	124 751 |	131 643	158 484	150 320	129 594	121 318	139 595	147 047
Succursales d'entreprises étrangères	..	..	..	..	..	..	..	..
Ensemble des entreprises	132 391 |	142 272	170 016	153 649	139 994	130 633	150 198	155 047
Non-vie								
Entreprises nationales	18 943 |	19 173	18 824	22 516	25 692	27 416	30 571	34 112
Entreprises sous contrôle étranger	9 618 |	12 193	11 865	11 387	12 611	13 973	14 605	16 056
Succursales d'entreprises étrangères	..	..	..	..	..	..	..	..
Ensemble des entreprises	18 943 |	19 173	18 824	22 516	25 692	27 416	30 571	34 112
Mixtes								
Entreprises nationales	359 394 |	441 811	411 093	413 298	422 789	379 879	356 926	361 448
Entreprises sous contrôle étranger	359 394 |	441 811	411 093	413 298	422 789	379 879	356 926	361 448
Succursales d'entreprises étrangères	..	..	..	..	..	..	..	..
Ensemble des entreprises	359 394 |	441 811	411 093	413 298	422 789	379 879	356 926	361 448
dont :								
Vie	176 947 |	228 884	236 953	240 059	242 802	212 244	180 098	176 820
Entreprises nationales	176 947 |	228 884	236 953	240 059	242 802	212 244	180 098	176 820
Entreprises sous contrôle étranger	176 947 |	228 884	236 953	240 059	242 802	212 244	180 098	176 820
Succursales d'entreprises étrangères	..	..	..	..	..	..	..	..
Ensemble des entreprises	176 947 |	228 884	236 953	240 059	242 802	212 244	180 098	176 820
Non-vie	182 447 |	212 928	174 139	173 240	179 988	167 635	176 829	184 628
Entreprises nationales	182 447 |	212 928	174 139	173 240	179 988	167 635	176 829	184 628
Entreprises sous contrôle étranger	182 447 |	212 928	174 139	173 240	179 988	167 635	176 829	184 628
Succursales d'entreprises étrangères	..	..	..	..	..	..	..	..
Ensemble des entreprises	182 447 |	212 928	174 139	173 240	179 988	167 635	176 829	184 628
Total								
Entreprises nationales	510 729	603 256	599 932	589 464	588 475	537 928	537 695	550 607
Entreprises sous contrôle étranger	493 763	585 648	581 441	575 006	564 995	515 171	511 127	524 551
Succursales d'entreprises étrangères	..	..	..	..	..	..	..	..
Ensemble des entreprises	510 729	603 256	599 932	589 464	588 475	537 928	537 695	550 607
1.3 Commissions								
Vie								
Entreprises nationales	21 500 |	23 836	23 907	20 760	14 900	14 024	13 526	16 531
Entreprises sous contrôle étranger	16 617 |	13 107	13 391	14 215	11 559	11 559	11 089	14 360
Succursales d'entreprises étrangères	..	..	..	..	..	..	..	..
Ensemble des entreprises	21 500 |	23 836	23 907	20 760	14 900	14 024	13 526	16 531
Non-vie								
Entreprises nationales	5 302 |	5 722	6 479	6 319	7 349	7 243	9 161	10 325
Entreprises sous contrôle étranger	2 933 |	5 088	5 335	4 457	4 813	4 948	5 986	5 650
Succursales d'entreprises étrangères	..	..	..	..	..	..	..	..
Ensemble des entreprises	5 302 |	5 722	6 479	6 319	7 349	7 243	9 161	10 325
Mixtes								
Entreprises nationales	72 427 |	74 369	74 891	69 058	75 007	72 592	79 086	108 207
Entreprises sous contrôle étranger	72 427 |	74 369	74 891	69 058	75 007	72 592	79 086	108 207
Succursales d'entreprises étrangères	..	..	..	..	..	..	..	..
Ensemble des entreprises	72 427 |	74 369	74 891	69 058	75 007	72 592	79 086	108 207
dont :								
Vie	27 160 |	28 121	30 426	26 909	29 847	30 235	29 116	39 083
Entreprises nationales	27 160 |	28 121	30 426	26 909	29 847	30 235	29 116	39 083
Entreprises sous contrôle étranger	27 160 |	28 121	30 426	26 909	29 847	30 235	29 116	39 083
Succursales d'entreprises étrangères	..	..	..	..	..	..	..	..
Ensemble des entreprises	27 160 |	28 121	30 426	26 909	29 847	30 235	29 116	39 083
Non-vie	45 267 |	46 248	44 465	42 148	45 160	42 357	49 970	60 124
Entreprises nationales	45 267 |	46 248	44 465	42 148	45 160	42 357	49 970	69 124
Entreprises sous contrôle étranger	45 267 |	46 248	44 465	42 148	45 160	42 357	49 970	69 124
Succursales d'entreprises étrangères	..	..	..	..	..	..	..	..
Ensemble des entreprises	45 267 |	46 248	44 465	42 148	45 160	42 357	49 970	69 124
Total								
Entreprises nationales	99 230	103 927	105 277	96 136	97 256	93 859	101 773	135 063
Entreprises sous contrôle étranger	91 977	92 564	93 617	87 729	91 380	89 099	96 162	128 218
Succursales d'entreprises étrangères	..	..	..	..	..	..	..	..
Ensemble des entreprises	99 230	103 927	105 277	96 136	97 256	93 859	101 773	135 063

Hongrie
Tableau 1. Agrégats sélectionnés *(suite)*

Millions HUF

	2009	2010	2011	2012	2013	2014	2015	2016
1.4 Dépenses brutes d'exploitation								
Vie								
Entreprises nationales	42 768 |	56 566	52 633	37 846	32 595	35 399	32 897	34 946
Entreprises sous contrôle étranger	15 559 |	37 256	36 587	32 963	27 473	30 053	29 279	31 818
Succursales d'entreprises étrangères	..	..	..	..	..	..	..	..
Ensemble des entreprises	42 768 |	56 566	52 633	37 846	32 595	35 399	32 897	34 946
Non-vie								
Entreprises nationales	14 175 |	15 324	17 229	16 277	17 413	17 638	20 337	21 977
Entreprises sous contrôle étranger	7 192 |	11 678	12 859	10 465	11 126	11 890	14 690	13 298
Succursales d'entreprises étrangères	..	..	..	..	..	..	..	..
Ensemble des entreprises	14 175 |	15 324	17 229	16 277	17 413	17 638	20 337	21 977
Mixtes								
Entreprises nationales	160 403 |	175 554	170 062	155 577	172 680	181 142	167 842	176 431
Entreprises sous contrôle étranger	160 403 |	175 554	170 062	155 577	172 680	181 142	167 842	176 431
Succursales d'entreprises étrangères	..	..	..	..	..	..	..	..
Ensemble des entreprises	160 403 |	175 554	170 062	155 577	172 680	181 142	167 842	176 431
dont :								
Vie	47 882 |	65 371	68 791	55 125	56 633	70 675	55 349	56 859
Entreprises nationales	47 882 |	65 371	68 791	55 125	56 633	70 675	55 349	56 859
Entreprises sous contrôle étranger	47 882 |	65 371	68 791	55 125	56 633	70 675	55 349	56 859
Succursales d'entreprises étrangères	..	..	..	..	..	..	..	..
Ensemble des entreprises	47 882 |	65 371	68 791	55 125	56 633	70 675	55 349	56 859
Non-vie	112 521 |	110 183	101 271	100 451	116 047	110 467	112 493	119 571
Entreprises nationales	112 521 |	110 183	101 271	100 451	116 047	110 467	112 493	119 571
Entreprises sous contrôle étranger	112 521 |	110 183	101 271	100 451	116 047	110 467	112 493	119 571
Succursales d'entreprises étrangères	..	..	..	..	..	..	..	..
Ensemble des entreprises	112 521 |	110 183	101 271	100 451	116 047	110 467	112 493	119 571
Total								
Entreprises nationales	217 346	247 444	239 924	209 699	222 687	234 179	221 076	233 354
Entreprises sous contrôle étranger	183 154	224 487	219 509	199 004	211 279	223 085	211 811	221 547
Succursales d'entreprises étrangères	..	..	..	..	..	..	..	..
Ensemble des entreprises	217 346	247 444	239 924	209 699	222 687	234 179	221 076	233 354
1.5 Opérations à l'étranger par succursale, primes brutes								
Vie								
Succursales et agences	..	..	..	..	..	..	..	..
Filiales	..	..	..	..	..	..	..	..
Total	..	..	..	..	..	..	..	..
Non-vie								
Succursales et agences	..	..	..	..	..	..	..	..
Filiales	..	..	..	..	..	..	..	..
Total	..	..	..	..	..	..	..	..
Mixtes								
Succursales et agences	..	..	..	..	..	..	..	..
Filiales	..	..	..	..	..	..	..	..
Total	..	..	..	..	..	..	..	..
dont :								
Vie	..	..	..	..	..	..	..	..
Succursales et agences	..	..	..	..	..	..	..	..
Filiales	..	..	..	..	..	..	..	..
Total	..	..	..	..	..	..	..	..
Non-vie	..	..	..	..	..	..	..	..
Succursales et agences	..	..	..	..	..	..	..	..
Filiales	..	..	..	..	..	..	..	..
Total	..	..	..	..	..	..	..	..
Total								
Succursales et agences	..	..	..	..	..	..	..	..
Filiales	..	..	..	..	..	..	..	..
Total	..	..	..	..	..	..	..	..

.. Non disponible ; | Rupture de série

Note : Voir les métadonnées détaillées sur : http://metalinks.oecd.org/ins/20180621/ed6e.

Responsabilité : http://oe.cd/disclaimer

Source : Statistiques de l'OCDE sur les assurances (base de données)

Hongrie
Tableau 2. Nombre d'entreprises et d'employés

	2009	2010	2011	2012	2013	2014	2015	2016
2.1 Nombre d'entreprises								
Vie								
Entreprises nationales	12	12	12	12	10	10	10	8
Entreprises sous contrôle étranger	9	9	9	9	7	7	7	7
Succursales d'entreprises étrangères	0	0	..	..	..	..	0	0
Ensemble des entreprises	12	12	12	12	10	10	10	8
Non-vie								
Entreprises nationales	15	15	15	13	12	12	11	10
Entreprises sous contrôle étranger	7	9	9	7	6	6	6	6
Succursales d'entreprises étrangères	11	14	12	14	14	14	13	14
Ensemble des entreprises	26	29	27	27	26	26	24	24
Mixtes								
Entreprises nationales	10	10	10	10	10	10	9	9
Entreprises sous contrôle étranger	10	10	10	10	10	10	9	9
Succursales d'entreprises étrangères	1	0	1	1	1	1	2	2
Ensemble des entreprises	11	10	11	11	11	11	11	11
Réassurance								
Entreprises nationales	..	..	..	..	..	..	..	..
Entreprises sous contrôle étranger	..	..	..	..	..	..	..	..
Succursales d'entreprises étrangères	..	..	..	..	..	..	..	..
Ensemble des entreprises	..	..	..	..	..	..	..	..
Total								
Entreprises nationales	37	37	37	35	32	32	30	27
Entreprises sous contrôle étranger	26	28	28	26	23	23	22	22
Succursales d'entreprises étrangères	12	14	13	15	15	15	15	16
Ensemble des entreprises	49	51	50	50	47	47	45	43
2.2 Nombre d'employés								
Entreprises d'assurance	..	10 547	9 580	9 701	9 363	9 229	8 728	8 542
Intermédiaires	..	17 067	16 950	13 572	13 083	12 768	11 392	9 822
Total	..	27 615	26 530	23 273	22 445	21 997	20 121	18 364

.. Non disponible

Note : Voir les métadonnées détaillées sur : http://metalinks.oecd.org/ins/20180621/ed6e.

Responsabilité : http://oe.cd/disclaimer

Source : Statistiques de l'OCDE sur les assurances (base de données)

Islande
Tableau 1. Agrégats sélectionnés

Millions ISK

	2009	2010	2011	2012	2013	2014	2015	2016
1.1 Opérations d'assurance conclues dans le pays déclarant								
1.1.1 Opérations d'assurance, par intérêt								
Primes brutes								
Entreprises nationales	34 293	46 636	48 117	50 490	51 142	51 849	55 346	58 777
Entreprises sous contrôle étranger	3 732	4 082	4 464	4 788	5 088	5 401	6 010	..
Succursales d'entreprises étrangères	0	0	0	..	..	..	..	..
Ensemble des entreprises	34 293	46 636	48 117	50 490	51 142	51 849	55 346	58 777
Primes cédées								
Entreprises nationales	2 546	3 621	3 425	3 371	3 136	2 918	2 882	2 725
Entreprises sous contrôle étranger	260	476	328	318	310	310	272	..
Succursales d'entreprises étrangères	0	0	0	..	..	..	..	..
Ensemble des entreprises	2 546	3 621	3 425	3 371	3 136	2 918	2 882	2 725
Primes nettes émises								
Entreprises nationales	31 747	43 015	44 692	47 118	48 005	48 931	52 465	56 052
Entreprises sous contrôle étranger	3 472	3 606	4 136	4 470	4 779	5 091	5 737	..
Succursales d'entreprises étrangères	0	0	0	..	..	..	..	..
Ensemble des entreprises	31 747	43 015	44 692	47 118	48 005	48 931	52 465	56 052
1.1.2 Opérations d'assurance par risque à l'étranger, primes brutes								
Vie	6 786	3 510	0	0	0	0	0	0
Non-vie	41 886	43 506	2 528	2 632	2 156	2 563	3 018	1 010
Mixtes total	..	..	..	..	..	..	..	..
Total	48 673	47 016	2 528	2 632	2 156	2 563	3 018	1 010
1.1.3 Paiement par catégories d'assurance, primes brutes (vie)								
Rentes	47	65	57	61	61	111	473	..
Unit linked	108	104	110	87	86	87	91	20
Autre assurance vie	3 118	3 216	3 227	3 532	3 913	4 042	4 087	5 141
Total assurance vie	3 273	3 385	3 395	3 680	4 061	4 240	4 651	5 161
***dont :** Contrats de retraite*	0	0	0	0	0	0	0	0
1.1.4 Paiement par catégories d'assurance, primes brutes (non-vie)								
L'assurance automobile	20 424	20 479	20 205	21 226	21 522	22 084	23 952	28 398
Les assurances transport (y compris maritime et aérien)	2 204	2 483	2 629	2 746	3 372	3 419	3 690	3 631
L'assurance de fret	577	602	632	667	638	646	751	0
L'assurance incendie et des dommages aux bien	11 557	12 193	12 838	14 028	13 816	13 903	13 911	12 484
L'assurance des pertes pécuniaires	58	77	100	77	45	23	27	33
L'assurance de la responsabilité civile générale	2 452	2 372	2 782	2 932	2 556	2 565	2 672	3 078
Les assurances accidents et maladie	4 707	5 012	5 318	5 108	5 102	4 947	5 646	5 960
***dont :** Maladie*	717	..	..	..	..	..	..	..
Autres assurances non-vie	0	12	27	27	30	22	42	32
Réassurance obligatoire	0	0	0	0	0	0	0	0
Total assurance non-vie	41 980	43 230	44 530	46 809	47 081	47 608	50 690	53 616
1.2 Paiements bruts des sinistres								
Vie								
Entreprises nationales	1 101	882	1 139	1 434	1 381	1 529	1 325	1 690
Entreprises sous contrôle étranger	26	15	21	56	47	30	58	..
Succursales d'entreprises étrangères	..	0	..	..	..	..	..	..
Ensemble des entreprises	1 101	882	1 139	1 434	1 381	1 529	1 325	1 690
Non-vie								
Entreprises nationales	33 871	27 092	28 721	30 190	31 417	32 554	36 082	41 655
Entreprises sous contrôle étranger	2 858	2 859	3 132	2 931	3 412	3 520	4 169	..
Succursales d'entreprises étrangères	0	0	..	..	..	..	..	..
Ensemble des entreprises	33 871	27 092	28 721	30 190	31 417	32 554	36 082	41 655
Mixtes, ensemble des entreprises	..	..	..	..	..	..	..	..
Total								
Entreprises nationales	34 972	27 974	29 861	31 624	32 798	34 083	37 407	43 345
Entreprises sous contrôle étranger	2 884	2 874	3 152	2 987	3 459	3 550	4 227	..
Succursales d'entreprises étrangères	0	0	..	..	..	..	..	..
Ensemble des entreprises	34 972	27 974	29 861	31 624	32 798	34 083	37 407	43 345

Islande
Tableau 1. Agrégats sélectionnés *(suite)*

Millions ISK

	2009	2010	2011	2012	2013	2014	2015	2016
1.3 Commissions								
Vie								
Entreprises nationales	57	41	74	71	66	118	90	..
Entreprises sous contrôle étranger	4	6	4	12	20	42	3	..
Succursales d'entreprises étrangères	..	0	..	..	..	..	..	..
Ensemble des entreprises	57	41	74	71	66	118	90	..
Non-vie								
Entreprises nationales	168	121	101	122	102	39	36	..
Entreprises sous contrôle étranger	20	0	0	0	0	0	0	..
Succursales d'entreprises étrangères	0	0	..	..	..	..	..	..
Ensemble des entreprises	168	121	101	122	102	39	36	..
Mixtes, ensemble des entreprises	..	..	..	..	..	..	..	..
Total								
Entreprises nationales	224	162	175	193	168	157	126	..
Entreprises sous contrôle étranger	24	6	4	12	20	42	3	..
Succursales d'entreprises étrangères	0	0	..	..	..	..	..	..
Ensemble des entreprises	224	162	175	193	168	157	126	..
1.4 Dépenses brutes d'exploitation								
Vie								
Entreprises nationales	782	851	945	1 119	1 384	1 098	1 498	1 231
Entreprises sous contrôle étranger	43	52	57	77	90	18	161	..
Succursales d'entreprises étrangères	..	0	..	..	..	..	..	..
Ensemble des entreprises	782	851	945	1 119	1 384	1 098	1 498	1 231
Non-vie								
Entreprises nationales	7 646	8 563	9 081	9 987	9 860	9 680	4 314	6 931
Entreprises sous contrôle étranger	705	859	965	996	1 084	1 086	1 225	..
Succursales d'entreprises étrangères	0	0	..	..	..	..	..	..
Ensemble des entreprises	7 646	8 563	9 081	9 987	9 860	9 680	4 314	6 931
Mixtes, ensemble des entreprises	..	..	..	..	..	..	..	..
Total								
Entreprises nationales	8 428	9 414	10 027	11 106	11 244	10 778	5 812	8 162
Entreprises sous contrôle étranger	828	911	1 022	1 072	1 173	1 104	1 387	..
Succursales d'entreprises étrangères	0	0	..	..	..	..	..	..
Ensemble des entreprises	8 428	9 414	10 027	11 106	11 244	10 778	5 812	8 162
1.5 Opérations à l'étranger par succursale, primes brutes								
Vie								
Succursales et agences	0	0	0	0	..	..	..	..
Filiales	0	0	0	0	..	..	..	..
Total	0	0	0	0	..	..	..	..
Non-vie								
Succursales et agences	0	277	551	914	..	..	..	..
Filiales	0	0	0	0	..	..	..	..
Total	0	277	551	914	..	..	..	..
Mixtes total	..	..	..	..	..	..	..	..
Total								
Succursales et agences	0	277	551	914	..	..	..	..
Filiales	0	0	0	0	..	..	..	..
Total	0	277	551	914	..	..	..	..

.. Non disponible

Note : Voir les métadonnées détaillées sur : http://metalinks.oecd.org/ins/20180621/8599.

Responsabilité : http://oe.cd/disclaimer

Source : Statistiques de l'OCDE sur les assurances (base de données)

Islande
Tableau 2. Nombre d'entreprises et d'employés

	2009	2010	2011	2012	2013	2014	2015	2016
2.1 Nombre d'entreprises								
Vie								
Entreprises nationales	5	5	5	5	5	5	5	4
Entreprises sous contrôle étranger	1	1	1	1	1	1	1	..
Succursales d'entreprises étrangères	0	0	0	1	1	1	1	..
Ensemble des entreprises	5	5	5	6	6	6	6	4
Non-vie								
Entreprises nationales	6	6	6	6	5	5	5	4
Entreprises sous contrôle étranger	1	1	1	1	1	1	1	..
Succursales d'entreprises étrangères	0	0	0	1	1	1	1	..
Ensemble des entreprises	6	6	6	7	6	6	6	4
Mixtes, ensemble des entreprises	**0**	**0**	**0**	**0**	**0**	**0**	**0**	**0**
Réassurance								
Entreprises nationales	2	2	2	2	2	2	2	0
Entreprises sous contrôle étranger	0	0	0	0	..	..	..	..
Succursales d'entreprises étrangères	0	0	0	0	..	..	..	..
Ensemble des entreprises	2	2	2	2	2	2	2	0
Total								
Entreprises nationales	13	13	13	13	12	12	12	8
Entreprises sous contrôle étranger	2	2	2	2	2	2	2	0
Succursales d'entreprises étrangères	0	0	0	2	2	2	2	0
Ensemble des entreprises	13	13	13	15	14	14	14	8
2.2 Nombre d'employés								
Entreprises d'assurance	615	617	652	641	614	..	582	..
Intermédiaires	..	..	0	..	..	592	..	..
Total	617	617	652	..	614	592	582	..

.. Non disponible

Note : Voir les métadonnées détaillées sur : http://metalinks.oecd.org/ins/20180621/8599.

Responsabilité : http://oe.cd/disclaimer

Source : Statistiques de l'OCDE sur les assurances (base de données)

Irlande
Tableau 1. Agrégats sélectionnés

Millions EUR

	2009	2010	2011	2012	2013	2014	2015	2016
1.1 Opérations d'assurance conclues dans le pays déclarant								
1.1.1 Opérations d'assurance, par intérêt								
Primes brutes								
Entreprises nationales	32 162	31 340	30 304	33 133	31 818	36 377	40 340	48 949
Entreprises sous contrôle étranger	..	0	..	..	..	..	..	..
Succursales d'entreprises étrangères	1 425	2 840	1 731	2 348	2 301	3 184	3 645	..
Ensemble des entreprises	33 587	34 180	32 035	35 481	34 119	39 561	43 985	48 949
Primes cédées								
Entreprises nationales	3 068	2 950	3 478	3 755	3 908	3 891	4 933	9 985
Entreprises sous contrôle étranger	..	0	..	..	..	..	..	..
Succursales d'entreprises étrangères	283	800	772	356	268	371	359	..
Ensemble des entreprises	3 351	3 750	4 250	4 111	4 176	4 262	5 292	9 985
Primes nettes émises								
Entreprises nationales	29 094	28 390	26 826	29 379	27 910	32 486	35 407	38 964
Entreprises sous contrôle étranger	..	0	..	..	..	..	..	..
Succursales d'entreprises étrangères	1 142	2 040	960	1 992	2 033	2 813	3 286	..
Ensemble des entreprises	30 236	30 430	27 786	31 371	29 943	35 299	38 693	38 964
1.1.2 Opérations d'assurance par risque à l'étranger, primes brutes								
Vie	14 534	15 779	15 627	15 038	16 125	21 410	23 192	..
Non-vie	2 868	3 016	3 195	3 676	3 826	3 960	4 263	..
Mixtes total	..	..	..	..	..	..	..	..
Total	17 402	18 796	18 821	18 714	19 951	25 370	27 455	..
1.1.3 Paiement par catégories d'assurance, primes brutes (vie)								
Rentes	..	..	..	..	..	..	..	0
Unit linked	..	..	..	..	..	..	..	28 838
Autre assurance vie	..	..	..	..	..	..	..	4 477
Total assurance vie	..	..	..	28 140	27 207	32 171	34 587	33 315
***dont :** Contrats de retraite*	..	..	..	..	..	..	..	..
1.1.4 Paiement par catégories d'assurance, primes brutes (non-vie)								
L'assurance automobile	1 687	1 649	1 423	1 486	1 435	1 599	1 795	3 905
Les assurances transport (y compris maritime et aérien)	175	204	237	243	183	143	163	421
L'assurance de fret	..	..	0	..	..	..	..	0
L'assurance incendie et des dommages aux bien	1 667	1 785	1 728	1 906	1 763	1 758	1 768	4 023
L'assurance des pertes pécuniaires	91	47	67	..	105	124	92	332
L'assurance de la responsabilité civile générale	1 133	1 108	1 072	1 147	1 127	1 301	1 400	2 887
Les assurances accidents et maladie	1 278	1 267	1 432	1 288	1 171	1 235	2 750	1 935
***dont :** Maladie*	..	..	..	..	..	..	..	..
Autres assurances non-vie	474	518	485	563	504	494	585	1 159
Réassurance obligatoire	137	168	284	374	330	373	414	746
Total assurance non-vie	6 642	6 745	6 729	7 007	6 618	7 027	8 967	15 408
1.2 Paiements bruts des sinistres								
Vie								
Entreprises nationales	16 760	21 393	..	27 921	28 263	27 434	28 474	32 280
Entreprises sous contrôle étranger	..	0	..	..	..	..	..	..
Succursales d'entreprises étrangères	1 095	626	..	..	1 235	1 114	1 356	..
Ensemble des entreprises	17 855	22 019	..	27 921	29 498	28 548	29 830	32 280
Non-vie								
Entreprises nationales	4 196	4 438	4 938	4 842	4 369	3 853	5 343	15 941
Entreprises sous contrôle étranger	..	0	..	..	..	..	..	..
Succursales d'entreprises étrangères	38	474	1 023	983	677	1 177	1 179	..
Ensemble des entreprises	4 234	4 912	5 961	5 825	5 046	5 030	6 522	15 941
Mixtes, ensemble des entreprises	..	..	..	..	..	..	..	..
Total								
Entreprises nationales	20 956	25 831	4 938	32 763	32 632	31 287	33 817	48 221
Entreprises sous contrôle étranger	..	0	..	..	..	..	..	..
Succursales d'entreprises étrangères	1 133	1 099	1 023	983	1 912	2 291	2 535	..
Ensemble des entreprises	22 089	26 931	5 961	33 746	34 544	33 578	36 352	48 221
1.3 Commissions								
Vie								
Entreprises nationales	1 371	1 310	..	1 593	1 844	2 051	2 281	2 108
Entreprises sous contrôle étranger	..	0	..	..	..	..	..	..
Succursales d'entreprises étrangères	37	25	..	..	43	64	59	..
Ensemble des entreprises	1 408	1 335	..	1 593	1 887	2 115	2 340	2 198
Non-vie								
Entreprises nationales	857	767	764	657	737	764	896	2 292
Entreprises sous contrôle étranger	..	0	..	..	..	..	..	..
Succursales d'entreprises étrangères	120	130	104	171	130	248	299	..
Ensemble des entreprises	977	897	868	828	867	1 012	1 195	2 292
Mixtes, ensemble des entreprises	..	..	..	..	..	..	..	..
Total								
Entreprises nationales	2 228	2 077	764	2 250	2 581	2 815	3 177	4 490
Entreprises sous contrôle étranger	..	0	..	..	..	..	..	..
Succursales d'entreprises étrangères	157	155	104	171	173	312	358	..
Ensemble des entreprises	2 385	2 232	868	2 420	2 754	3 127	3 535	4 490

Irlande
Tableau 1. Agrégats sélectionnés *(suite)*

Millions EUR

	2009	2010	2011	2012	2013	2014	2015	2016
1.4 Dépenses brutes d'exploitation								
Vie								
Entreprises nationales	1 152	1 127	..	1 268	1 346	1 429	1 437	1 319
Entreprises sous contrôle étranger	..	0	..	..	..	..	..	..
Succursales d'entreprises étrangères	99	68	..	..	154	657	158	..
Ensemble des entreprises	1 251	1 195	..	1 268	1 500	2 086	1 595	1 319
Non-vie								
Entreprises nationales	668	726	688	622	650	589	484	1 873
Entreprises sous contrôle étranger	..	0	..	..	..	..	..	..
Succursales d'entreprises étrangères	72	79	186	295	159	223	224	..
Ensemble des entreprises	740	805	874	917	809	812	708	1 873
Mixtes, ensemble des entreprises	..	..	..	..	..	..	..	..
Total								
Entreprises nationales	1 820	1 853	688	1 891	1 996	2 018	1 921	3 192
Entreprises sous contrôle étranger	..	0	..	..	..	..	..	..
Succursales d'entreprises étrangères	171	147	186	295	313	880	382	..
Ensemble des entreprises	1 991	2 000	874	2 185	2 309	2 898	2 303	3 192
1.5 Opérations à l'étranger par succursale, primes brutes								
Vie								
Succursales et agences	3 026	3 701	2 434	3 422	5 563	5 970	6 234	..
Filiales	..	0	..	..	..	..	..	..
Total	3 026	3 701	2 434	3 422	5 563	5 970	6 234	..
Non-vie								
Succursales et agences	5 322	8 628	9 626	9 599	9 228	9 640	9 835	..
Filiales	..	0	..	..	..	..	..	..
Total	5 322	8 628	9 626	9 599	9 228	9 640	9 835	..
Mixtes total	..	..	..	..	..	..	..	..
Total								
Succursales et agences	8 348	12 329	12 060	13 021	14 791	15 610	16 069	..
Filiales	..	0	..	..	..	..	..	..
Total	8 348	12 329	12 060	13 021	14 791	15 610	16 069	..

.. Non disponible

Note : Voir les métadonnées détaillées sur : http://metalinks.oecd.org/ins/20180621/c2d7.

Responsabilité : http://oe.cd/disclaimer

Source : Statistiques de l'OCDE sur les assurances (base de données)

Irlande
Tableau 2. Nombre d'entreprises et d'employés

	2009	2010	2011	2012	2013	2014	2015	2016
2.1 Nombre d'entreprises								
Vie								
Entreprises nationales	59	61	62	55	53	51	48	44
Entreprises sous contrôle étranger	..	0	0	0	..	..	..	0
Succursales d'entreprises étrangères	10	10	9	8	8	8	11	11
Ensemble des entreprises	69	71	71	63	61	59	59	55
Non-vie								
Entreprises nationales	129	123	121	111	104	102	101	90
Entreprises sous contrôle étranger	..	0	0	0	..	..	..	0
Succursales d'entreprises étrangères	29	30	28	28	27	30	32	31
Ensemble des entreprises	158	153	149	139	131	132	133	121
Mixtes, ensemble des entreprises	**0**	**0**	**0**	**0**	**0**	**0**	**0**	**0**
Réassurance								
Entreprises nationales	120	115	102	87	77	75	67	61
Entreprises sous contrôle étranger	..	0	0	0	..	..	..	0
Succursales d'entreprises étrangères	0	3	0	0	0	0	0	0
Ensemble des entreprises	120	118	102	87	77	75	67	61
Total								
Entreprises nationales	..	299	285	253	234	228	216	196
Entreprises sous contrôle étranger	..	0	..	..	..	..	..	0
Succursales d'entreprises étrangères	..	43	37	36	35	38	43	42
Ensemble des entreprises	..	342	322	289	269	266	259	238
2.2 Nombre d'employés								
Entreprises d'assurance	11 476	10 626	9 696	8 682	8 887	8 095	9 404	..
Intermédiaires	..	..	..	..	..	..	..	..
Total	..	..	9 696	8 682	8 887	..	..	..

.. Non disponible

Note : Voir les métadonnées détaillées sur : http://metalinks.oecd.org/ins/20180621/c2d7.

Responsabilité : http://oe.cd/disclaimer

Source : Statistiques de l'OCDE sur les assurances (base de données)

Israël
Tableau 1. Agrégats sélectionnés

Millions ILS

	2009	2010	2011	2012	2013	2014	2015	2016
1.1 Opérations d'assurance conclues dans le pays déclarant								
1.1.1 Opérations d'assurance, par intérêt								
Primes brutes								
Entreprises nationales	40 320	42 003	45 317	48 086	50 339	51 400	54 869	58 153
Entreprises sous contrôle étranger	8 397	8 903	9 663	840	889	953	1 135	1 165
Succursales d'entreprises étrangères	0	0	..	..	..	..	..	..
Ensemble des entreprises	40 320	42 003	45 317	48 086	50 339	51 400	54 869	58 153
Primes cédées								
Entreprises nationales	6 367	5 868	6 529	6 877	6 418	5 934	6 356	8 756
Entreprises sous contrôle étranger	..	816	894	185	164	162	232	225
Succursales d'entreprises étrangères	..	..	..	..	..	..	..	..
Ensemble des entreprises	6 367	5 868	6 529	6 877	6 418	5 934	6 356	8 756
Primes nettes émises								
Entreprises nationales	33 953	36 135	38 788	41 209	43 921	45 466	48 512	49 398
Entreprises sous contrôle étranger	8 397	8 087	8 769	656	726	791	903	940
Succursales d'entreprises étrangères	0	..	..	..	..	..	..	..
Ensemble des entreprises	33 953	36 135	38 788	41 209	43 921	45 466	48 512	49 398
1.1.2 Opérations d'assurance par risque à l'étranger, primes brutes								
Vie	0 |	..	..	..	..	..	..	..
Non-vie	2 234 |	..	..	..	..	..	..	..
Mixtes	38 085 |	..	3	..	..	..	..	..
dont :								
Vie	19 785 |	..	..	..	..	..	..	..
Non-vie	18 300 |	..	3	..	..	..	..	..
Total	40 320	..	3	..	..	..	..	..
1.1.3 Paiement par catégories d'assurance, primes brutes (vie)								
Rentes	1 445	1 772	1 593	1 542	1 361	1 194	1 084	1 273
Unit linked	13 950	14 974	16 662	17 673	18 557	18 236	20 266	20 897
Autre assurance vie	4 373	4 911	5 654	6 242	6 709	7 141	8 066	8 492
Total Assurance Vie	19 768	21 656	23 909	25 458	26 627	26 571	29 416	30 662
***dont :** Contrats de retraite*	13 512	14 762	..	..	..	..	..	..
1.1.4 Paiement par catégories d'assurance, primes brutes (non-vie)								
L'assurance automobile	10 201	9 867	10 358	10 673	11 040	11 439	11 775	13 053
Les assurances transport (y compris maritime et aérien)	44	43	41	41	38	38	39	38
L'assurance de fret	156	160	173	180	169	170	174	176
L'assurance incendie et des dommages aux bien	3 256	3 326	3 475	4 082	4 283	4 292	4 238	4 375
L'assurance des pertes pécuniaires	209	226	0	277	284	278	307	335
L'assurance de la responsabilité civile générale	2 343	2 353	2 354	2 487	2 575	2 697	2 814	2 917
Les assurances accidents et maladie	3 402	3 607	3 950	4 396	4 869	5 425	5 678	6 086
***dont :** Maladie*	2 930	3 066	..	3 580	3 859	4 189	4 203	4 448
Autres assurances non-vie	927	766	1 056	492	452	492	426	502
Réassurance obligatoire	0	0	..	..	..	0	0	0
Total assurance non-vie	20 538	20 347	21 408	22 628	23 712	24 830	25 452	27 483

Israël
Tableau 1. Agrégats sélectionnés *(suite)*

Millions ILS

	2009	2010	2011	2012	2013	2014	2015	2016
1.2 Paiements bruts des sinistres								
Vie								
Entreprises nationales	..	..	..	..	0	3	6	8
Entreprises sous contrôle étranger	..	0	..	..	..	..	..	0
Succursales d'entreprises étrangères	..	..	..	..	..	..	..	..
Ensemble des entreprises	..	0	..	..	0	3	6	8
Non-vie								
Entreprises nationales	1 082	1 138	1 303	1 395	2 013	2 470	2 589	2 180
Entreprises sous contrôle étranger	12	0	..	..	..	..	39	72
Succursales d'entreprises étrangères	..	..	..	..	..	..	..	..
Ensemble des entreprises	1 082	1 138	1 303	1 395	2 013	2 470	2 589	2 180
Mixtes								
Entreprises nationales	21 015	22 199	24 636	25 830	24 594	27 644	30 828	31 879
Entreprises sous contrôle étranger	4 256	4 398	5 004	393	280	462	640	538
Succursales d'entreprises étrangères	..	..	..	..	..	..	..	..
Ensemble des entreprises	21 015	22 199	24 636	25 830	24 594	27 644	30 828	31 879
dont :								
Vie	9 208	10 349	11 651	12 472	12 644	13 825	15 363	16 243
Entreprises nationales	9 208	10 349	11 651	12 472	12 644	13 825	15 363	16 243
Entreprises sous contrôle étranger	2 716	3 054	3 564	27	18	26	39	36
Succursales d'entreprises étrangères	..	..	..	..	..	..	..	..
Ensemble des entreprises	9 208	10 349	11 651	12 472	12 644	13 825	15 363	16 243
Non-vie	11 807	11 849	12 985	13 358	11 949	13 819	15 465	15 636
Entreprises nationales	11 807	11 849	12 985	13 358	11 949	13 819	15 465	15 636
Entreprises sous contrôle étranger	1 540	1 344	1 440	366	262	436	600	502
Succursales d'entreprises étrangères	..	..	..	..	..	..	..	..
Ensemble des entreprises	11 807	11 849	12 985	13 358	11 949	13 819	15 465	15 636
Total								
Entreprises nationales	22 096	23 337	25 939	27 225	26 607	30 117	33 422	34 067
Entreprises sous contrôle étranger	4 268	4 398	5 004	393	280	462	679	609
Succursales d'entreprises étrangères	..	..	..	..	..	..	..	..
Ensemble des entreprises	22 096	23 337	25 939	27 225	26 607	30 117	33 422	34 067
1.3 Commissions								
Vie								
Entreprises nationales	..	0	..	..	0	6	15	19
Entreprises sous contrôle étranger	..	0	..	..	..	..	..	0
Succursales d'entreprises étrangères	..	..	..	..	..	..	..	..
Ensemble des entreprises	..	0	..	..	0	6	15	19
Non-vie								
Entreprises nationales	143	1 138	159	175	248	281	317	291
Entreprises sous contrôle étranger	0	0	..	..	..	..	0	0
Succursales d'entreprises étrangères	..	..	..	..	..	..	..	..
Ensemble des entreprises	143	1 138	159	175	248	281	317	291
Mixtes								
Entreprises nationales	4 497	4 783	5 070	5 512	5 688	5 940	6 296	6 709
Entreprises sous contrôle étranger	844	897	947	41	39	..	42	40
Succursales d'entreprises étrangères	..	..	..	..	..	..	..	..
Ensemble des entreprises	4 497	4 783	5 070	5 512	5 688	5 940	6 296	6 709
dont :								
Vie	2 011	2 201	2 328	2 577	2 571	2 639	2 912	3 097
Entreprises nationales	2 011	2 201	2 328	2 577	2 571	2 639	2 912	3 097
Entreprises sous contrôle étranger	571	614	635	1	1	1	1	1
Succursales d'entreprises étrangères	..	..	..	..	..	..	..	..
Ensemble des entreprises	2 011	2 201	2 328	2 577	2 571	2 639	2 912	3 097
Non-vie	2 486	2 583	2 742	2 936	3 118	3 300	3 384	3 612
Entreprises nationales	2 486	2 583	2 742	2 936	3 118	3 300	3 384	3 612
Entreprises sous contrôle étranger	273	283	312	40	38	38	41	39
Succursales d'entreprises étrangères	..	..	..	..	..	..	..	..
Ensemble des entreprises	2 486	2 583	2 742	2 936	3 118	3 300	3 384	3 612
Total								
Entreprises nationales	4 640	5 921	5 229	5 688	5 936	6 226	6 628	7 019
Entreprises sous contrôle étranger	844	897	947	41	39	..	42	40
Succursales d'entreprises étrangères	..	..	..	..	..	..	..	..
Ensemble des entreprises	4 640	5 921	5 229	5 688	5 936	6 226	6 628	7 019

Israël
Tableau 1. Agrégats sélectionnés (*suite*)

Millions ILS

	2009	2010	2011	2012	2013	2014	2015	2016
1.4 Dépenses brutes d'exploitation								
Vie								
Entreprises nationales	..	0	..	..	1	10	32	32
Entreprises sous contrôle étranger	..	0	..	..	..	..	..	0
Succursales d'entreprises étrangères	..	..	..	..	..	..	..	..
Ensemble des entreprises	..	0	..	..	1	10	32	32
Non-vie								
Entreprises nationales	250 |	184	306	305	449	322	402	380
Entreprises sous contrôle étranger	24 |	0	..	..	..	..	30	29
Succursales d'entreprises étrangères	..	..	..	..	..	..	..	..
Ensemble des entreprises	250 |	184	306	305	449	322	402	380
Mixtes								
Entreprises nationales	3 798 |	4 136	5 198	5 270	5 285	5 169	5 719	6 033
Entreprises sous contrôle étranger	812 |	881	1 158	260	272	276	282	275
Succursales d'entreprises étrangères	..	..	..	..	..	..	..	..
Ensemble des entreprises	3 798 |	4 136	5 198	5 270	5 285	5 169	5 719	6 033
dont :								
Vie	1 784 |	1 965	2 104	2 323	2 542	2 608	2 790	2 707
Entreprises nationales	1 784 |	1 965	2 104	2 323	2 542	2 608	2 790	2 707
Entreprises sous contrôle étranger	465 |	521	565	53	61	56	54	55
Succursales d'entreprises étrangères	..	..	..	..	..	..	..	..
Ensemble des entreprises	1 784 |	1 965	2 104	2 323	2 542	2 608	2 790	2 707
Non-vie	2 014 |	2 172	2 445	2 373	2 502	2 561	2 721	2 785
Entreprises nationales	2 014 |	2 172	2 445	2 373	2 502	2 561	2 721	2 785
Entreprises sous contrôle étranger	347 |	360	368	208	212	220	228	220
Succursales d'entreprises étrangères	..	..	..	..	..	..	..	..
Ensemble des entreprises	2 014 |	2 172	2 445	2 373	2 502	2 561	2 721	2 785
Total								
Entreprises nationales	4 048	4 321	5 504	5 574	5 736	5 501	6 153	6 445
Entreprises sous contrôle étranger	836	881	1 158	260	272	276	312	304
Succursales d'entreprises étrangères	..	..	..	..	..	..	..	..
Ensemble des entreprises	4 048	4 321	5 504	5 574	5 736	5 501	6 153	6 445
1.5 Opérations à l'étranger par succursale, primes brutes								
Vie								
Succursales et agences	..	..	..	..	..	..	..	..
Filiales	..	..	..	..	..	..	..	..
Total	..	..	..	..	..	..	..	..
Non-vie								
Succursales et agences	..	..	..	..	..	..	..	..
Filiales	..	..	..	..	..	..	..	..
Total	..	..	..	..	..	..	..	..
Mixtes								
Succursales et agences	..	..	..	..	..	..	..	..
Filiales	..	..	..	..	..	..	..	..
Total	..	..	..	..	..	..	..	..
dont :								
Vie	..	..	..	..	..	..	..	..
Succursales et agences	..	..	..	..	..	..	..	..
Filiales	..	..	..	..	..	..	..	..
Total	..	..	..	..	..	..	..	..
Non-vie	..	..	..	..	..	..	..	..
Succursales et agences	..	..	..	..	..	..	..	..
Filiales	..	..	..	..	..	..	..	..
Total	..	..	..	..	..	..	..	..
Total								
Succursales et agences	..	..	..	..	..	..	..	..
Filiales	..	..	..	..	..	..	..	..
Total	..	..	..	..	..	..	..	..

.. Non disponible ; | Rupture de série

Note : Voir les métadonnées détaillées sur : http://metalinks.oecd.org/ins/20180621/2ae2..

Les données statistiques concernant Israël sont fournies par et sous la responsabilité des autorités israéliennes compétentes. L'utilisation de ces données par l'OCDE est sans préjudice du statut des hauteurs du Golan, de Jérusalem Est et des colonies de peuplement israéliennes en Cisjordanie aux termes du droit international.

Responsabilité : http://oe.cd/disclaimer

Source : Statistiques de l'OCDE sur les assurances (base de données)

Israël
Tableau 2. Nombre d'entreprises et d'employés

	2009	2010	2011	2012	2013	2014	2015	2016
2.1 Nombre d'entreprises								
Vie								
Entreprises nationales	0	..	..	..	1	1	2	2
Entreprises sous contrôle étranger	..	..	..	..	..		0	..
Succursales d'entreprises étrangères	..	..	..	..	..	..	0	..
Ensemble des entreprises	..	0	..	..	1	1	2	2
Non-vie								
Entreprises nationales	11	11	10	10	12	12	10	10
Entreprises sous contrôle étranger	1	..	..	..	..	..	1	1
Succursales d'entreprises étrangères	2	2	..	2	2	3	3	3
Ensemble des entreprises	13	13	10	12	14	15	13	13
Mixtes								
Entreprises nationales	13	13	13	13	10	10	11	10
Entreprises sous contrôle étranger	2	3	2	1	1	1	1	1
Succursales d'entreprises étrangères	..	..	2	..	..	..	0	..
Ensemble des entreprises	..	13	15	13	10	10	11	10
Réassurance								
Entreprises nationales	0	0	..	..	..	..	0	..
Entreprises sous contrôle étranger	..	..	..	..	..	..	0	..
Succursales d'entreprises étrangères	..	..	..	..	..	..	0	..
Ensemble des entreprises	..	0	..	..	..	0	0	0
Total								
Entreprises nationales	24	24	23	23	23	23	23	22
Entreprises sous contrôle étranger	3	3	2	1	1	1	2	..
Succursales d'entreprises étrangères	2	2	2	2	2	3	3	3
Ensemble des entreprises	13	26	25	25	25	26	26	25
2.2 Nombre d'employés								
Entreprises d'assurance	..	..	..	..	..	..	..	..
Intermédiaires	..	..	..	..	..	..	..	..
Total	..		..	..	..	..	..	..

.. Non disponible

Note : Voir les métadonnées détaillées sur : http://metalinks.oecd.org/ins/20180621/2ae2..

Les données statistiques concernant Israël sont fournies par et sous la responsabilité des autorités israéliennes compétentes. L'utilisation de ces données par l'OCDE est sans préjudice du statut des hauteurs du Golan, de Jérusalem Est et des colonies de peuplement israéliennes en Cisjordanie aux termes du droit international.

Responsabilité : http://oe.cd/disclaimer

Source : Statistiques de l'OCDE sur les assurances (base de données)

Italie
Tableau 1. Agrégats sélectionnés

Millions EUR

	2009	2010	2011	2012	2013	2014	2015	2016
1.1 Opérations d'assurance conclues dans le pays déclarant								
1.1.1 Opérations d'assurance, par intérêt								
Primes brutes								
Entreprises nationales	118 279	127 810	112 362	107 192	120 973	145 244	149 011	136 278
Entreprises sous contrôle étranger	34 921	37 340	32 577	29 138	34 302	44 419	45 694	44 287
Succursales d'entreprises étrangères	1 818	355	416	399	373	375	473	521
Ensemble des entreprises	120 097	128 165	112 778	107 591	121 345	145 619	149 484	136 799
Primes cédées								
Entreprises nationales	5 436	5 257	5 043	5 178	4 513	4 203	4 079	4 914
Entreprises sous contrôle étranger	669	1 624	1 166	1 392	1 116	991	983	1 822
Succursales d'entreprises étrangères	92	52	57	45	49	58	53	62
Ensemble des entreprises	5 528	5 308	5 099	5 223	4 563	4 262	4 132	4 976
Primes nettes émises								
Entreprises nationales	112 843	122 553	107 319	102 014	116 459	141 041	144 932	131 364
Entreprises sous contrôle étranger	34 251	35 715	31 411	27 746	33 186	43 428	44 711	42 465
Succursales d'entreprises étrangères	1 726	304	359	354	323	317	420	459
Ensemble des entreprises	114 569	122 857	107 678	102 368	116 782	141 358	145 352	131 823
1.1.2 Opérations d'assurance par risque à l'étranger, primes brutes								
Vie	8	6	1	0	1	1	1	1
Non-vie	79	88	60	50	53	59	54	59
Mixtes	1 356	1 554	1 608	1 935	2 044	1 904	2 016	2 070
dont :								
Vie	1 020	1 216	1 213	1 327	1 232	1 073	1 166	1 255
Non-vie	336	339	395	607	811	831	849	814
Total	1 442	1 648	1 670	1 984	2 098	1 963	2 071	2 130
1.1.3 Paiement par catégories d'assurance, primes brutes (vie)								
Rentes	1 253	1 077	1 309	1 243	1 012	956	737	710
Unit linked	9 732	15 409	12 496	13 800	15 497	21 829	31 884	23 848
Autre assurance vie	70 130	73 627	60 064	54 597	68 501	87 639	82 220	77 596
Total Assurance Vie	81 116	90 114	73 869	69 639	85 010	110 424	114 842	102 154
***dont :** Contrats de retraite*	3 548	4 026	4 116	4 296	3 825	4 873	5 492	5 848
1.1.4 Paiement par catégories d'assurance, primes brutes (non-vie)								
L'assurance automobile	20 169	19 886	20 815	20 247	18 661	17 468	16 590	16 260
Les assurances transport (y compris maritime et aérien)	473	461	432	366	327	334	326	417
L'assurance de fret	243	225	234	227	208	212	204	198
L'assurance incendie et des dommages aux bien	5 184	5 090	5 127	5 056	5 269	5 611	5 544	5 863
L'assurance des pertes pécuniaires	1 434	1 319	1 223	961	967	1 018	1 034	1 119
L'assurance de la responsabilité civile générale	3 384	3 006	2 979	2 972	2 905	2 879	2 952	3 073
Les assurances accidents et maladie	5 428	5 281	5 306	5 151	5 144	5 221	5 415	5 868
***dont :** Maladie*	2 230	2 210	2 229	2 150	2 114	2 149	2 323	2 655
Autres assurances non-vie	922	897	944	698	1 163	988	1 082	1 217
Réassurance obligatoire	227	240	275	417	0	0	0	0
Total assurance non-vie	37 463	36 405	37 333	36 095	34 646	33 730	33 147	34 015

Italie
Tableau 1. Agrégats sélectionnés (suite)

Millions EUR

	2009	2010	2011	2012	2013	2014	2015	2016
1.2 Paiements bruts des sinistres								
Vie								
Entreprises nationales	21 489 |	28 862	31 179	29 764	23 754	22 852	22 955	21 169
Entreprises sous contrôle étranger	8 319 |	9 213	14 849	14 078	11 058	10 413	12 229	10 866
Succursales d'entreprises étrangères	0	0	0	0	0	0	0	0
Ensemble des entreprises	21 489 |	28 862	31 179	29 764	23 754	22 852	22 955	21 169
Non-vie								
Entreprises nationales	5 736 |	5 907	5 191	5 084	5 061	5 016	4 931	4 776
Entreprises sous contrôle étranger	1 892 |	1 767	1 748	1 802	1 758	1 853	2 005	2 008
Succursales d'entreprises étrangères	1 319	217	249	257	231	257	308	369
Ensemble des entreprises	7 055 |	6 124	5 440	5 341	5 292	5 273	5 240	5 144
Mixtes								
Entreprises nationales	58 580 |	59 344	66 523	67 451	64 138	61 204	65 892	59 690
Entreprises sous contrôle étranger	16 313 |	16 318	17 536	16 282	16 899	14 972	16 042	16 097
Succursales d'entreprises étrangères	0	0	0	0	0	0	0	0
Ensemble des entreprises	58 580 |	59 344	66 523	67 451	64 138	61 204	65 892	59 690
dont :								
Vie	36 286 |	37 621	45 192	47 143	44 754	43 279	48 546	43 755
Entreprises nationales	36 286 |	37 621	45 192	47 143	44 754	43 279	48 546	43 755
Entreprises sous contrôle étranger	10 864 |	11 065	12 633	11 858	12 685	11 217	12 693	12 061
Succursales d'entreprises étrangères	0	0	0	0	0	0	0	0
Ensemble des entreprises	36 286 |	37 621	45 192	47 143	44 754	43 279	48 546	43 755
Non-vie	22 294 |	21 723	21 330	20 308	19 384	17 925	17 346	15 935
Entreprises nationales	22 294 |	21 723	21 330	20 308	19 384	17 925	17 346	15 935
Entreprises sous contrôle étranger	5 448 |	217	4 903	4 424	4 215	3 754	4 149	4 037
Succursales d'entreprises étrangères	0	0	0	0	0	0	0	0
Ensemble des entreprises	22 294 |	21 723	21 330	20 308	19 384	17 925	17 346	15 935
Total								
Entreprises nationales	85 805	94 113	102 893	102 298	92 953	89 071	93 778	85 635
Entreprises sous contrôle étranger	26 524	27 298	34 132	32 162	29 715	27 238	31 075	28 972
Succursales d'entreprises étrangères	1 310	217	249	257	231	257	308	369
Ensemble des entreprises	87 124	94 331	103 141	102 555	93 185	89 328	94 087	86 003
1.3 Commissions								
Vie								
Entreprises nationales	886 |	988	727	601	576	650	641	626
Entreprises sous contrôle étranger	565 |	607	532	405	384	430	436	449
Succursales d'entreprises étrangères	0	0	0	0	0	0	0	0
Ensemble des entreprises	886 |	988	727	601	576	650	641	626
Non-vie								
Entreprises nationales	1 777 |	1 932	1 721	1 620	1 576	1 656	1 706	1 748
Entreprises sous contrôle étranger	628 |	655	629	560	548	608	734	767
Succursales d'entreprises étrangères	336	72	82	78	73	72	93	107
Ensemble des entreprises	2 113 |	2 004	1 803	1 698	1 649	1 729	1 799	1 855
Mixtes								
Entreprises nationales	7 468 |	7 578	7 516	7 101	7 278	7 573	7 699	7 571
Entreprises sous contrôle étranger	2 094 |	2 041	1 916	1 778	1 830	1 978	2 106	2 006
Succursales d'entreprises étrangères	0	0	0	0	0	0	0	0
Ensemble des entreprises	7 468 |	7 578	7 516	7 101	7 278	7 573	7 699	7 571
dont :								
Vie	2 313 |	2 384	2 187	1 868	2 088	2 273	2 447	2 306
Entreprises nationales	2 313 |	2 384	2 187	1 868	2 088	2 273	2 447	2 306
Entreprises sous contrôle étranger	746 |	696	560	413	450	510	542	504
Succursales d'entreprises étrangères	0	0	0	0	0	0	0	0
Ensemble des entreprises	2 313 |	2 384	2 187	1 868	2 088	2 273	2 447	2 306
Non-vie	5 155 |	5 194	5 329	5 232	5 190	5 300	5 251	5 265
Entreprises nationales	5 155 |	5 194	5 329	5 232	6 100	5 300	5 251	5 265
Entreprises sous contrôle étranger	1 348 |	1 346	1 356	1 366	1 380	1 468	1 564	1 502
Succursales d'entreprises étrangères	0	0	0	0	0	0	0	0
Ensemble des entreprises	5 155 |	5 194	5 329	5 232	5 190	5 300	5 251	5 265
Total								
Entreprises nationales	10 131	10 498	9 964	9 322	9 431	9 879	10 046	9 945
Entreprises sous contrôle étranger	3 288	3 304	3 078	2 743	2 763	3 015	3 277	3 222
Succursales d'entreprises étrangères	336	72	82	70	73	72	93	107
Ensemble des entreprises	10 466	10 570	10 046	9 399	9 504	9 952	10 139	10 052

Italie
Tableau 1. Agrégats sélectionnés *(suite)*

Millions EUR

	2009	2010	2011	2012	2013	2014	2015	2016
1.4 Dépenses brutes d'exploitation								
Vie								
Entreprises nationales	1 172 |	1 310	1 033	912	876	953	948	963
Entreprises sous contrôle étranger	724 |	778	734	600	570	622	634	673
Succursales d'entreprises étrangères	0	0	0	0	0	0	0	0
Ensemble des entreprises	1 172 |	1 310	1 033	912	876	953	948	963
Non-vie								
Entreprises nationales	2 410 |	2 443	2 324	2 168	2 154	2 252	2 332	2 390
Entreprises sous contrôle étranger	874 |	884	873	750	794	818	968	1 012
Succursales d'entreprises étrangères	512	109	119	115	112	110	144	176
Ensemble des entreprises	2 922 |	2 552	2 442	2 283	2 266	2 362	2 476	2 565
Mixtes								
Entreprises nationales	9 289 |	9 367	9 381	9 321	9 490	9 686	9 829	9 860
Entreprises sous contrôle étranger	2 533 |	2 485	2 363	2 304	2 294	2 443	2 632	2 566
Succursales d'entreprises étrangères	0	0	0	0	0	0	0	0
Ensemble des entreprises	9 289 |	9 367	9 381	9 321	9 490	9 686	9 829	9 860
dont :								
Vie	3 006 |	3 069	2 867	2 788	2 970	3 109	3 292	3 196
Entreprises nationales	3 006 |	3 069	2 867	2 788	2 970	3 109	3 292	3 196
Entreprises sous contrôle étranger	905 |	857	724	635	628	696	743	708
Succursales d'entreprises étrangères	0	0	0	0	0	0	0	0
Ensemble des entreprises	3 006 |	3 069	2 867	2 788	2 970	3 109	3 292	3 196
Non-vie	6 284 |	6 299	6 514	6 532	6 520	6 577	6 537	6 664
Entreprises nationales	6 284 |	6 299	6 514	6 532	6 520	6 577	6 537	6 664
Entreprises sous contrôle étranger	1 629 |	1 628	1 639	1 669	1 667	1 747	1 889	1 858
Succursales d'entreprises étrangères	0	0	0	0	0	0	0	0
Ensemble des entreprises	6 284 |	6 299	6 514	6 532	6 520	6 577	6 537	6 664
Total								
Entreprises nationales	12 871	13 121	12 737	12 401	12 520	12 891	13 109	13 213
Entreprises sous contrôle étranger	4 131	4 147	3 971	3 653	3 658	3 883	4 234	4 251
Succursales d'entreprises étrangères	512	109	119	115	112	110	144	176
Ensemble des entreprises	13 384	13 229	12 856	12 516	12 633	13 001	13 253	13 388
1.5 Opérations à l'étranger par succursale, primes brutes								
Vie								
Succursales et agences	0 |	0	0	0	0	1	1	3
Filiales	1 175 |	1 327	1 938	2 813	3 333	3 469	4 224	1 339
Total	1 175 |	1 327	1 938	2 813	3 333	3 469	4 226	1 342
Non-vie								
Succursales et agences	28 |	22	24	9	12	12	9	10
Filiales	0 |	29	0	0	0	0	0	0
Total	28 |	51	24	9	12	12	9	10
Mixtes								
Succursales et agences	603 |	667	717	762	823	892	868	1 376
Filiales	57 773 |	58 418	56 657	57 155	56 340	54 902	58 541	57 863
Total	58 376 |	59 085	57 375	57 917	57 163	55 795	59 409	59 239
dont :								
Vie	40 905 |	41 238	38 781	39 265	39 445	39 878	42 059	41 554
Succursales et agences	83 |	88	106	127	154	175	235	477
Filiales	40 821 |	41 151	38 675	39 138	39 291	39 703	41 824	41 077
Total	40 905 |	41 238	38 781	39 265	39 445	39 878	42 059	41 554
Non-vie	17 471 |	17 847	18 593	18 652	17 718	15 917	17 350	17 685
Succursales et agences	520 |	579	611	634	668	718	633	899
Filiales	16 952 |	17 268	17 982	18 018	17 049	15 199	16 717	16 785
Total	17 471 |	17 847	18 593	18 652	17 718	15 917	17 350	17 685
Total								
Succursales et agences	631	689	741	771	835	905	878	1 390
Filiales	58 948	59 775	58 596	59 968	59 673	58 371	62 765	59 202
Total	59 579	60 464	59 337	60 739	60 508	59 276	63 643	60 592

| Rupture de série

Note : Voir les métadonnées détaillées sur : http://metalinks.oecd.org/ins/20180621/90a2.

Responsabilité : http://oe.cd/disclaimer

Source : Statistiques de l'OCDE sur les assurances (base de données)

Italie
Tableau 2. Nombre d'entreprises et d'employés

	2009	2010	2011	2012	2013	2014	2015	2016
2.1 Nombre d'entreprises								
Vie								
Entreprises nationales	48	45	43	41	41	38	35	32
Entreprises sous contrôle étranger	25	23	24	23	23	20	19	17
Succursales d'entreprises étrangères	16	20	21	20	17	19	20	22
Ensemble des entreprises	64	65	64	61	58	57	55	54
Non-vie								
Entreprises nationales	77	76	71	69	67	63	58	54
Entreprises sous contrôle étranger	29	25	24	21	20	18	19	18
Succursales d'entreprises étrangères	53	55	59	61	65	60	65	65
Ensemble des entreprises	130	131	130	130	132	123	123	119
Mixtes								
Entreprises nationales	31	30	28	25	23	21	21	21
Entreprises sous contrôle étranger	10	10	11	9	8	8	9	10
Succursales d'entreprises étrangères	9	9	9	12	13	14	14	13
Ensemble des entreprises	40	39	37	37	36	35	35	34
Réassurance								
Entreprises nationales	0	0	0	0	0	0	0	0
Entreprises sous contrôle étranger	0	0	0	0	0	0	0	0
Succursales d'entreprises étrangères	7	7	8	7	7	7	7	7
Ensemble des entreprises	7	7	8	7	7	7	7	7
Total								
Entreprises nationales	156	151	142	135	131	122	114	107
Entreprises sous contrôle étranger	64	58	59	53	51	46	47	45
Succursales d'entreprises étrangères	85	91	97	100	102	100	106	107
Ensemble des entreprises	241	242	239	235	233	222	220	214
2.2 Nombre d'employés								
Entreprises d'assurance	41 549	41 234	40 817	40 798	39 887	40 259	40 588	40 872
Intermédiaires	220 903	221 417	226 235	220 130	227 444	220 288	220 850	212 596
Total	262 452	262 651	267 052	260 928	267 331	260 547	261 438	253 468

Note : Voir les métadonnées détaillées sur : http://metalinks.oecd.org/ins/20180621/90a2.
Responsabilité : http://oe.cd/disclaimer
Source : Statistiques de l'OCDE sur les assurances (base de données)

Japon
Tableau 1. Agrégats sélectionnés

Millions JPY

	2009	2010	2011	2012	2013	2014	2015	2016
1.1 Opérations d'assurance conclues dans le pays déclarant								
1.1.1 Opérations d'assurance, par intérêt								
Primes brutes								
Entreprises nationales	41 054 599	40 592 027	41 906 428	44 184 695	42 971 395	46 031 579	46 908 456	42 615 488
Entreprises sous contrôle étranger	4 138 808	3 937 600	4 089 357	6 746 278	6 184 716	6 724 592	7 046 820	6 617 836
Succursales d'entreprises étrangères	3 051 836	3 184 939	4 051 225	2 028 538	1 699 621	1 548 143	1 537 624	1 703 444
Ensemble des entreprises	44 106 435	43 776 966	45 360 413	37 140 563	34 738 150	37 222 352	37 748 110	44 318 932
Primes cédées								
Entreprises nationales	2 236 509	2 211 394	2 596 877	3 820 152	3 823 919	4 207 229	4 127 260	4 449 638
Entreprises sous contrôle étranger	852 369	827 426	1 012 341	2 083 368	1 802 239	2 084 233	1 890 218	2 143 727
Succursales d'entreprises étrangères	438 803	381 244	554 339	20 507	38 391	47 768	75 917	214 477
Ensemble des entreprises	2 675 312	2 592 633	3 041 779	2 188 965	1 780 848	2 129 106	2 022 086	4 664 115
Primes nettes émises								
Entreprises nationales	38 818 088	38 380 635	39 309 551	40 364 544	39 147 476	41 824 350	42 781 196	38 165 836
Entreprises sous contrôle étranger	3 286 440	3 080 177	3 077 014	4 662 910	4 382 477	4 640 359	5 156 602	4 474 105
Succursales d'entreprises étrangères	2 614 781	2 804 409	3 500 605	2 008 031	1 661 230	1 500 375	1 461 707	1 488 976
Ensemble des entreprises	41 432 869	41 185 044	42 322 354	34 951 598	32 957 302	35 093 246	35 726 024	39 654 812
1.1.2 Opérations d'assurance par risque à l'étranger, primes brutes								
Vie	..	..	..	..	..	..	..	..
Non-vie	..	..	..	..	..	..	..	..
Mixtes total	..	..	..	..	..	..	..	..
Total	..	..	..	..	..	..	..	..
1.1.3 Paiement par catégories d'assurance, primes brutes (vie)								
Rentes	..	..	..	4 374 166	4 312 468	5 154 122	4 729 892	4 340 846
Unit linked	..	..	..	..	..	..	..	..
Autre assurance vie	..	..	..	29 076 673	27 864 772	30 015 418	31 464 495	27 968 949
Total assurance vie	34 116 113	34 454 319	35 863 385	33 450 839	32 177 240	35 169 540	36 194 387	32 309 795
***dont :** Contrats de retraite*	..	..	..	3 683 892	3 851 878	4 175 622	4 562 867	3 057 696
1.1.4 Paiement par catégories d'assurance, primes brutes (non-vie)								
L'assurance automobile	3 642 285	3 541 931	3 650 671	5 268 338	5 632 807	5 786 949	5 916 489	6 026 253
Les assurances transport (y compris maritime et aérien)	316 510	305 343	305 977	149 531	170 502	170 115	186 542	159 142
L'assurance de fret	76 230	64 556	67 288	217 090	242 939	248 817	242 488	230 397
L'assurance incendie et des dommages aux bien	1 560 319	1 619 666	1 762 054	1 787 943	1 983 049	2 104 111	2 228 178	..
L'assurance des pertes pécuniaires	..	..	..	216 797	266 835	299 082	342 570	..
L'assurance de la responsabilité civile générale	503 436	521 081	535 395	519 985	584 318	598 945	615 167	633 290
Les assurances accidents et maladie	857 015	1 211 200	1 262 653	780 078	897 507	979 477	982 614	..
***dont :** Maladie*	..	..	..	-216	76	214	-152	..
Autres assurances non-vie	..	..	2 096 987	132 908	154 909	169 874	183 922	..
Réassurance obligatoire	..	..	..	..	..	..	..	..
Total assurance non-vie	9 049 235	7 263 777	9 730 581	9 072 670	9 932 866	10 357 370	10 697 970	10 859 799
1.2 Paiements bruts des sinistres								
Vie								
Entreprises nationales	33 689 120	30 677 277	29 178 265	31 012 138	33 069 327	34 214 304	31 685 988	28 227 418
Entreprises sous contrôle étranger	3 391 509	2 821 726	2 738 842	5 218 820	6 584 738	6 428 288	5 559 928	5 107 453
Succursales d'entreprises étrangères	2 129 021	1 372 136	1 583 330	673 623	709 471	738 243	768 206	786 644
Ensemble des entreprises	35 818 141	32 049 413	30 761 595	31 685 761	33 778 798	34 952 547	32 454 194	29 014 062
Non-vie								
Entreprises nationales	4 235 152	4 243 987	9 249 885	6 215 207	5 904 278	5 953 809	5 917 050	6 694 135
Entreprises sous contrôle étranger	137 240	218 720	400 264	251 245	341 353	373 601	366 795	383 518
Succursales d'entreprises étrangères	58 211	174 446	366 743	..	..	..	..	104 648
Ensemble des entreprises	4 293 363	4 418 433	9 616 628	..	..	..	..	6 798 783
Mixtes, ensemble des entreprises	..	..	..	..	..	..	..	..
Total								
Entreprises nationales	37 924 272	34 921 264	38 428 150	37 227 345	38 973 605	40 168 113	37 603 038	34 921 553
Entreprises sous contrôle étranger	3 528 749	3 040 446	3 139 106	5 470 065	6 926 091	6 801 889	5 926 723	5 490 971
Succursales d'entreprises étrangères	2 187 232	1 546 582	1 950 073	673 623	709 471	738 243	768 206	891 292
Ensemble des entreprises	40 111 504	36 467 846	40 378 223	31 685 761	33 778 798	34 952 547	32 454 194	35 812 845

Japon
Tableau 1. Agrégats sélectionnés *(suite)*

Millions JPY

	2009	2010	2011	2012	2013	2014	2015	2016
1.3 Commissions								
Vie								
Entreprises nationales	..	..	..	..	..	..	..	..
Entreprises sous contrôle étranger	..	..	..	..	..	..	..	..
Succursales d'entreprises étrangères	..	..	..	..	..	..	..	..
Ensemble des entreprises	..	..	..	..	..	..	..	..
Non-vie								
Entreprises nationales	1 248 888	1 190 122	1 241 891	1 141 653	1 149 357	1 229 205	1 273 631	1 240 454
Entreprises sous contrôle étranger	17 123	70 683	71 775	48 003	25 883	33 975	37 223	20 067
Succursales d'entreprises étrangères	64 076	64 395	67 079	..	..	..	..	-19 897
Ensemble des entreprises	1 312 964	1 254 517	1 308 970	..	..	..	..	1 220 557
Mixtes, ensemble des entreprises	..	..	..	..	..	..	..	..
Total								
Entreprises nationales	1 248 888	1 190 122	1 241 891	1 141 653	1 149 357	1 229 205	1 273 631	1 240 454
Entreprises sous contrôle étranger	17 123	70 683	71 775	48 003	25 883	33 975	37 223	20 067
Succursales d'entreprises étrangères	64 076	64 395	67 079	..	..	..	..	-19 897
Ensemble des entreprises	1 312 964	1 254 517	1 308 970	..	..	..	..	1 220 557
1.4 Dépenses brutes d'exploitation								
Vie								
Entreprises nationales	3 815 075	3 768 382	3 679 493	4 030 195	4 068 896	4 178 568	4 356 425	4 369 595
Entreprises sous contrôle étranger	567 522	529 937	494 700	838 416	862 622	893 811	945 921	948 132
Succursales d'entreprises étrangères	509 117	537 616	565 754	319 261	320 576	320 518	349 858	357 069
Ensemble des entreprises	4 324 192	4 305 998	4 245 247	4 349 456	4 389 472	4 499 086	4 706 283	4 726 664
Non-vie								
Entreprises nationales	1 744 828	1 637 090	1 688 096	1 229 758	3 034 716	3 189 416	3 275 358	3 247 478
Entreprises sous contrôle étranger	30 565	87 975	85 470	69 136	176 725	238 092	249 835	207 689
Succursales d'entreprises étrangères	112 093	114 656	124 057	..	..	..	..	34 405
Ensemble des entreprises	1 856 921	1 751 746	1 812 153	..	..	..	..	3 281 883
Mixtes, ensemble des entreprises	..	..	..	..	..	..	..	..
Total								
Entreprises nationales	5 559 903	5 405 472	5 367 589	5 259 953	7 103 612	7 367 984	7 631 783	7 617 073
Entreprises sous contrôle étranger	598 087	617 912	580 170	907 552	1 039 347	1 131 903	1 195 756	1 155 821
Succursales d'entreprises étrangères	621 210	652 272	689 811	319 261	320 576	320 518	349 858	391 474
Ensemble des entreprises	6 181 113	6 057 744	6 057 400	4 349 456	4 389 472	4 499 086	4 706 283	8 008 547
1.5 Opérations à l'étranger par succursale, primes brutes								
Vie								
Succursales et agences	..	..	..	..	..	..	..	..
Filiales	..	..	..	..	..	..	..	..
Total	..	..	..	..	..	..	..	..
Non-vie								
Succursales et agences	..	..	..	..	..	..	..	..
Filiales	..	..	..	..	..	..	..	..
Total	..	..	..	..	..	..	..	..
Mixtes total	..	..	..	..	..	..	..	..
Total								
Succursales et agences	..	..	..	..	..	..	..	..
Filiales	..	..	..	..	..	..	..	..
Total	..	..	..	..	..	..	..	..

.. Non disponible

Note : Voir les métadonnées détaillées sur : http://metalinks.oecd.org/ins/20180621/3ab3.

Responsabilité : http://oe.cd/disclaimer

Source : Statistiques de l'OCDE sur les assurances (base de données)

Japon
Tableau 2. Nombre d'entreprises et d'employés

	2009	2010	2011	2012	2013	2014	2015	2016
2.1 Nombre d'entreprises								
Vie								
Entreprises nationales	42	43	39	40	40	39	38	38
Entreprises sous contrôle étranger	15	15	14	15	15	13	13	13
Succursales d'entreprises étrangères	4	4	4	3	3	3	3	3
Ensemble des entreprises	46	47	43	43	43	42	41	41
Non-vie								
Entreprises nationales	30	28	29	30	30	30	30	30
Entreprises sous contrôle étranger	4	5	5	5	6	7	7	7
Succursales d'entreprises étrangères	21	22	23	23	22	22	22	21
Ensemble des entreprises	51	50	52	53	52	52	52	51
Mixtes, ensemble des entreprises	**0**	**0**	**0**	**0**	**0**	**0**	**0**	**0**
Réassurance								
Entreprises nationales	..	..	2	..	..	..	..	..
Entreprises sous contrôle étranger	..	..	0	..	..	..	..	..
Succursales d'entreprises étrangères	..	..	5	..	..	..	..	..
Ensemble des entreprises	..	..	7	..	..	..	..	..
Total								
Entreprises nationales	..	..	..	..	..	..	68	68
Entreprises sous contrôle étranger	..	..	..	..	..	..	20	20
Succursales d'entreprises étrangères	..	..	..	..	..	..	25	24
Ensemble des entreprises	..	..	..	..	..	..	93	92
2.2 Nombre d'employés								
Entreprises d'assurance	453 584	..	..	447 435	221 675	226 043	120 353	..
Intermédiaires	..	..	..	..	2 283 335	2 293 863	2 059 743	..
Total	..	..	..	..	2 505 010	2 519 906	2 080 096	..

.. Non disponible

Note : Voir les métadonnées détaillées sur : http://metalinks.oecd.org/ins/20180621/3ab3.

Responsabilité : http://oe.cd/disclaimer

Source : Statistiques de l'OCDE sur les assurances (base de données)

Corée
Tableau 1. Agrégats sélectionnés

Millions KRW

	2009	2010	2011	2012	2013	2014	2015	2016
1.1 Opérations d'assurance conclues dans le pays déclarant								
1.1.1 Opérations d'assurance, par intérêt								
Primes brutes								
Entreprises nationales	122 132 179	135 405 614	148 670 607	179 792 881	180 479 019	192 380 611	205 460 047	210 800 275
Entreprises sous contrôle étranger	14 088 283	14 764 615	15 090 753	16 543 211	15 928 630	13 324 532	15 765 302	16 670 208
Succursales d'entreprises étrangères	4 270 391	4 250 510	4 083 506	3 894 692	4 755 050	4 594 745	2 267 929	4 629 847
Ensemble des entreprises	126 402 570	139 656 124	152 754 113	183 687 573	185 234 069	196 975 356	207 727 976	215 430 122
Primes cédées								
Entreprises nationales	8 454 320	8 248 307	7 618 035	8 770 133	9 411 425	9 694 294	10 255 858	10 505 959
Entreprises sous contrôle étranger	546 607	529 774	322 429	581 696	538 227	478 174	638 961	599 183
Succursales d'entreprises étrangères	553 407	407 499	614 890	448 135	456 049	651 726	732 347	817 712
Ensemble des entreprises	9 007 727	8 655 806	8 232 925	9 218 268	9 867 474	10 346 020	10 988 205	11 323 671
Primes nettes émises								
Entreprises nationales	113 677 859	127 157 307	141 052 572	171 022 748	171 067 594	182 686 317	195 204 189	200 294 316
Entreprises sous contrôle étranger	13 541 676	14 234 841	14 768 324	15 961 515	15 390 403	12 846 358	15 126 341	16 071 025
Succursales d'entreprises étrangères	3 716 984	3 843 011	3 468 616	3 446 557	4 299 001	3 943 019	1 535 582	3 812 135
Ensemble des entreprises	117 394 843	131 000 318	144 521 188	174 469 305	175 366 595	186 629 336	196 739 771	204 106 451
1.1.2 Opérations d'assurance par risque à l'étranger, primes brutes								
Vie	..	..	..	..	..	..	..	..
Non-vie	8 061 186	1 393 220	..	..	..	..	..	..
Mixtes total	..	..	..	..	..	..	..	..
Total	8 061 186	1 393 220	..	..	..	..	..	..
1.1.3 Paiement par catégories d'assurance, primes brutes (vie)								
Rentes	14 516 005	16 493 331	17 029 899	29 118 668	25 867 249	23 905 884	24 586 649	21 347 503
Unit linked	16 767 780	18 570 246	21 278 374	21 003 522	21 073 957	20 670 949	20 643 073	19 406 180
Autre assurance vie	44 163 041	45 875 642	48 349 089	57 004 710	61 618 265	65 008 163	71 083 030	70 057 566
Total assurance vie	75 446 826	80 939 219	86 657 362	107 126 900	108 559 471	110 575 286	117 213 652	119 811 249
***dont :** Contrats de retraite*	2 944 502	4 037 523	7 039 411	6 187 541	8 103 216	11 817 288	13 694 337	16 718 996
1.1.4 Paiement par catégories d'assurance, primes brutes (non-vie)								
L'assurance automobile	11 513 159	12 712 741	13 714 894	13 667 642	13 692 186	14 188 378	15 635 198	16 975 333
Les assurances transport (y compris maritime et aérien)	1 169 236	1 079 971	1 173 162	1 249 845	1 062 919	1 006 367	971 854	854 536
L'assurance de fret	..	..	..	..	0	0	..	..
L'assurance incendie et des dommages aux bien	481 100	343 250	433 977	509 590	515 217	484 799	472 624	471 017
L'assurance des pertes pécuniaires	1 293 541	1 367 999	1 551 994	1 697 064	1 637 782	1 601 517	1 672 799	1 693 861
L'assurance de la responsabilité civile générale	775 149	834 878	828 088	870 395	947 583	910 341	967 362	1 100 438
Les assurances accidents et maladie	12 398 730	14 665 164	16 518 450	18 558 162	49 501 658	24 196 315	39 104 233	30 297 640
***dont :** Maladie*	4 921 216	5 877 040	6 537 864	7 171 480	83 983	10 090 810	11 740 294	13 406 917
Autres assurances non-vie	20 344 004	25 457 371	30 630 990	38 774 054	8 105 434	32 685 216	30 357 048	42 702 138
Réassurance obligatoire	..	..	..	..	0	0	..	..
Total assurance non-vie	47 974 919	56 461 374	64 851 555	75 326 752	75 462 779	85 163 744	89 181 118	94 094 963
1.2 Paiements bruts des sinistres								
Vie								
Entreprises nationales	46 039 241	50 304 985	50 774 694	50 571 293	51 098 146	61 070 702	65 751 692	77 155 805
Entreprises sous contrôle étranger	5 652 840	7 571 937	7 803 732	7 981 965	8 103 569	69 035 817	6 945 034	9 505 582
Succursales d'entreprises étrangères	1 180 688	1 268 464	1 295 108	1 251 467	1 252 924	1 292 842	1 333 124	1 410 493
Ensemble des entreprises	47 219 929	51 573 449	52 069 802	51 822 760	52 351 070	62 363 544	67 084 816	78 566 298
Non-vie								
Entreprises nationales	18 867 283	21 683 043	23 980 095	26 319 367	22 119 519	30 233 735	30 895 053	32 747 964
Entreprises sous contrôle étranger	580 375	664 566	620 798	833 963	516 770	844 722	843 763	802 729
Succursales d'entreprises étrangères	1 052 992	1 043 797	919 952	914 946	7 033 799	1 098 087	1 264 227	1 282 459
Ensemble des entreprises	19 920 275	22 726 840	24 900 047	27 234 313	29 153 318	31 331 823	32 159 280	34 030 423
Mixtes, ensemble des entreprises	..	..	..	..	..	..	..	..
Total								
Entreprises nationales	64 906 524	71 988 028	74 754 789	76 890 660	73 217 665	91 304 438	96 646 745	109 903 769
Entreprises sous contrôle étranger	6 233 215	8 236 503	8 424 530	8 815 928	8 620 339	69 880 539	7 788 797	10 308 311
Succursales d'entreprises étrangères	2 233 680	2 312 261	2 215 060	2 166 413	8 286 723	2 390 929	2 597 351	2 692 952
Ensemble des entreprises	67 140 204	74 300 289	76 969 849	79 057 073	81 504 388	93 695 367	99 244 096	112 596 721
1.3 Commissions								
Vie								
Entreprises nationales	8 315 606	4 774 647	..	..	..	..	..	..
Entreprises sous contrôle étranger	1 801 392	1 125 660	..	..	..	..	..	..
Succursales d'entreprises étrangères	324 907	43 548	..	..	..	..	..	..
Ensemble des entreprises	8 640 513	4 818 195	..	..	..	..	..	..
Non-vie								
Entreprises nationales	4 992 487	2 242 103	..	..	..	..	..	..
Entreprises sous contrôle étranger	1 697	162 058	..	..	..	..	..	..
Succursales d'entreprises étrangères	13 541	68 803	..	..	..	..	..	..
Ensemble des entreprises	5 006 028	2 310 906	..	..	..	..	..	..
Mixtes, ensemble des entreprises	..	..	..	..	..	..	..	..
Total								
Entreprises nationales	13 308 093	7 016 750	..	..	..	..	..	..
Entreprises sous contrôle étranger	1 803 089	1 287 718	..	..	..	..	..	..
Succursales d'entreprises étrangères	338 448	112 351	..	..	..	..	..	..
Ensemble des entreprises	13 646 541	7 129 101	..	..	..	..	..	..

Corée
Tableau 1. Agrégats sélectionnés *(suite)*

Millions KRW

	2009	2010	2011	2012	2013	2014	2015	2016
1.4 Dépenses brutes d'exploitation								
Vie								
Entreprises nationales	18 170 539	19 832 046	27 793 931	23 307 641	25 608 456	27 511 983	28 987 407	28 236 989
Entreprises sous contrôle étranger	4 094 498	4 698 261	7 229 266	5 189 114	5 278 175	806 034	756 903	5 074 779
Succursales d'entreprises étrangères	762 857	845 704	1 024 103	734 416	770 753	4 595 483	5 009 714	760 976
Ensemble des entreprises	18 933 396	20 677 750	28 818 034	24 042 057	26 379 209	32 107 466	33 997 121	28 997 965
Non-vie								
Entreprises nationales	9 308 928	9 722 605	9 820 687	11 569 785	11 294 192	16 760 436	13 511 865	14 238 364
Entreprises sous contrôle étranger	151 338	174 348	121 666	320 770	129 781	245 017	182 669	163 724
Succursales d'entreprises étrangères	492 471	479 237	428 369	331 833	1 592 503	1 116 586	405 386	411 714
Ensemble des entreprises	9 801 399	10 201 842	10 249 056	11 901 618	12 886 695	17 877 022	13 917 251	14 650 078
Mixtes, ensemble des entreprises	..	..	..	..	..	..	..	..
Total								
Entreprises nationales	27 479 467	29 554 651	37 614 618	34 877 426	36 902 648	44 272 419	42 499 272	42 475 353
Entreprises sous contrôle étranger	4 245 836	4 872 609	7 350 932	5 509 884	5 407 956	1 051 051	939 572	5 238 503
Succursales d'entreprises étrangères	1 255 328	1 324 941	1 452 472	1 066 249	2 363 256	5 712 069	5 415 100	1 172 690
Ensemble des entreprises	28 734 795	30 879 592	39 067 090	35 943 675	39 265 904	49 984 488	47 914 372	43 648 043
1.5 Opérations à l'étranger par succursale, primes brutes								
Vie								
Succursales et agences	..	..	..	..	..	..	..	..
Filiales	..	..	..	..	..	..	..	..
Total	..	..	..	..	..	..	..	..
Non-vie								
Succursales et agences	..	..	..	..	..	..	..	..
Filiales	..	..	..	..	..	..	..	..
Total	8 061 186	1 393 220	..	..	..	..	..	..
Mixtes total	..	..	..	..	..	..	..	..
Total								
Succursales et agences	..	..	..	..	..	..	..	..
Filiales	..	..	..	..	..	..	..	..
Total	8 061 186	1 393 220	..	..	..	..	..	..

.. Non disponible

Note : Voir les métadonnées détaillées sur : http://metalinks.oecd.org/ins/20180621/cae3.

Responsabilité : http://oe.cd/disclaimer

Source : Statistiques de l'OCDE sur les assurances (base de données)

Corée
Tableau 2. Nombre d'entreprises et d'employés

	2009	2010	2011	2012	2013	2014	2015	2016
2.1 Nombre d'entreprises								
Vie								
Entreprises nationales	21	22	22	23	24	24	24	24
Entreprises sous contrôle étranger	8	8	8	8	8	7	7	0
Succursales d'entreprises étrangères	1	1	1	1	1	1	1	1
Ensemble des entreprises	22	23	23	24	25	25	25	25
Non-vie								
Entreprises nationales	15	15	15	16	16	17	17	17
Entreprises sous contrôle étranger	3	3	6	6	3	4	4	4
Succursales d'entreprises étrangères	8	8	8	8	8	5	5	5
Ensemble des entreprises	23	23	23	24	24	22	22	22
Mixtes, ensemble des entreprises	**0**	**0**	**0**	**0**	**0**	**0**	**0**	**0**
Réassurance								
Entreprises nationales	1	1	1	1	1	1	1	1
Entreprises sous contrôle étranger	0	0	0	..	..	0	0	0
Succursales d'entreprises étrangères	6	6	6	6	6	8	8	9
Ensemble des entreprises	7	7	7	7	7	9	9	10
Total								
Entreprises nationales	37	38	38	40	41	42	42	42
Entreprises sous contrôle étranger	11	11	14	14	11	11	11	12
Succursales d'entreprises étrangères	15	15	15	15	15	14	14	15
Ensemble des entreprises	52	53	53	55	56	56	56	57
2.2 Nombre d'employés								
Entreprises d'assurance	53 812	55 927	57 861	62 155	63 859	61 158	59 685	58 833
Intermédiaires	227 919	270 786	278 594	288 362	280 087	245 127	235 319	229 292
Total	281 731	326 713	336 455	350 517	343 946	306 285	295 004	288 125

.. Non disponible

Note : Voir les métadonnées détaillées sur : http://metalinks.oecd.org/ins/20180621/cae3.

Responsabilité : http://oe.cd/disclaimer

Source : Statistiques de l'OCDE sur les assurances (base de données)

Lettonie
Tableau 1. Agrégats sélectionnés

Millions EUR

	2009	2010	2011	2012	2013	2014	2015	2016
1.1 Opérations d'assurance conclues dans le pays déclarant								
1.1.1 Opérations d'assurance, par intérêt								
Primes brutes								
Entreprises nationales	318	271	326	354	350	371	379	357
Entreprises sous contrôle étranger	173	164	137	155	150	151	188	259
Succursales d'entreprises étrangères	50	57	73	93	121	146	152	168
Ensemble des entreprises	368	328	399	447	471	517	531	525
Primes cédées								
Entreprises nationales	31	23	24	26	17	19	22	25
Entreprises sous contrôle étranger	12	9	6	5	4	4	7	18
Succursales d'entreprises étrangères	..	..	..	..	..	..	..	0
Ensemble des entreprises	31	23	24	26	17	19	22	25
Primes nettes émises								
Entreprises nationales	287	248	302	328	333	352	357	332
Entreprises sous contrôle étranger	161	155	131	150	146	147	182	241
Succursales d'entreprises étrangères	50	57	73	93	121	146	152	168
Ensemble des entreprises	338	305	375	421	454	498	509	500
1.1.2 Opérations d'assurance par risque à l'étranger, primes brutes								
Vie	..	..	..	..	..	..	..	0
Non-vie	..	..	..	..	..	..	..	160
Mixtes total	..	..	..	..	..	..	..	0
Total	..	..	..	..	..	..	..	160
1.1.3 Paiement par catégories d'assurance, primes brutes (vie)								
Rentes	3	3	0	0	0	0	0	11
Unit linked	14	28	23	21	23	34	43	39
Autre assurance vie	41	44	50	57	66	73	72	68
Total assurance vie	58	75	74	79	89	107	115	117
***dont :** Contrats de retraite*	0	0	0	0	0	0	0	..
1.1.4 Paiement par catégories d'assurance, primes brutes (non-vie)								
L'assurance automobile	174	137	184	204	221	222	221	228
Les assurances transport (y compris maritime et aérien)	4	2	3	3	2	2	2	4
L'assurance de fret	2	2	5	6	5	3	3	1
L'assurance incendie et des dommages aux bien	46	47	55	63	67	86	84	76
L'assurance des pertes pécuniaires	7	7	12	12	11	13	14	12
L'assurance de la responsabilité civile générale	10	10	15	21	17	21	21	19
Les assurances accidents et maladie	56	36	41	50	46	52	58	55
***dont :** Maladie*	45	31	34	42	38	42	48	47
Autres assurances non-vie	11	11	9	10	12	12	13	13
Réassurance obligatoire	0	0	0	0	0	0	0	0
Total assurance non-vie	310	252	325	368	382	411	416	408
1.2 Paiements bruts des sinistres								
Vie								
Entreprises nationales	31	21	15	19	31	26	29	0
Entreprises sous contrôle étranger	17	20	15	18	26	24	27	0
Succursales d'entreprises étrangères	9	11	26	27	31	31	34	0
Ensemble des entreprises	40	32	41	46	62	57	63	0
Non-vie								
Entreprises nationales	188	137	164	169	165	184	198	180
Entreprises sous contrôle étranger	104	79	78	75	68	77	92	139
Succursales d'entreprises étrangères	19	15	18	25	38	43	50	60
Ensemble des entreprises	207	152	182	194	204	226	248	240
Mixtes, ensemble des entreprises	..	..	..	..	..	..	..	72
Total								
Entreprises nationales	219	158	179	188	196	209	227	213
Entreprises sous contrôle étranger	122	99	92	93	94	102	119	166
Succursales d'entreprises étrangères	28	26	44	52	69	73	83	99
Ensemble des entreprises	247	184	223	240	265	283	311	312

Lettonie
Tableau 1. Agrégats sélectionnés *(suite)*

Millions EUR

	2009	2010	2011	2012	2013	2014	2015	2016
1.3 Commissions								
Vie								
Entreprises nationales	31	2	0	1	1	1	0	0
Entreprises sous contrôle étranger	..	2	0	1	1	1	1	0
Succursales d'entreprises étrangères	1	1	4	4	5	5	6	..
Ensemble des entreprises	32	3	4	5	5	6	6	0
Non-vie								
Entreprises nationales	188	19	33	38	32	45	34	32
Entreprises sous contrôle étranger	..	5	2	5	..	7	11	16
Succursales d'entreprises étrangères	2	1	2	4	10	12	13	..
Ensemble des entreprises	190	20	35	41	42	58	47	32
Mixtes, ensemble des entreprises	..	..	..	..	..	..	..	**0**
Total								
Entreprises nationales	219	21	33	38	33	46	34	33
Entreprises sous contrôle étranger	..	6	2	6	1	8	11	16
Succursales d'entreprises étrangères	3	2	6	8	15	17	19	..
Ensemble des entreprises	222	23	39	46	48	64	53	33
1.4 Dépenses brutes d'exploitation								
Vie								
Entreprises nationales	7	7	5	4	4	4	4	0
Entreprises sous contrôle étranger	2	6	4	4	4	4	4	0
Succursales d'entreprises étrangères	..	..	..	..	..	..	..	..
Ensemble des entreprises	7	7	5	4	4	4	4	0
Non-vie								
Entreprises nationales	109	88	100	110	102	108	109	88
Entreprises sous contrôle étranger	61	48	43	45	40	40	51	46
Succursales d'entreprises étrangères	..	..	..	..	..	..	..	..
Ensemble des entreprises	109	88	100	110	102	108	109	88
Mixtes, ensemble des entreprises	..	..	..	..	..	..	..	**5**
Total								
Entreprises nationales	116	95	104	115	106	112	113	93
Entreprises sous contrôle étranger	63	54	47	49	44	44	55	49
Succursales d'entreprises étrangères	..	..	..	..	..	..	..	..
Ensemble des entreprises	116	95	104	115	106	112	113	93
1.5 Opérations à l'étranger par succursale, primes brutes								
Vie								
Succursales et agences	0	0	0	0	0	0	0	0
Filiales	..	..	..	..	..	..	..	0
Total	0	0	0	0	0	0	0	0
Non-vie								
Succursales et agences	40	56	126	143	158	168	157	158
Filiales	..	..	..	..	..	..	..	0
Total	40	56	126	143	158	168	157	158
Mixtes total	..	..	..	..	..	..	..	**0**
Total								
Succursales et agences	40	56	126	143	158	168	157	158
Filiales	..	..	..	..	..	..	..	0
Total	40	56	126	143	158	168	157	158

.. Non disponible

Note : Voir les métadonnées détaillées sur : http://metalinks.oecd.org/ins/20180621/2c09.

Responsabilité : http://oe.cd/disclaimer

Source : Statistiques de l'OCDE sur les assurances (base de données)

Lettonie
Tableau 2. Nombre d'entreprises et d'employés

	2009	2010	2011	2012	2013	2014	2015	2016
2.1 Nombre d'entreprises								
Vie								
Entreprises nationales	4	4	3	2	2	2	2	0
Entreprises sous contrôle étranger	1	2	1	1	1	1	1	0
Succursales d'entreprises étrangères	5	5	5	5	5	5	4	0
Ensemble des entreprises	9	9	8	7	7	7	6	0
Non-vie								
Entreprises nationales	10	9	9	7	5	5	6	5
Entreprises sous contrôle étranger	4	4	4	3	2	2	3	3
Succursales d'entreprises étrangères	6	6	5	8	7	9	10	8
Ensemble des entreprises	16	15	14	15	12	14	16	13
Mixtes, ensemble des entreprises	**0**	..	**0**	**0**	**0**	**0**	**0**	**6**
Réassurance								
Entreprises nationales	0	0	0	0	0	0	0	0
Entreprises sous contrôle étranger	0	0	0	0	0	0	0	0
Succursales d'entreprises étrangères	0	0	0	0	0	0	0	0
Ensemble des entreprises	0	..	0	0	0	0	0	0
Total								
Entreprises nationales	14	13	12	9	7	7	8	7
Entreprises sous contrôle étranger	5	6	5	4	3	3	4	4
Succursales d'entreprises étrangères	11	11	10	13	12	14	14	12
Ensemble des entreprises	25	24	22	22	19	21	22	19
2.2 Nombre d'employés								
Entreprises d'assurance	3 030	2 876	2 873	2 749	2 300	2 121	1 047	..
Intermédiaires	1 708	1 254	1 195	1 168	846	773	905	..
Total	4 738	4 130	4 068	3 917	3 146	2 894	1 952	..

.. Non disponible

Note : Voir les métadonnées détaillées sur : http://metalinks.oecd.org/ins/20180621/2c09.

Responsabilité : http://oe.cd/disclaimer

Source : Statistiques de l'OCDE sur les assurances (base de données)

Luxembourg
Tableau 1. Agrégats sélectionnés

Millions EUR

	2009	2010	2011	2012	2013	2014	2015	2016
1.1 Opérations d'assurance conclues dans le pays déclarant								
1.1.1 Opérations d'assurance, par intérêt								
Primes brutes								
Entreprises nationales	16 437	20 584	13 626	19 445	18 410	21 712	19 100	18 259
Entreprises sous contrôle étranger	15 490	19 165	12 583	17 930	17 036	20 356	17 075	13 690
Succursales d'entreprises étrangères	165	133	150	144	191	76	78	70
Ensemble des entreprises	16 602	20 717	13 776	19 589	18 601	21 788	19 178	18 329
Primes cédées								
Entreprises nationales	4 425	5 362	2 935	6 109	4 624	6 122	3 030	3 235
Entreprises sous contrôle étranger	4 299	5 220	2 737	5 892	4 246	5 863	2 770	2 943
Succursales d'entreprises étrangères	34	37	37	40	37	33	26	31
Ensemble des entreprises	4 459	5 399	2 973	6 149	4 661	6 155	3 056	3 267
Primes nettes émises								
Entreprises nationales	12 012	15 222	10 601	13 330	13 787	15 590	16 070	15 024
Entreprises sous contrôle étranger	11 191	13 945	9 846	12 037	12 790	14 493	14 305	10 747
Succursales d'entreprises étrangères	131	96	113	104	153	43	52	39
Ensemble des entreprises	12 143	15 318	10 804	13 440	13 940	15 633	16 122	15 063
1.1.2 Opérations d'assurance par risque à l'étranger, primes brutes								
Vie	14 265	18 170	11 564	17 115	15 837	18 455	16 383	15 071
Non-vie	410	426	547	476	572	438	587	621
Mixtes	0	0	0	..	0	0	0	0
dont :								
Vie	0	0	0	..	0	0	0	0
Non-vie	0	0	0	..	0	0	0	0
Total	14 675	18 596	12 112	17 591	16 408	18 893	16 969	15 692
1.1.3 Paiement par catégories d'assurance, primes brutes (vie)								
Rentes	..	..	..	..	..	..	..	..
Unit linked	11 546	13 371	8 836	11 224	10 516	11 086	12 874	11 949
Autre assurance vie	..	..	3 382	6 826	6 413	9 103	4 685	4 767
Total Assurance Vie	15 464	19 392	12 218	18 050	16 929	20 190	17 559	16 716
***dont :** Contrats de retraite*	..	19 392	..	..	..	..	..	..
1.1.4 Paiement par catégories d'assurance, primes brutes (non-vie)								
L'assurance automobile	..	..	426	..	..	..	..	..
Les assurances transport (y compris maritime et aérien)	..	..	0	..	..	..	..	..
L'assurance de fret	..	..	30	..	..	..	..	..
L'assurance incendie et des dommages aux bien	..	..	271	..	..	..	..	..
L'assurance des pertes pécuniaires	..	..	321	..	..	..	..	..
L'assurance de la responsabilité civile générale	..	..	106	..	..	..	..	..
Les assurances accidents et maladie	..	..	90	..	..	..	..	..
***dont :** Maladie*	..	..	59	..	..	..	..	..
Autres assurances non-vie	..	..	53	..	..	..	..	..
Réassurance obligatoire	..	..	27	..	..	..	..	..
Total assurance non-vie	1 124	1 184	1 325	1 300	1 501	1 339	1 476	1 554
1.2 Paiements bruts des sinistres								
Vie								
Entreprises nationales	5 150	6 078	7 091	11 111	11 696	10 597	9 995	11 802
Entreprises sous contrôle étranger	5 052	5 827	6 863	10 823	11 179	10 214	9 032	11 035
Succursales d'entreprises étrangères	4	9	34	10	25	25	27	28
Ensemble des entreprises	5 154	6 087	7 125	11 122	11 721	10 622	10 023	11 829
Non-vie								
Entreprises nationales	496	731	606	623	1 105	809	900	860
Entreprises sous contrôle étranger	270	411	315	348	691	428	512	766
Succursales d'entreprises étrangères	25	27	31	27	39	36	18	31
Ensemble des entreprises	521	758	637	650	1 143	845	910	891
Mixtes								
Entreprises nationales	0	0	0	..	0	0	0	0
Entreprises sous contrôle étranger	0	0	0	..	0	0	0	0
Succursales d'entreprises étrangères	34	32	39	38	27	133	17	8
Ensemble des entreprises	34	32	39	38	27	133	17	8
dont :								
Vie	16	15	19	20	15	130	17	8
Entreprises nationales	0	0	0	..	0	0	0	0
Entreprises sous contrôle étranger	0	0	0	..	0	0	0	0
Succursales d'entreprises étrangères	16	15	19	20	15	130	17	8
Ensemble des entreprises	16	15	19	20	15	130	17	8
Non-vie	18	17	20	18	12	3	0	0
Entreprises nationales	0	0	0	..	0	0	0	0
Entreprises sous contrôle étranger	0	0	0	..	0	0	0	0
Succursales d'entreprises étrangères	18	17	20	18	12	3	0	0
Ensemble des entreprises	18	17	20	18	12	3	0	0
Total								
Entreprises nationales	5 646	6 809	7 697	11 734	12 801	11 406	10 896	12 661
Entreprises sous contrôle étranger	5 322	6 238	7 178	11 171	11 869	10 642	9 544	11 802
Succursales d'entreprises étrangères	63	68	104	76	90	195	62	66
Ensemble des entreprises	5 709	6 878	7 800	11 810	12 891	11 600	10 958	12 728

Luxembourg
Tableau 1. Agrégats sélectionnés (*suite*)

Millions EUR

	2009	2010	2011	2012	2013	2014	2015	2016
1.3 Commissions								
Vie								
Entreprises nationales	313	367	353	328	327	317	326	291
Entreprises sous contrôle étranger	299	351	..	328	309	297	289	186
Succursales d'entreprises étrangères	0	0	0	0	0	0	0	0
Ensemble des entreprises	314	367	353	328	328	317	326	292
Non-vie								
Entreprises nationales	382	206	217	205	217	211	237	251
Entreprises sous contrôle étranger	307	126	..	205	119	109	122	143
Succursales d'entreprises étrangères	9	11	12	11	12	9	9	9
Ensemble des entreprises	391	217	229	217	229	221	246	260
Mixtes								
Entreprises nationales	0	0	0	..	0	0	0	0
Entreprises sous contrôle étranger	0	0	..	..	0	0	0	0
Succursales d'entreprises étrangères	12	12	11	12	12	3	4	4
Ensemble des entreprises	12	12	11	12	12	3	4	4
dont :								
Vie	4	4	5	5	5	3	4	4
Entreprises nationales	0	0	0	..	0	0	0	0
Entreprises sous contrôle étranger	0	0	..	..	0	0	0	0
Succursales d'entreprises étrangères	4	4	5	5	5	3	4	4
Ensemble des entreprises	4	4	5	5	5	3	4	4
Non-vie	8	8	7	7	7	0	0	0
Entreprises nationales	0	0	0	..	0	0	0	0
Entreprises sous contrôle étranger	0	0	..	..	0	0	0	0
Succursales d'entreprises étrangères	8	8	7	7	7	0	0	0
Ensemble des entreprises	8	8	7	7	7	0	0	0
Total								
Entreprises nationales	695	573	570	533	544	528	563	542
Entreprises sous contrôle étranger	606	477	..	533	428	406	411	329
Succursales d'entreprises étrangères	21	23	23	24	25	13	14	14
Ensemble des entreprises	716	596	593	557	569	541	576	556
1.4 Dépenses brutes d'exploitation								
Vie								
Entreprises nationales	229	243	288	656	362	376	406	417
Entreprises sous contrôle étranger	218	231	274	622	347	358	374	352
Succursales d'entreprises étrangères	0	0	0	0	0	1	0	1
Ensemble des entreprises	229	243	288	656	362	376	406	418
Non-vie								
Entreprises nationales	49	54	53	270	66	72	82	81
Entreprises sous contrôle étranger	25	30	27	270	34	41	46	78
Succursales d'entreprises étrangères	3	14	3	14	3	2	2	3
Ensemble des entreprises	52	68	55	285	69	74	84	84
Mixtes								
Entreprises nationales	0	0	0	..	0	0	0	0
Entreprises sous contrôle étranger	0	0	0	..	0	0	0	0
Succursales d'entreprises étrangères	5	17	6	18	7	1	1	1
Ensemble des entreprises	5	17	6	18	7	1	1	1
dont :								
Vie	1	6	2	7	3	1	1	1
Entreprises nationales	0	0	0	..	0	0	0	0
Entreprises sous contrôle étranger	0	0	0	..	0	0	0	0
Succursales d'entreprises étrangères	1	6	2	7	3	1	1	1
Ensemble des entreprises	1	6	2	7	3	1	1	1
Non-vie	3	12	3	11	4	0	0	0
Entreprises nationales	0	0	0	..	0	0	0	0
Entreprises sous contrôle étranger	0	0	0	..	0	0	0	0
Succursales d'entreprises étrangères	3	12	3	11	4	0	0	0
Ensemble des entreprises	3	12	3	11	4	0	0	0
Total								
Entreprises nationales	278	297	341	926	429	448	488	498
Entreprises sous contrôle étranger	243	261	302	892	381	399	421	430
Succursales d'entreprises étrangères	8	31	8	33	9	4	3	4
Ensemble des entreprises	286	328	349	959	438	451	491	502

Luxembourg
Tableau 1. Agrégats sélectionnés *(suite)*

Millions EUR

	2009	2010	2011	2012	2013	2014	2015	2016
1.5 Opérations à l'étranger par succursale, primes brutes								
Vie								
Succursales et agences	2 355	2 830	2 161	2 619	2 648	3 250	3 552	4 622
Filiales	0	0	0	0	..	..	..	..
Total	2 355	2 830	2 161	2 619	2 648	3 250	3 552	4 622
Non-vie								
Succursales et agences	1 014	1 122	1 088	1 417	1 546	1 831	1 965	2 022
Filiales	0	0	0	0	..	..	..	..
Total	1 014	1 122	1 088	1 417	1 546	1 831	1 965	2 022
Mixtes								
Succursales et agences	0	0	0	..	0	0	0	0
Filiales	0	0	0	..	..	..	..	..
Total	0	0	0	..	0	0	0	0
dont :								
Vie	0	0	0	..	0	0	0	0
Succursales et agences	0	0	0	..	0	0	0	0
Filiales	0	0	0	..	..	..	..	..
Total	0	0	0	..	0	0	0	0
Non-vie	0	0	0	..	0	0	0	0
Succursales et agences	0	0	0	..	0	0	0	0
Filiales	0	0	0	..	..	..	..	..
Total	0	0	0	..	0	0	0	0
Total								
Succursales et agences	3 369	3 952	3 250	4 036	4 194	5 082	5 516	6 644
Filiales	0	0	0	0	..	..	..	..
Total	3 369	3 952	3 250	4 036	4 194	5 082	5 516	6 644

.. Non disponible ; | Rupture de série

Note : Voir les métadonnées détaillées sur : http://metalinks.oecd.org/ins/20180621/7997.

Responsabilité : http://oe.cd/disclaimer

Source : Statistiques de l'OCDE sur les assurances (base de données)

Luxembourg
Tableau 2. Nombre d'entreprises et d'employés

	2009	2010	2011	2012	2013	2014	2015	2016
2.1 Nombre d'entreprises								
Vie								
Entreprises nationales	47	46	45	43	42	44	43	40
Entreprises sous contrôle étranger	43	42	41	39	34	39	38	34
Succursales d'entreprises étrangères	2	2	2	1	2	2	2	3
Ensemble des entreprises	49	48	47	44	44	46	45	43
Non-vie								
Entreprises nationales	31	29	29	31	34	34	32	33
Entreprises sous contrôle étranger	27	25	25	27	27	8	21	24
Succursales d'entreprises étrangères	10	11	10	11	10	10	10	10
Ensemble des entreprises	41	40	39	42	44	44	42	43
Mixtes								
Entreprises nationales	0	0	0	0	0	0	0	0
Entreprises sous contrôle étranger	0	0	0	0	0	0	0	0
Succursales d'entreprises étrangères	3	3	3	3	3	3	3	3
Ensemble des entreprises	3	3	3	3	3	3	3	3
Réassurance								
Entreprises nationales	251	244	242	238	226	224	217	208
Entreprises sous contrôle étranger	234	225	222	219	207	205	204	191
Succursales d'entreprises étrangères	0	8	0	0	0	0	0	0
Ensemble des entreprises	251	252	242	238	226	224	217	208
Total								
Entreprises nationales	329	319	316	312	302	302	292	281
Entreprises sous contrôle étranger	304	292	288	285	268	252	263	249
Succursales d'entreprises étrangères	15	24	15	15	15	15	15	16
Ensemble des entreprises	344	343	331	327	317	317	307	297
2.2 Nombre d'employés								
Entreprises d'assurance	3 710	3 956	3 967	4 326	5 692	6 057	6 484	6 484
Intermédiaires	9 503	9 859	9 375	9 659	10 030	550	561	522
Total	13 213	13 815	13 342	13 985	15 722	6 607	7 045	7 006

Note : Voir les métadonnées détaillées sur : http://metalinks.oecd.org/ins/20180621/7997.
Responsabilité : http://oe.cd/disclaimer
Source : Statistiques de l'OCDE sur les assurances (base de données)

Mexique
Tableau 1. Agrégats sélectionnés

Millions MXN

	2009	2010	2011	2012	2013	2014	2015	2016
1.1 Opérations d'assurance conclues dans le pays déclarant								
1.1.1 Opérations d'assurance, par intérêt								
Primes brutes								
Entreprises nationales	236 860	247 010	281 792	310 747	347 196	363 530	395 083	450 740
Entreprises sous contrôle étranger	143 428	153 858	167 708	189 698	207 890	220 225	242 872	265 159
Succursales d'entreprises étrangères	..	..	..	..	..	..	..	..
Ensemble des entreprises	236 860	247 010	281 792	310 747	347 196	363 530	395 083	450 740
Primes cédées								
Entreprises nationales	42 795	36 018	49 771	50 188	60 551	58 378	67 135	70 420
Entreprises sous contrôle étranger	18 449	19 495	21 903	24 728	26 822	29 932	40 217	40 674
Succursales d'entreprises étrangères	..	..	..	..	..	..	..	..
Ensemble des entreprises	42 795	36 018	49 771	50 188	60 551	58 378	67 135	70 420
Primes nettes émises								
Entreprises nationales	194 065	210 991	232 021	260 559	286 645	305 152	327 947	380 320
Entreprises sous contrôle étranger	124 979	134 363	145 805	164 970	181 068	190 293	202 655	224 485
Succursales d'entreprises étrangères	..	..	..	..	..	..	..	..
Ensemble des entreprises	194 065	210 991	232 021	260 559	286 645	305 152	327 947	380 320
1.1.2 Opérations d'assurance par risque à l'étranger, primes brutes								
Vie	..	..	..	..	..	..	..	..
Non-vie	..	323	349	425	402	..	..	..
Mixtes	..	1 463	1 553	1 787	1 692	..	..	..
dont :								
Vie	407 |	..	..	..	..	..	..	..
Non-vie	1 052 |	..	..	..	..	..	..	..
Total	..	1 786	1 902	2 212	2 093	..	..	..
1.1.3 Paiement par catégories d'assurance, primes brutes (vie)								
Rentes	..	15 849	15 749	17 633	20 099	20 521	19 719	19 286
Unit linked	..	0	..	..	..	..	..	..
Autre assurance vie	..	97 352	109 511	125 175	138 959	148 624	162 199	189 860
Total Assurance Vie	103 431	113 201	125 260	142 808	159 058	169 145	181 918	209 146
***dont :** Contrats de retraite*	8 756	0	..	..	..	..	..	..
1.1.4 Paiement par catégories d'assurance, primes brutes (non-vie)								
L'assurance automobile	46 947	50 357	56 099	62 944	66 562	68 735	75 858	91 375
Les assurances transport (y compris maritime et aérien)	5 951	5 765	7 049	7 691	7 851	9 356	11 007	11 312
L'assurance de fret	..	..	..	..	..	..	..	..
L'assurance incendie et des dommages aux bien	16 884	8 026	14 010	9 980	16 520	12 232	13 815	14 497
L'assurance des pertes pécuniaires	518	636	686	749	5 210	501	947	1 131
L'assurance de la responsabilité civile générale	5 265	5 185	5 914	6 920	7 341	7 201	9 099	9 668
Les assurances accidents et maladie	34 511	37 557	41 814	45 526	51 189	56 686	59 550	66 512
***dont :** Maladie*	1 631	1 626	1 835	1 918	2 682	2 719	2 622	3 218
Autres assurances non-vie	22 314	24 316	30 214	33 390	32 581	38 511	42 081	45 976
Réassurance obligatoire	..	..	..	..	..	..	..	..
Total assurance non-vie	132 389	131 842	155 785	167 200	187 253	193 221	212 357	240 470
1.2 Paiements bruts des sinistres								
Vie								
Entreprises nationales	8 634 |	9 487	9 566	10 279	11 800	12 325	13 760	14 829
Entreprises sous contrôle étranger	3 784 |	4 314	4 663	..	..	5 875	6 443	6 971
Succursales d'entreprises étrangères	..	..	..	..	..	..	..	..
Ensemble des entreprises	8 634 |	9 487	9 566	10 279	11 800	12 325	13 760	14 829
Non-vie								
Entreprises nationales	13 280 |	14 463	14 750	14 874	21 716	17 912	19 552	23 827
Entreprises sous contrôle étranger	4 819 |	5 042	4 751	..	..	4 093	4 923	5 515
Succursales d'entreprises étrangères	..	..	..	..	..	..	..	..
Ensemble des entreprises	13 280 |	14 463	14 750	14 874	21 716	17 912	19 552	23 827
Mixtes								
Entreprises nationales	96 118 |	100 430	109 005	115 041	159 315	148 932	162 803	185 481
Entreprises sous contrôle étranger	62 564 |	67 094	70 654	..	..	104 822	109 465	125 575
Succursales d'entreprises étrangères	..	..	..	..	..	..	..	..
Ensemble des entreprises	96 118 |	100 430	109 005	115 041	159 315	148 932	162 803	185 481
dont :								
Vie	47 586 |	48 676	50 966	55 436	76 467	81 643	88 136	101 700
Entreprises nationales	47 586 |	48 676	50 966	55 436	76 467	81 643	88 136	101 700
Entreprises sous contrôle étranger	35 236 |	37 971	38 918	..	..	67 855	70 802	81 029
Succursales d'entreprises étrangères	..	..	..	..	..	..	..	..
Ensemble des entreprises	47 586 |	48 676	50 966	55 436	76 467	81 643	88 136	101 700
Non-vie	48 531 |	51 753	58 039	59 605	82 848	67 289	74 667	83 781
Entreprises nationales	48 531 |	51 753	58 039	59 605	82 848	67 289	74 667	83 781
Entreprises sous contrôle étranger	27 328 |	29 122	31 736	..	..	36 968	38 662	44 546
Succursales d'entreprises étrangères	..	..	..	..	..	..	..	..
Ensemble des entreprises	48 531 |	51 753	58 039	59 605	82 848	67 289	74 667	83 781
Total								
Entreprises nationales	118 032	124 380	133 321	140 195	192 832	179 169	196 115	224 138
Entreprises sous contrôle étranger	71 168	76 449	80 068	..	..	114 791	120 830	138 061
Succursales d'entreprises étrangères	..	..	..	..	..	..	..	..
Ensemble des entreprises	118 032	124 380	133 321	140 195	192 832	179 169	196 115	224 138

Mexique
Tableau 1. Agrégats sélectionnés *(suite)*

Millions MXN

	2009	2010	2011	2012	2013	2014	2015	2016
1.3 Commissions								
Vie								
Entreprises nationales	1 053 |	976	1 257	1 133	1 075	749	1 045	1 155
Entreprises sous contrôle étranger	324 |	234	268	277	251	74	192	247
Succursales d'entreprises étrangères	..	..	..	..	..	..	..	..
Ensemble des entreprises	1 053 |	976	1 257	1 133	1 075	749	1 045	1 155
Non-vie								
Entreprises nationales	4 811 |	5 078	5 935	6 911	8 410	9 458	7 257	9 473
Entreprises sous contrôle étranger	2 073 |	2 230	2 373	2 721	3 523	3 808	1 888	1 618
Succursales d'entreprises étrangères	..	..	..	..	..	..	..	..
Ensemble des entreprises	4 811 |	5 078	5 935	6 911	8 410	9 458	7 257	9 473
Mixtes								
Entreprises nationales	31 881 |	34 055	38 671	44 178	46 777	49 973	48 713	56 225
Entreprises sous contrôle étranger	20 206 |	21 885	24 611	28 060	29 464	31 616	30 146	33 073
Succursales d'entreprises étrangères	..	..	..	..	..	..	..	..
Ensemble des entreprises	31 881 |	34 055	38 671	44 178	46 777	49 973	48 713	56 225
dont :								
Vie	12 184 |	13 741	15 773	18 508	19 316	21 023	22 507	26 955
Entreprises nationales	12 184 |	13 741	15 773	18 508	19 316	21 023	22 507	26 955
Entreprises sous contrôle étranger	8 294 |	9 518	10 807	12 501	12 940	17 514	14 838	17 151
Succursales d'entreprises étrangères	..	..	..	..	..	..	..	..
Ensemble des entreprises	12 184 |	13 741	15 773	18 508	19 316	21 023	22 507	26 955
Non-vie	19 698 |	20 315	22 898	25 670	27 462	28 950	26 206	29 270
Entreprises nationales	19 698 |	20 315	22 898	25 670	27 462	28 950	26 206	29 270
Entreprises sous contrôle étranger	11 694 |	12 367	13 803	15 559	16 524	14 103	15 308	15 922
Succursales d'entreprises étrangères	..	..	..	..	..	..	..	..
Ensemble des entreprises	19 698 |	20 315	22 898	25 670	27 462	28 950	26 206	29 270
Total								
Entreprises nationales	37 746	40 110	45 863	52 222	56 263	60 180	57 016	66 853
Entreprises sous contrôle étranger	22 603	24 349	27 251	31 058	33 239	35 498	32 226	34 937
Succursales d'entreprises étrangères	..	..	..	..	..	..	..	..
Ensemble des entreprises	37 746	40 110	45 863	52 222	56 263	60 180	57 016	66 853
1.4 Dépenses brutes d'exploitation								
Vie								
Entreprises nationales	634 |	942	1 095	1 313	1 486	1 156	1 336	1 705
Entreprises sous contrôle étranger	305 |	530	675	..	..	570	661	723
Succursales d'entreprises étrangères	..	..	..	..	..	..	..	..
Ensemble des entreprises	634 |	942	1 095	1 313	1 486	1 156	1 336	1 705
Non-vie								
Entreprises nationales	2 656 |	2 353	2 337	2 968	3 545	4 198	4 924	5 852
Entreprises sous contrôle étranger	1 290 |	1 220	1 402	..	..	2 010	3 137	3 249
Succursales d'entreprises étrangères	..	..	..	..	..	..	..	..
Ensemble des entreprises	2 656 |	2 353	2 337	2 968	3 545	4 198	4 924	5 852
Mixtes								
Entreprises nationales	12 630 |	14 102	14 115	14 382	16 389	16 621	18 736	21 447
Entreprises sous contrôle étranger	8 263 |	9 018	8 627	..	..	10 470	12 270	13 297
Succursales d'entreprises étrangères	..	..	..	..	..	..	..	..
Ensemble des entreprises	12 630 |	14 102	14 115	14 382	16 389	16 621	18 736	21 447
dont :								
Vie	5 917 |	6 925	6 838	7 085	8 530	8 486	9 990	11 792
Entreprises nationales	5 917 |	6 925	6 838	7 085	8 530	8 486	9 990	11 792
Entreprises sous contrôle étranger	4 573 |	5 339	5 052	..	..	6 273	7 388	8 480
Succursales d'entreprises étrangères	..	..	..	..	..	..	..	..
Ensemble des entreprises	5 917 |	6 925	6 838	7 085	8 530	8 486	9 990	11 792
Non-vie	6 714 |	7 178	7 277	7 298	7 859	8 135	8 746	9 655
Entreprises nationales	6 714 |	7 178	7 277	7 298	7 859	8 135	8 746	9 655
Entreprises sous contrôle étranger	3 674 |	3 679	3 575	..	..	4 198	4 882	4 818
Succursales d'entreprises étrangères	..	..	..	..	..	..	..	..
Ensemble des entreprises	6 714 |	7 178	7 277	7 298	7 859	8 135	8 746	9 655
Total								
Entreprises nationales	15 920	17 398	17 548	18 662	21 420	21 974	24 996	29 004
Entreprises sous contrôle étranger	9 859	10 768	10 704	..	..	13 050	16 068	17 270
Succursales d'entreprises étrangères	..	..	..	..	..	..	..	..
Ensemble des entreprises	15 920	17 398	17 548	18 662	21 420	21 974	24 996	29 004

Mexique
Tableau 1. Agrégats sélectionnés *(suite)*

Millions MXN

	2009	2010	2011	2012	2013	2014	2015	2016
1.5 Opérations à l'étranger par succursale, primes brutes								
Vie								
Succursales et agences	..	..	..	..	..	..	..	..
Filiales	..	..	..	..	..	..	..	..
Total	..	..	..	..	..	..	..	..
Non-vie								
Succursales et agences	..	..	..	..	..	..	..	..
Filiales	..	..	..	..	..	..	..	..
Total	..	..	..	..	..	..	..	..
Mixtes								
Succursales et agences	..	..	..	..	..	..	..	..
Filiales	..	..	..	..	..	..	..	..
Total	..	..	..	..	..	..	..	..
dont :								
Vie	..	..	..	..	..	..	..	..
Succursales et agences	..	..	..	..	..	..	..	..
Filiales	..	..	..	..	..	..	..	..
Total	..	..	..	..	..	..	..	..
Non-vie	..	..	..	..	..	..	..	..
Succursales et agences	..	..	..	..	..	..	..	..
Filiales	..	..	..	..	..	..	..	..
Total	..	..	..	..	..	..	..	..
Total								
Succursales et agences	..	..	..	..	..	..	..	..
Filiales	..	..	..	..	..	..	..	..
Total	..	..	..	..	..	..	..	..

.. Non disponible ; | Rupture de série

Note : Voir les métadonnées détaillées sur : http://metalinks.oecd.org/ins/20180621/0fa8.

Responsabilité : http://oe.cd/disclaimer

Source : Statistiques de l'OCDE sur les assurances (base de données)

Mexique
Tableau 2. Nombre d'entreprises et d'employés

	2009	2010	2011	2012	2013	2014	2015	2016
2.1 Nombre d'entreprises								
Vie								
Entreprises nationales	20	21	21	20	20	16	16	17
Entreprises sous contrôle étranger	11	12	12	11	11	9	9	10
Succursales d'entreprises étrangères	..	..	..	..	..	..	..	..
Ensemble des entreprises	20	21	21	20	20	16	16	17
Non-vie								
Entreprises nationales	43	42	44	47	45	49	46	44
Entreprises sous contrôle étranger	26	25	27	27	27	26	23	22
Succursales d'entreprises étrangères	..	..	..	..	..	..	..	..
Ensemble des entreprises	43	42	44	47	45	49	46	44
Mixtes								
Entreprises nationales	33	34	35	35	37	38	37	37
Entreprises sous contrôle étranger	20	21	20	21	21	22	21	20
Succursales d'entreprises étrangères	..	..	..	..	..	..	..	..
Ensemble des entreprises	33	34	35	35	37	38	37	37
Réassurance								
Entreprises nationales	2	2	2	2	2	2	3	2
Entreprises sous contrôle étranger	0	0	..	0	0	0	0	0
Succursales d'entreprises étrangères	..	..	..	..	..	..	..	..
Ensemble des entreprises	2	2	2	2	2	2	3	2
Total								
Entreprises nationales	98	99	102	104	104	105	102	100
Entreprises sous contrôle étranger	57	58	59	59	59	57	53	52
Succursales d'entreprises étrangères	..	..	..	..	..	..	..	..
Ensemble des entreprises	98	99	102	104	104	105	102	100
2.2 Nombre d'employés								
Entreprises d'assurance	14 064	14 133	14 487	14 491	14 500	14 799	19 168	..
Intermédiaires	33 186	34 265	35 173	36 190	46 712	51 780	55 005	57 900
Total	47 250	48 398	49 660	50 681	61 212	66 579	74 173	57 900

.. Non disponible

Note : Voir les métadonnées détaillées sur : http://metalinks.oecd.org/ins/20180621/0fa8.

Responsabilité : http://oe.cd/disclaimer

Source : Statistiques de l'OCDE sur les assurances (base de données)

Pays-Bas
Tableau 1. Agrégats sélectionnés

Millions EUR

	2009	2010	2011	2012	2013	2014	2015	2016
1.1 Opérations d'assurance conclues dans le pays déclarant								
1.1.1 Opérations d'assurance, par intérêt								
Primes brutes								
Entreprises nationales	47 256	38 602	41 183	39 012	38 077	36 523	33 708	..
Entreprises sous contrôle étranger	8 469	7 430	9 625	9 255	7 674	2 969	5 812	..
Succursales d'entreprises étrangères	1 093	961	955	891	430	62	0	..
Ensemble des entreprises	48 349	39 564	42 138	39 903	38 507	36 585	33 708	..
Primes cédées								
Entreprises nationales	3 619	3 407	5 720	3 109	2 951	3 880	2 814	..
Entreprises sous contrôle étranger	1 055	995	1 701	1 706	1 484	1 615	1 365	..
Succursales d'entreprises étrangères	48	42	116	79	20	0	0	..
Ensemble des entreprises	3 667	3 449	5 836	3 188	2 971	3 880	2 814	..
Primes nettes émises								
Entreprises nationales	43 637	35 195	35 463	35 903	35 126	32 643	30 894	..
Entreprises sous contrôle étranger	7 414	6 434	7 923	7 549	6 190	1 354	4 447	..
Succursales d'entreprises étrangères	1 045	919	839	812	410	62	0	..
Ensemble des entreprises	44 682	36 115	36 302	36 715	35 536	32 705	30 894	..
1.1.2 Opérations d'assurance par risque à l'étranger, primes brutes								
Vie	..	..	..	..	..	..	..	..
Non-vie	..	..	..	..	..	..	..	..
Mixtes total	..	..	..	..	..	..	..	..
Total	..	..	..	..	..	..	..	..
1.1.3 Paiement par catégories d'assurance, primes brutes (vie)								
Rentes	12 960	12 058	12 001	10 892	10 998	10 806	9 035	..
Unit linked	8 474	7 758	9 332	7 836	7 086	6 504	5 533	..
Autre assurance vie	398	355	329	247	188	150	122	..
Total assurance vie	21 832	20 171	21 662	18 975	18 272	17 460	14 690	..
***dont** : Contrats de retraite*	6 410	6 941	6 887	6 034	5 810	5 552	5 208	..
1.1.4 Paiement par catégories d'assurance, primes brutes (non-vie)								
L'assurance automobile	4 539	4 635	4 587	4 500	4 376	3 934	3 884	..
Les assurances transport (y compris maritime et aérien)	559	543	563	596	525	435	404	..
L'assurance de fret	299	275	291	263	256	231	191	..
L'assurance incendie et des dommages aux bien	3 675	3 732	3 515	3 698	3 664	3 449	3 456	..
L'assurance des pertes pécuniaires	428	1 192	309	278	206	164	176	..
L'assurance de la responsabilité civile générale	1 158	1 140	1 045	1 116	1 125	1 064	1 033	..
Les assurances accidents et maladie	8 156	8 285	8 585	8 560	8 167	7 867	7 851	..
***dont** : Maladie*	..	..	..	..	..	..	..	..
Autres assurances non-vie	2 132	1 419	2 027	1 907	1 919	1 976	2 016	..
Réassurance obligatoire	..	..	..	..	..	..	..	..
Total assurance non-vie	20 946	21 221	20 923	20 918	20 238	19 120	19 011	..
1.2 Paiements bruts des sinistres								
Vie								
Entreprises nationales	21 698	21 020	23 689	25 331	24 085	25 487	22 576	..
Entreprises sous contrôle étranger	3 178	3 870	3 206	3 538	3 205	1 136	4 504	..
Succursales d'entreprises étrangères	74	3 281	378	401	420	0	0	..
Ensemble des entreprises	21 772	24 301	24 067	25 732	24 505	25 487	22 576	..
Non-vie								
Entreprises nationales	13 994	13 434	13 957	13 999	14 304	13 666	13 806	..
Entreprises sous contrôle étranger	3 292	2 046	2 840	2 870	2 915	867	1 937	..
Succursales d'entreprises étrangères	72	305	42	41	41	149	0	..
Ensemble des entreprises	14 066	13 739	13 999	14 040	14 345	13 815	13 806	..
Mixtes, ensemble des entreprises	..	..	..	..	..	..	..	..
Total								
Entreprises nationales	35 692	34 454	37 646	39 330	38 389	39 153	36 302	..
Entreprises sous contrôle étranger	6 470	5 916	6 046	6 408	6 120	2 003	6 441	..
Succursales d'entreprises étrangères	146	3 586	420	442	461	149	0	..
Ensemble des entreprises	35 838	38 040	38 066	39 772	38 850	39 302	36 382	..
1.3 Commissions								
Vie								
Entreprises nationales	825	605	614	473	243	190	150	..
Entreprises sous contrôle étranger	379	342	325	196	64	17	49	..
Succursales d'entreprises étrangères	3	62	14	17	12	0	0	..
Ensemble des entreprises	828	667	628	490	255	190	158	..
Non-vie								
Entreprises nationales	3 054	2 999	3 070	3 197	2 891	2 713	2 663	..
Entreprises sous contrôle étranger	579	682	851	833	734	282	464	..
Succursales d'entreprises étrangères	133	24	23	22	22	21	0	..
Ensemble des entreprises	3 187	3 023	3 093	3 219	2 913	2 734	2 663	..
Mixtes, ensemble des entreprises	..	..	..	..	..	..	..	..
Total								
Entreprises nationales	3 879	3 604	3 684	3 670	3 134	2 903	2 821	..
Entreprises sous contrôle étranger	958	1 024	1 176	1 029	798	299	513	..
Succursales d'entreprises étrangères	136	86	37	39	34	21	0	..
Ensemble des entreprises	4 015	3 690	3 721	3 709	3 168	2 924	2 821	..

Pays-Bas
Tableau 1. Agrégats sélectionnés *(suite)*

Millions EUR

	2009	2010	2011	2012	2013	2014	2015	2016
1.4 Dépenses brutes d'exploitation								
Vie								
Entreprises nationales	3 461	2 642	2 768	2 827	2 266	2 497	2 072	..
Entreprises sous contrôle étranger	473	646	349	342	297	113	378	..
Succursales d'entreprises étrangères	8	488	59	37	44	0	0	..
Ensemble des entreprises	3 469	3 130	2 827	2 864	2 310	2 497	2 072	..
Non-vie								
Entreprises nationales	5 278	4 775	4 863	4 933	4 809	4 635	4 485	..
Entreprises sous contrôle étranger	690	845	1 244	1 181	1 136	373	771	..
Succursales d'entreprises étrangères	146	26	25	24	25	23	0	..
Ensemble des entreprises	5 424	4 801	4 888	4 957	4 834	4 658	4 485	..
Mixtes, ensemble des entreprises	..	..	..	..	..	..	..	..
Total								
Entreprises nationales	8 739	7 417	7 631	7 759	7 075	7 132	6 557	..
Entreprises sous contrôle étranger	1 163	1 491	1 593	1 523	1 433	486	1 149	..
Succursales d'entreprises étrangères	154	514	84	61	69	23	0	..
Ensemble des entreprises	8 893	7 931	7 715	7 820	7 144	7 155	6 557	..
1.5 Opérations à l'étranger par succursale, primes brutes								
Vie								
Succursales et agences	..	621	662	540	370	276	..	..
Filiales	..	..	..	..	..	..	..	..
Total	..	621	662	540	370	276	267	..
Non-vie								
Succursales et agences	1 684	1 789	1 067	1 276	1 132	1 289	..	..
Filiales	..	..	..	..	..	..	..	..
Total	..	1 789	1 067	1 276	1 132	1 289	1 487	..
Mixtes total	..	..	..	..	..	..	..	..
Total								
Succursales et agences	1 684	2 410	1 729	1 816	1 502	1 565	..	..
Filiales	..	..	..	..	..	..	..	..
Total	..	2 410	1 729	1 816	1 502	1 565	1 754	..

.. Non disponible

Note : Voir les métadonnées détaillées sur : http://metalinks.oecd.org/ins/20180621/4267.

Responsabilité : http://oe.cd/disclaimer

Source : Statistiques de l'OCDE sur les assurances (base de données)

Pays-Bas
Tableau 2. Nombre d'entreprises et d'employés

	2009	2010	2011	2012	2013	2014	2015	2016
2.1 Nombre d'entreprises								
Vie								
Entreprises nationales	64	49	52	41	36	38	..	..
Entreprises sous contrôle étranger	12	8	8	6	6	7	..	..
Succursales d'entreprises étrangères	1	1	1	4	4	0	..	..
Ensemble des entreprises	65	50	53	45	40	38	..	..
Non-vie								
Entreprises nationales	205	193	174	158	316	136	..	..
Entreprises sous contrôle étranger	17	14	5	15	14	8	..	..
Succursales d'entreprises étrangères	6	4	4	2	1	2	..	..
Ensemble des entreprises	211	197	178	160	317	138	..	..
Mixtes, ensemble des entreprises	**0**	**0**	**0**	**0**	**0**	**0**	**0**	**0**
Réassurance								
Entreprises nationales	6	14	16	15	11	10	..	..
Entreprises sous contrôle étranger	0	2	1	1	0	0	..	..
Succursales d'entreprises étrangères	..	..	..	0	0	0	..	..
Ensemble des entreprises	6	14	16	15	11	10	..	..
Total								
Entreprises nationales	275	256	242	214	363	184	..	..
Entreprises sous contrôle étranger	29	24	14	22	20	15	..	..
Succursales d'entreprises étrangères	7	5	5	6	5	2	..	..
Ensemble des entreprises	282	261	247	220	368	186	..	..
2.2 Nombre d'employés								
Entreprises d'assurance	..	..	..	..	..	..	..	..
Intermédiaires	..	..	..	..	..	..	..	..
Total	..	..	..	..	..	..	..	..

.. Non disponible

Note : Voir les métadonnées détaillées sur : http://metalinks.oecd.org/ins/20180621/4267.

Responsabilité : http://oe.cd/disclaimer

Source : Statistiques de l'OCDE sur les assurances (base de données)

Nouvelle-Zélande
Tableau 1. Agrégats sélectionnés

Millions NZD

	2009	2010	2011	2012	2013	2014	2015	2016
1.1 Opérations d'assurance conclues dans le pays déclarant								
1.1.1 Opérations d'assurance, par intérêt								
Primes brutes								
Entreprises nationales	..	..	..	..	..	..	..	..
Entreprises sous contrôle étranger	..	..	..	..	..	..	..	..
Succursales d'entreprises étrangères	..	..	..	..	..	..	..	..
Ensemble des entreprises	4 719	4 680	..	5 665	6 266	6 460	6 678	6 828
Primes cédées								
Entreprises nationales	..	..	..	..	..	..	..	..
Entreprises sous contrôle étranger	..	..	..	..	..	..	..	..
Succursales d'entreprises étrangères	..	..	..	..	..	..	..	..
Ensemble des entreprises	610	610	..	1 207	1 412	1 292	1 305	1 789
Primes nettes émises								
Entreprises nationales	..	..	..	..	..	..	..	..
Entreprises sous contrôle étranger	..	..	..	..	..	..	..	..
Succursales d'entreprises étrangères	..	..	..	..	..	..	..	..
Ensemble des entreprises	5 365	5 730	..	6 365	6 758	7 186	7 523	7 303
1.1.2 Opérations d'assurance par risque à l'étranger, primes brutes								
Vie	..	..	..	..	..	..	..	..
Non-vie	..	..	..	..	..	..	..	..
Mixtes	..	..	..	..	..	..	..	..
dont :								
Vie	..	..	..	..	..	..	..	..
Non-vie	..	..	..	..	..	..	..	..
Total	..	..	..	..	..	..	..	..
1.1.3 Paiement par catégories d'assurance, primes brutes (vie)								
Rentes	..	..	..	..	..	..	..	..
Unit linked	..	..	..	..	..	..	..	..
Autre assurance vie	..	..	..	..	..	..	..	..
Total Assurance Vie	..	..	..	..	..	..	..	..
dont : *Contrats de retraite*	..	..	..	..	..	..	..	..
1.1.4 Paiement par catégories d'assurance, primes brutes (non-vie)								
L'assurance automobile	..	..	..	..	..	..	..	..
Les assurances transport (y compris maritime et aérien)	..	..	..	..	..	..	..	..
L'assurance de fret	..	..	..	..	..	..	..	..
L'assurance incendie et des dommages aux bien	..	..	..	..	..	..	..	..
L'assurance des pertes pécuniaires	..	..	..	..	..	..	..	..
L'assurance de la responsabilité civile générale	..	..	..	..	..	..	..	..
Les assurances accidents et maladie	..	..	..	..	..	..	..	..
dont : *Maladie*	..	..	..	..	..	..	..	..
Autres assurances non-vie	..	..	..	..	..	..	..	..
Réassurance obligatoire	..	..	..	..	..	..	..	..
Total assurance non-vie	4 719	4 680	..	5 665	6 266	6 460	6 678	6 828

Nouvelle-Zélande
Tableau 1. Agrégats sélectionnés *(suite)*

Millions NZD

	2009	2010	2011	2012	2013	2014	2015	2016
1.2 Paiements bruts des sinistres								
Vie								
Entreprises nationales	..	..	..	..	..	..	..	..
Entreprises sous contrôle étranger	..	..	..	..	..	..	..	..
Succursales d'entreprises étrangères	..	..	..	..	..	..	..	..
Ensemble des entreprises	895	1 437	..	1 360	1 303	1 399	1 544	1 598
Non-vie								
Entreprises nationales	..	..	..	..	..	..	..	..
Entreprises sous contrôle étranger	..	..	..	..	..	..	..	..
Succursales d'entreprises étrangères	..	..	..	..	..	..	..	..
Ensemble des entreprises	2 925	2 802	..	9 531	4 539	5 642	6 302	4 864
Mixtes								
Entreprises nationales	..	..	..	..	..	..	..	..
Entreprises sous contrôle étranger	..	..	..	..	..	..	..	..
Succursales d'entreprises étrangères	..	..	..	..	..	..	..	..
Ensemble des entreprises	..	..	..	..	..	..	..	..
dont :								
Vie	..	..	..	..	..	..	..	..
Entreprises nationales	..	..	..	..	..	..	..	..
Entreprises sous contrôle étranger	..	..	..	..	..	..	..	..
Succursales d'entreprises étrangères	..	..	..	..	..	..	..	..
Ensemble des entreprises	..	..	..	..	..	..	..	..
Non-vie	..	..	..	..	..	..	..	..
Entreprises nationales	..	..	..	..	..	..	..	..
Entreprises sous contrôle étranger	..	..	..	..	..	..	..	..
Succursales d'entreprises étrangères	..	..	..	..	..	..	..	..
Ensemble des entreprises	..	..	..	..	..	..	..	..
Total								
Entreprises nationales	..	..	..	..	..	..	..	..
Entreprises sous contrôle étranger	..	..	..	..	..	..	..	..
Succursales d'entreprises étrangères	..	..	..	..	..	..	..	..
Ensemble des entreprises	3 820	4 239	..	10 891	5 842	7 041	7 846	6 462
1.3 Commissions								
Vie								
Entreprises nationales	..	..	..	..	..	..	..	..
Entreprises sous contrôle étranger	..	..	..	..	..	..	..	..
Succursales d'entreprises étrangères	..	..	..	..	..	..	..	..
Ensemble des entreprises	..	..	..	..	..	..	..	..
Non-vie								
Entreprises nationales	..	..	..	..	..	..	..	..
Entreprises sous contrôle étranger	..	..	..	..	..	..	..	..
Succursales d'entreprises étrangères	..	..	..	..	..	..	..	..
Ensemble des entreprises	..	..	..	..	..	..	..	..
Mixtes								
Entreprises nationales	..	..	..	..	..	..	..	..
Entreprises sous contrôle étranger	..	..	..	..	..	..	..	..
Succursales d'entreprises étrangères	..	..	..	..	..	..	..	..
Ensemble des entreprises	..	..	..	..	..	..	..	..
dont :								
Vie	..	..	..	..	..	..	..	..
Entreprises nationales	..	..	..	..	..	..	..	..
Entreprises sous contrôle étranger	..	..	..	..	..	..	..	..
Succursales d'entreprises étrangères	..	..	..	..	..	..	..	..
Ensemble des entreprises	..	..	..	..	..	..	..	..
Non-vie	..	..	..	..	..	..	..	..
Entreprises nationales	..	..	..	..	..	..	..	..
Entreprises sous contrôle étranger	..	..	..	..	..	..	..	..
Succursales d'entreprises étrangères	..	..	..	..	..	..	..	..
Ensemble des entreprises	..	..	..	..	..	..	..	..
Total								
Entreprises nationales	..	..	..	..	..	..	..	..
Entreprises sous contrôle étranger	..	..	..	..	..	..	..	..
Succursales d'entreprises étrangères	..	..	..	..	..	..	..	..
Ensemble des entreprises	..	..	..	..	..	..	..	..

Nouvelle-Zélande
Tableau 1. Agrégats sélectionnés (*suite*)

Millions NZD

	2009	2010	2011	2012	2013	2014	2015	2016
1.4 Dépenses brutes d'exploitation								
Vie								
Entreprises nationales	..	..	..	..	..	..	..	..
Entreprises sous contrôle étranger	..	..	..	..	..	..	..	..
Succursales d'entreprises étrangères	..	..	..	..	..	..	..	..
Ensemble des entreprises	2 161	2 403	..	2 169	2 151	2 384	2 323	2 489
Non-vie								
Entreprises nationales	..	..	..	..	..	..	..	..
Entreprises sous contrôle étranger	..	..	..	..	..	..	..	..
Succursales d'entreprises étrangères	..	..	..	..	..	..	..	..
Ensemble des entreprises	4 202	4 213	..	12 070	6 102	7 490	8 472	6 875
Mixtes								
Entreprises nationales	..	..	..	..	..	..	..	..
Entreprises sous contrôle étranger	..	..	..	..	..	..	..	..
Succursales d'entreprises étrangères	..	..	..	..	..	..	..	..
Ensemble des entreprises	..	..	..	..	..	..	..	..
dont :								
Vie	..	..	..	..	..	..	..	..
Entreprises nationales	..	..	..	..	..	..	..	..
Entreprises sous contrôle étranger	..	..	..	..	..	..	..	..
Succursales d'entreprises étrangères	..	..	..	..	..	..	..	..
Ensemble des entreprises	..	..	..	..	..	..	..	..
Non-vie	..	..	..	..	..	..	..	..
Entreprises nationales	..	..	..	..	..	..	..	..
Entreprises sous contrôle étranger	..	..	..	..	..	..	..	..
Succursales d'entreprises étrangères	..	..	..	..	..	..	..	..
Ensemble des entreprises	..	..	..	..	..	..	..	..
Total								
Entreprises nationales	..	..	..	..	..	..	..	..
Entreprises sous contrôle étranger	..	..	..	..	..	..	..	..
Succursales d'entreprises étrangères	..	..	..	..	..	..	..	..
Ensemble des entreprises	6 364	6 616	..	14 239	8 253	9 874	10 795	9 364
1.5 Opérations à l'étranger par succursale, primes brutes								
Vie								
Succursales et agences	..	..	..	..	..	..	..	..
Filiales	..	..	..	..	..	..	..	..
Total	..	..	..	..	..	..	..	..
Non-vie								
Succursales et agences	..	..	..	..	..	..	..	..
Filiales	..	..	..	..	..	..	..	..
Total	..	..	..	..	..	..	..	..
Mixtes								
Succursales et agences	..	..	..	..	..	..	..	..
Filiales	..	..	..	..	..	..	..	..
Total	..	..	..	..	..	..	..	..
dont :								
Vie	..	..	..	..	..	..	..	..
Succursales et agences	..	..	..	..	..	..	..	..
Filiales	..	..	..	..	..	..	..	..
Total	..	..	..	..	..	..	..	..
Non-vie	..	..	..	..	..	..	..	..
Succursales et agences	..	..	..	..	..	..	..	..
Filiales	..	..	..	..	..	..	..	..
Total	..	..	..	..	..	..	..	..
Total								
Succursales et agences	..	..	..	..	..	..	..	..
Filiales	..	..	..	..	..	..	..	..
Total	..	..	..	..	..	..	..	..

.. Non disponible

Note : Voir les métadonnées détaillées sur : http://metalinks.oecd.org/ins/20180621/e1a1.

Responsabilité : http://oe.cd/disclaimer

Source : Statistiques de l'OCDE sur les assurances (base de données)

Nouvelle-Zélande
Tableau 2. Nombre d'entreprises et d'employés

	2009	2010	2011	2012	2013	2014	2015	2016
2.1 Nombre d'entreprises								
Vie								
Entreprises nationales	..	..	..	..	..	..	..	..
Entreprises sous contrôle étranger	..	..	..	..	..	..	..	..
Succursales d'entreprises étrangères	..	..	..	..	..	..	..	..
Ensemble des entreprises	42	42	..	43	37	43	30	30
Non-vie								
Entreprises nationales	..	..	..	..	..	..	..	..
Entreprises sous contrôle étranger	..	..	..	..	..	..	..	..
Succursales d'entreprises étrangères	..	..	..	..	..	..	..	..
Ensemble des entreprises	152	147	..	142	130	145	102	90
Mixtes								
Entreprises nationales	..	..	..	..	..	..	..	..
Entreprises sous contrôle étranger	..	..	..	..	..	..	..	..
Succursales d'entreprises étrangères	..	..	..	..	..	..	..	..
Ensemble des entreprises	..	..	..	..	..	..	..	..
Réassurance								
Entreprises nationales	..	..	..	..	..	..	..	..
Entreprises sous contrôle étranger	..	..	..	..	..	..	..	..
Succursales d'entreprises étrangères	..	..	..	..	..	..	..	..
Ensemble des entreprises	..	..	..	..	..	..	..	..
Total								
Entreprises nationales	..	..	..	..	..	..	..	..
Entreprises sous contrôle étranger	..	..	..	..	..	..	..	..
Succursales d'entreprises étrangères	..	..	..	..	..	..	..	..
Ensemble des entreprises	194	189	..	105	167	188	132	120
2.2 Nombre d'employés								
Entreprises d'assurance	..	..	..	..	10 780	10 720	10 680	..
Intermédiaires	..	..	..	..	..	..	..	..
Total	9 550	9 650		10 640	10 780	..	..	..

.. Non disponible

Note : Voir les métadonnées détaillées sur : http://metalinks.oecd.org/ins/20180621/e1a1.

Responsabilité : http://oe.cd/disclaimer

Source : Statistiques de l'OCDE sur les assurances (base de données)

Norvège
Tableau 1. Agrégats sélectionnés

Millions NOK

	2009	2010	2011	2012	2013	2014	2015	2016
1.1 Opérations d'assurance conclues dans le pays déclarant								
1.1.1 Opérations d'assurance, par intérêt								
Primes brutes								
Entreprises nationales	34 066	99 610	106 973	119 751	119 149	134 884	135 864	138 612
Entreprises sous contrôle étranger	943	6 299	6 388	8 589	8 948	11 029	13 195	..
Succursales d'entreprises étrangères	24 349	24 719	26 383	30 039	30 872	31 867	30 638	31 150
Ensemble des entreprises	58 415	124 329	133 356	149 790	150 021	166 751	166 502	169 762
Primes cédées								
Entreprises nationales	6 897	..	..	6 252	6 396	6 891	7 973	7 053
Entreprises sous contrôle étranger	170	..	..	316	173	198	218	..
Succursales d'entreprises étrangères	1 647	..	..	4 290	4 219	4 653	4 976	5 362
Ensemble des entreprises	8 544	..	..	10 542	10 614	11 544	12 950	12 415
Primes nettes émises								
Entreprises nationales	27 169	..	..	113 499	112 754	127 993	127 890	131 559
Entreprises sous contrôle étranger	774	..	..	8 273	8 775	10 832	12 978	..
Succursales d'entreprises étrangères	22 702	..	..	25 749	26 653	27 213	25 662	25 788
Ensemble des entreprises	49 871	..	..	139 248	139 407	155 206	153 552	157 347
1.1.2 Opérations d'assurance par risque à l'étranger, primes brutes								
Vie	..	..	..	31	..	..	9	7
Non-vie	3 711	2 779	1 556	7 352	6 202	11 468	11 250	10 855
Mixtes total	..	..	..	..	..	..	..	..
Total	3 711	2 779	1 556	7 383	6 202	11 468	11 260	10 862
1.1.3 Paiement par catégories d'assurance, primes brutes (vie)								
Rentes	..	..	..	..	..	..	..	..
Unit linked	..	..	..	..	..	..	..	..
Autre assurance vie	..	..	..	..	..	..	..	..
Total assurance vie	75 256	66 586	71 577	81 742	81 299	92 185	91 794	94 093
***dont :** Contrats de retraite*	..	..	..	69 652	66 873	..	..	..
1.1.4 Paiement par catégories d'assurance, primes brutes (non-vie)								
L'assurance automobile	8 855	10 409	10 787	19 403	..	20 378	20 706	21 040
Les assurances transport (y compris maritime et aérien)	8 752	3 974	4 009	9 581	..	6 574	5 201	10 808
L'assurance de fret	..	..	..	..	..	..	..	..
L'assurance incendie et des dommages aux bien	7 903	9 470	10 811	17 738	..	18 195	19 041	23 325
L'assurance des pertes pécuniaires	72	119	125	585	..	127	97	433
L'assurance de la responsabilité civile générale	578	647	686	1 755	..	1 695	1 637	2 099
Les assurances accidents et maladie	3 084	3 205	3 229	6 111	..	5 608	5 553	10 782
***dont :** Maladie*	..	..	..	..	..	..	..	..
Autres assurances non-vie	2 988	5 993	5 967	12 875	..	21 989	13 048	7 183
Réassurance obligatoire	2 988	..	..	..	..	..	..	..
Total assurance non-vie	..	33 817	35 615	68 048	..	74 566	65 283	75 669
1.2 Paiements bruts des sinistres								
Vie								
Entreprises nationales	45 863	40 443	40 252	45 033	45 143	45 742	49 007	51 548
Entreprises sous contrôle étranger	3 530	3 309	2 723	3 120	3 186	3 150	4 796	.. c
Succursales d'entreprises étrangères	671	405	494	482	692	476	235	288
Ensemble des entreprises	46 534	40 848	40 746	45 515	45 835	46 218	49 242	51 836
Non-vie								
Entreprises nationales	21 538	21 364	26 292	28 356	23 486	30 742	34 587	28 914
Entreprises sous contrôle étranger	931	441	342	542	.. c	.. c	.. c	.. c
Succursales d'entreprises étrangères	16 567	16 445	17 552	24 549	20 026	22 287	21 584	6 961
Ensemble des entreprises	38 105	37 809	43 844	52 905	43 512	53 030	56 170	35 875
Mixtes, ensemble des entreprises	..	..	..	..	..	..	..	..
Total								
Entreprises nationales	67 401	61 807	66 544	73 389	68 629	76 485	83 593	80 462
Entreprises sous contrôle étranger	4 461	3 750	3 065	3 662	3 186	3 150	4 796	..
Succursales d'entreprises étrangères	17 238	16 850	18 046	25 031	20 718	22 763	21 819	7 249
Ensemble des entreprises	84 639	78 657	84 590	98 420	89 347	99 248	105 413	87 711

Norvège
Tableau 1. Agrégats sélectionnés *(suite)*

Millions NOK

	2009	2010	2011	2012	2013	2014	2015	2016
1.3 Commissions								
Vie								
Entreprises nationales	..	..	..	692	774	839	916	890
Entreprises sous contrôle étranger	..	..	..	152	179	202	227	c
Succursales d'entreprises étrangères	..	..	..	0	0	0	..	..
Ensemble des entreprises	..	..	..	692	774	839	916	890
Non-vie								
Entreprises nationales	..	..	..	1 507	1 536	2 204	2 119	1 956
Entreprises sous contrôle étranger	..	..	..	35	.. c	.. c	..	.. c
Succursales d'entreprises étrangères	..	..	..	1 101	1 084	1 099	1 107	950
Ensemble des entreprises	..	..	..	2 608	2 619	3 303	3 226	2 906
Mixtes, ensemble des entreprises	..	..	..	..	..	..	..	..
Total								
Entreprises nationales	..	..	..	2 199	2 310	3 043	3 035	2 846
Entreprises sous contrôle étranger	..	..	..	187	179	202	227	..
Succursales d'entreprises étrangères	..	..	..	1 101	1 084	1 099	1 107	950
Ensemble des entreprises	..	..	..	3 300	3 393	4 142	4 142	3 797
1.4 Dépenses brutes d'exploitation								
Vie								
Entreprises nationales	6 636	6 839	5 818	7 019	6 688	7 205	7 383	7 750
Entreprises sous contrôle étranger	622	646	688	692	185	807	765	.. c
Succursales d'entreprises étrangères	132	151	144	0	126	162	..	157
Ensemble des entreprises	6 768	6 990	5 962	7 019	6 814	7 367	7 383	7 907
Non-vie								
Entreprises nationales	5 501	5 703	6 155	5 527	5 925	6 585	6 138	6 139
Entreprises sous contrôle étranger	149	141	76	48	.. c	c	.. c	.. c
Succursales d'entreprises étrangères	5 495	5 451	5 121	4 765	4 203	5 318	5 574	5 465
Ensemble des entreprises	10 996	11 154	11 276	10 292	10 128	11 903	11 712	11 605
Mixtes, ensemble des entreprises	..	..	..	..	..	..	..	..
Total								
Entreprises nationales	12 137	12 542	11 073	12 546	12 613	13 790	13 521	13 889
Entreprises sous contrôle étranger	771	787	764	740	185	807	765	..
Succursales d'entreprises étrangères	5 627	5 602	5 265	4 765	4 329	5 480	5 574	5 623
Ensemble des entreprises	17 764	18 144	17 238	17 311	16 942	19 270	19 095	19 512
1.5 Opérations à l'étranger par succursale, primes brutes								
Vie								
Succursales et agences	..	89	..	..	.. c	..	..	..
Filiales	..	..	..	..	..	..	..	..
Total	..	89	..	..	.. c	..	..	..
Non-vie								
Succursales et agences	2 446	2 977	2 476	2 454	1 134	4 636	1 569	7 141
Filiales	..	..	..	..	.. c	.. c	..	..
Total	2 446	2 977	2 476	2 454	1 134	4 636	1 569	7 141
Mixtes total	..	..	..	..	..	..	..	..
Total								
Succursales et agences	2 446	3 066	2 476	2 454	1 134	4 636	1 569	7 141
Filiales	..	..	..	..	..	..	..	..
Total	2 446	3 066	2 476	2 454	1 134	4 636	1 569	7 141

.. Non disponible ; c Donnée confidentielle

Note : Voir les métadonnées détaillées sur : http://metalinks.oecd.org/ins/20180621/165b.

Responsabilité : http://oe.cd/disclaimer

Source : Statistiques de l'OCDE sur les assurances (base de données)

Norvège
Tableau 2. Nombre d'entreprises et d'employés

	2009	2010	2011	2012	2013	2014	2015	2016
2.1 Nombre d'entreprises								
Vie								
Entreprises nationales	..	12	12	10	12	10	10	10
Entreprises sous contrôle étranger	..	2	2	2	2	2	2	2
Succursales d'entreprises étrangères	..	10	10	9	9	7	7	7
Ensemble des entreprises	..	22	22	19	21	17	17	17
Non-vie								
Entreprises nationales	78	77	76	63	59	59	58	59
Entreprises sous contrôle étranger	2	1	1	1	1	1	2	2
Succursales d'entreprises étrangères	28	24	21	25	25	22	21	23
Ensemble des entreprises	106	101	97	88	84	81	79	82
Mixtes, ensemble des entreprises	**0**	**0**	**0**	**0**	**0**	**0**	**0**	**0**
Réassurance								
Entreprises nationales	1	..	..	..	..	..	..	..
Entreprises sous contrôle étranger	0	..	..	..	..	..	..	..
Succursales d'entreprises étrangères	0	..	..	..	..	..	..	..
Ensemble des entreprises	1	..	..	..	..	..	..	..
Total								
Entreprises nationales	..	89	88	73	71	69	68	69
Entreprises sous contrôle étranger	..	3	3	3	3	3	4	4
Succursales d'entreprises étrangères	..	34	31	34	34	29	28	30
Ensemble des entreprises	..	123	119	107	105	98	96	99
2.2 Nombre d'employés								
Entreprises d'assurance	..	9 753	..	..	..	..	..	..
Intermédiaires	..	..	..	..	..	..	..	..
Total	..	9 753	..	..	..	..	..	..

.. Non disponible

Note : Voir les métadonnées détaillées sur : http://metalinks.oecd.org/ins/20180621/165b.

Responsabilité : http://oe.cd/disclaimer

Source : Statistiques de l'OCDE sur les assurances (base de données)

Pologne
Tableau 1. Agrégats sélectionnés

Millions PLN

	2009	2010	2011	2012	2013	2014	2015	2016
1.1 Opérations d'assurance conclues dans le pays déclarant								
1.1.1 Opérations d'assurance, par intérêt								
Primes brutes								
Entreprises nationales	51 343	54 164	57 151	62 627	57 863	54 927	54 804	56 039
Entreprises sous contrôle étranger	26 758	29 136	31 603	35 100	31 562	30 425	30 801	31 961
Succursales d'entreprises étrangères	62	..	..	..	..	..	..	..
Ensemble des entreprises	51 405	54 164	57 151	62 627	57 863	54 927	54 804	56 039
Primes cédées								
Entreprises nationales	2 406	3 393	3 852	4 598	4 214	4 170	5 197	6 765
Entreprises sous contrôle étranger	1 687	2 043	4 647	4 224	3 664	3 533	4 355	4 798
Succursales d'entreprises étrangères	0	..	..	..	..	..	..	..
Ensemble des entreprises	2 406	3 393	3 852	4 598	4 214	4 170	5 197	6 765
Primes nettes émises								
Entreprises nationales	48 937	50 771	53 299	58 029	53 649	50 757	49 606	49 274
Entreprises sous contrôle étranger	25 071	27 092	27 036	30 876	27 898	26 892	26 446	27 163
Succursales d'entreprises étrangères	62	..	..	..	..	..	..	..
Ensemble des entreprises	48 999	50 771	53 299	58 029	53 649	50 757	49 606	49 274
1.1.2 Opérations d'assurance par risque à l'étranger, primes brutes								
Vie	..	0	..	..	..	..	..	..
Non-vie	..	202	..	..	..	..	..	..
Mixtes total	..	..	..	..	..	..	..	..
Total	..	203	..	..	..	..	..	..
1.1.3 Paiement par catégories d'assurance, primes brutes (vie)								
Rentes	71	83	98	99	107	114	131	138
Unit linked	6 458	8 120	10 307	12 046	13 052	12 600	12 996	10 325
Autre assurance vie	23 685	23 150	21 415	24 203	18 082	15 933	14 377	13 370
Total assurance vie	30 214	31 354	31 820	36 348	31 241	28 646	27 505	23 833
***dont :** Contrats de retraite*	294	329	376	371	396	356	356	..
1.1.4 Paiement par catégories d'assurance, primes brutes (non-vie)								
L'assurance automobile	12 209	12 932	14 543	14 780	13 945	13 397	13 910	18 744
Les assurances transport (y compris maritime et aérien)	171	163	232	256	267	275	210	185
L'assurance de fret	92	96	107	119	117	126	116	120
L'assurance incendie et des dommages aux bien	3 892	4 334	5 056	5 441	5 973	5 715	5 938	6 246
L'assurance des pertes pécuniaires	1 617	1 593	1 631	1 526	1 858	2 149	1 893	1 805
L'assurance de la responsabilité civile générale	1 129	1 302	1 459	1 773	1 891	1 964	2 134	1 915
Les assurances accidents et maladie	1 510	1 621	1 688	1 801	1 926	2 007	2 273	2 222
***dont :** Maladie*	279	1 269	1 245	513	612	656	613	618
Autres assurances non-vie	452	698	575	554	622	627	804	947
Réassurance obligatoire	0	0	..	..	..	..	..	..
Total assurance non-vie	21 073	22 739	25 291	26 250	26 599	26 260	27 278	32 182
1.2 Paiements bruts des sinistres								
Vie								
Entreprises nationales	27 702	22 585	26 069	25 917	23 087	20 360	19 358	18 284
Entreprises sous contrôle étranger	12 880	10 545	12 116	13 331	10 927	9 783	8 795	9 543
Succursales d'entreprises étrangères	0	..	..	..	..	..	..	..
Ensemble des entreprises	27 702	22 585	26 069	25 917	23 087	20 360	19 358	18 284
Non-vie								
Entreprises nationales	12 471	14 169	13 738	14 046	13 711	13 811	15 488	18 393
Entreprises sous contrôle étranger	6 690	8 017	8 128	8 890	8 434	8 579	9 515	10 911
Succursales d'entreprises étrangères	37	..	..	..	..	..	..	..
Ensemble des entreprises	12 508	14 169	13 738	14 046	13 711	13 811	15 488	18 393
Mixtes, ensemble des entreprises	..	..	..	..	..	..	..	..
Total								
Entreprises nationales	40 172	36 754	39 807	39 963	36 798	34 171	34 846	36 677
Entreprises sous contrôle étranger	19 570	18 562	20 244	22 221	19 362	18 363	18 310	20 454
Succursales d'entreprises étrangères	37	..	..	..	..	..	..	..
Ensemble des entreprises	40 209	36 754	39 807	39 963	36 798	34 171	34 846	36 677
1.3 Commissions								
Vie								
Entreprises nationales	44	3 006	3 245	70	93	203	231	222
Entreprises sous contrôle étranger	48	2 485	2 591	69	70	191	223	218
Succursales d'entreprises étrangères	0	..	..	..	..	..	..	..
Ensemble des entreprises	44	3 006	3 245	70	93	203	231	222
Non-vie								
Entreprises nationales	434	3 490	4 015	657	740	651	719	1 115
Entreprises sous contrôle étranger	347	2 202	2 659	648	606	594	657	929
Succursales d'entreprises étrangères	0	..	..	..	..	..	..	..
Ensemble des entreprises	434	3 490	4 015	657	740	651	719	1 115
Mixtes, ensemble des entreprises	..	..	..	..	..	..	..	..
Total								
Entreprises nationales	478	6 496	7 260	727	833	854	950	1 337
Entreprises sous contrôle étranger	395	4 688	5 250	717	676	785	880	1 147
Succursales d'entreprises étrangères	0	..	..	..	..	..	..	..
Ensemble des entreprises	478	6 496	7 260	727	833	854	950	1 337

Pologne
Tableau 1. Agrégats sélectionnés *(suite)*

Millions PLN

	2009	2010	2011	2012	2013	2014	2015	2016
1.4 Dépenses brutes d'exploitation								
Vie								
Entreprises nationales	6 554	5 295	5 605	6 416	6 146	6 588	6 476	5 647
Entreprises sous contrôle étranger	4 669	3 777	3 944	4 244	3 831	4 369	4 182	3 797
Succursales d'entreprises étrangères	0	..	..	..	..	..	..	..
Ensemble des entreprises	6 554	5 295	5 605	6 416	6 146	6 588	6 476	5 647
Non-vie								
Entreprises nationales	8 816	6 791	7 276	7 733	7 775	8 018	8 335	9 104
Entreprises sous contrôle étranger	4 874	3 958	4 549	5 225	5 090	5 135	5 569	5 978
Succursales d'entreprises étrangères	27	..	..	..	..	..	..	..
Ensemble des entreprises	8 843	6 791	7 276	7 733	7 775	8 018	8 335	9 104
Mixtes, ensemble des entreprises	..	..	..	..	..	..	..	..
Total								
Entreprises nationales	15 369	12 086	12 882	14 149	13 921	14 606	14 811	14 751
Entreprises sous contrôle étranger	9 543	7 734	8 493	9 469	8 921	9 504	9 751	9 776
Succursales d'entreprises étrangères	27	..	..	..	..	..	..	..
Ensemble des entreprises	15 397	12 086	12 882	14 149	13 921	14 606	14 811	14 751
1.5 Opérations à l'étranger par succursale, primes brutes								
Vie								
Succursales et agences	..	14	19	26	..	79	92	..
Filiales	..	..	..	..	..	..	..	..
Total	..	14	19	26	..	79	92	..
Non-vie								
Succursales et agences	..	14	62	53	..	98	116	..
Filiales	..	..	49	..	..	..	..	..
Total	..	14	111	53	..	98	116	..
Mixtes total	..	..	..	..	..	..	..	..
Total								
Succursales et agences	..	29	82	79	..	177	208	..
Filiales	..	..	49	..	..	..	..	..
Total	..	29	130	79	..	177	208	..

.. Non disponible

Note : Voir les métadonnées détaillées sur : http://metalinks.oecd.org/ins/20180621/0efa.

Responsabilité : http://oe.cd/disclaimer

Source : Statistiques de l'OCDE sur les assurances (base de données)

Pologne
Tableau 2. Nombre d'entreprises et d'employés

	2009	2010	2011	2012	2013	2014	2015	2016
2.1 Nombre d'entreprises								
Vie								
Entreprises nationales	31	30	28	28	27	26	28	27
Entreprises sous contrôle étranger	22	23	22	23	21	19	21	21
Succursales d'entreprises étrangères	0	..	2	..	..	..	..	..
Ensemble des entreprises	31	30	30	28	27	26	28	27
Non-vie								
Entreprises nationales	33	32	32	30	30	30	32	33
Entreprises sous contrôle étranger	22	21	22	21	19	19	22	20
Succursales d'entreprises étrangères	1	..	11	..	..	..	..	..
Ensemble des entreprises	34	32	43	30	30	30	32	33
Mixtes, ensemble des entreprises	**0**	**0**	**0**	**0**	**0**	**0**	**0**	**0**
Réassurance								
Entreprises nationales	1	1	1	1	1	1	1	1
Entreprises sous contrôle étranger	0	1	1	1	1	1	1	1
Succursales d'entreprises étrangères	0	..	..	..	..	..	..	..
Ensemble des entreprises	1	1	1	1	1	1	1	1
Total								
Entreprises nationales	65	63	61	59	58	57	61	61
Entreprises sous contrôle étranger	44	45	45	45	41	39	44	42
Succursales d'entreprises étrangères	1	..	13	..	..	..	..	..
Ensemble des entreprises	66	63	74	59	58	57	61	61
2.2 Nombre d'employés								
Entreprises d'assurance	36 877	35 803	37 239	37 205	37 187	35 922	35 282	..
Intermédiaires	60 789	62 347	68 168	58 879	69 621	58 004	49 126	..
Total	97 666	98 150	105 407	96 083	106 800	93 926	84 408	..

.. Non disponible

Note : Voir les métadonnées détaillées sur : http://metalinks.oecd.org/ins/20180621/0efa.

Responsabilité : http://oe.cd/disclaimer

Source : Statistiques de l'OCDE sur les assurances (base de données)

Portugal
Tableau 1. Agrégats sélectionnés

Millions EUR

	2009	2010	2011	2012	2013	2014	2015	2016
1.1 Opérations d'assurance conclues dans le pays déclarant								
1.1.1 Opérations d'assurance, par intérêt								
Primes brutes								
Entreprises nationales	14 111	15 816	11 165	10 553	12 802	14 051	12 568	10 913
Entreprises sous contrôle étranger	2 067	1 758	1 676	1 553	1 617	8 737	8 890	9 048
Succursales d'entreprises étrangères	89	75	73	0	0	0	0	0
Ensemble des entreprises	14 200	15 891	11 238	10 553	12 802	14 051	12 568	10 913
Primes cédées								
Entreprises nationales	992	1 013	982	1 096	1 144	1 118	1 194	1 214
Entreprises sous contrôle étranger	189	80	153	130	140	836	924	992
Succursales d'entreprises étrangères	28	26	23	0	0	0	0	0
Ensemble des entreprises	1 020	1 039	1 005	1 096	1 144	1 118	1 194	1 214
Primes nettes émises								
Entreprises nationales	7 184	14 802	10 183	9 457	11 658	12 933	11 374	9 698
Entreprises sous contrôle étranger	1 806	1 678	1 523	1 423	1 477	7 902	7 966	8 056
Succursales d'entreprises étrangères	61	49	50	0	0	0	0	0
Ensemble des entreprises	7 245	14 851	10 232	9 457	11 658	12 933	11 374	9 698
1.1.2 Opérations d'assurance par risque à l'étranger, primes brutes								
Vie	5 |	0	0	2	3	13	8	11
Non-vie	5 |	1	2	15	14	13	13	4
Mixtes	76 |	0	0	54	64	92	107	127
dont :								
Vie	38 |	0	0	27	27	53	63	70
Non-vie	38 |	0	0	27	38	39	44	57
Total	85	1	2	72	81	118	129	142
1.1.3 Paiement par catégories d'assurance, primes brutes (vie)								
Rentes	37	33	19	46	79	64	109	142
Unit linked	2 908	2 389	1 954	1 999	1 851	1 966	2 119	1 655
Autre assurance vie	7 094	9 414	5 240	4 633	7 094	8 220	6 254	4 708
Total Assurance Vie	10 039	11 835	7 213	6 678	9 023	10 249	8 481	6 504
***dont :** Contrats de retraite*	..	..	..	..	..	..	..	..
1.1.4 Paiement par catégories d'assurance, primes brutes (non-vie)								
L'assurance automobile	1 563	1 454	1 447	1 353	1 277	1 256	1 316	1 399
Les assurances transport (y compris maritime et aérien)	44	37	35	35	33	29	28	25
L'assurance de fret	26	26	26	25	25	24	23	22
L'assurance incendie et des dommages aux bien	684	657	686	702	700	699	745	771
L'assurance des pertes pécuniaires	66	53	54	63	69	70	73	84
L'assurance de la responsabilité civile générale	95	93	90	89	84	87	94	99
Les assurances accidents et maladie	1 522	1 504	1 480	1 430	1 413	1 452	1 602	1 783
***dont :** Maladie*	756	806	820	838	862	896	973	1 084
Autres assurances non-vie	150	165	170	177	178	183	205	225
Réassurance obligatoire	0	0	0	0	0	0	0	0
Total assurance non-vie	4 149	3 988	3 988	3 874	3 778	3 802	4 086	4 408

Portugal
Tableau 1. Agrégats sélectionnés *(suite)*

Millions EUR

	2009	2010	2011	2012	2013	2014	2015	2016
1.2 Paiements bruts des sinistres								
Vie								
Entreprises nationales	4 687	3 782	6 935	4 875	4 518	5 254	6 133	6 568
Entreprises sous contrôle étranger	410	457	505	461	374	2 667	2 724	2 252
Succursales d'entreprises étrangères	0	0	0	0	0	0	0	0
Ensemble des entreprises	4 687	3 782	6 935	4 875	4 518	5 254	6 133	6 568
Non-vie								
Entreprises nationales	1 636	1 628	1 588	1 471	1 446	1 407	1 520	1 336
Entreprises sous contrôle étranger	678	518	424	385	376	1 174	1 278	1 070
Succursales d'entreprises étrangères	15	0	0	0	0	0	0	0
Ensemble des entreprises	1 652	1 628	1 588	1 471	1 446	1 407	1 520	1 336
Mixtes								
Entreprises nationales	4 859	7 074	7 987	5 927	5 427	5 201	5 128	4 554
Entreprises sous contrôle étranger	415	474	517	541	562	3 091	3 922	4 501
Succursales d'entreprises étrangères	57	43	43	0	0	0	0	0
Ensemble des entreprises	4 916	7 116	8 030	5 927	5 427	5 201	5 128	4 554
dont :								
Vie	3 598	5 828	6 661	4 616	4 067	3 895	3 840	2 867
Entreprises nationales	3 542	5 787	6 621	4 616	4 067	3 895	3 840	2 867
Entreprises sous contrôle étranger	129	151	173	184	167	2 904	2 839	2 815
Succursales d'entreprises étrangères	55	41	41	0	0	0	0	0
Ensemble des entreprises	3 598	5 828	6 661	4 616	4 067	3 895	3 840	2 867
Non-vie	1 319	1 288	1 369	1 311	1 360	1 306	1 288	1 687
Entreprises nationales	1 317	1 286	1 367	1 311	1 360	1 306	1 288	1 687
Entreprises sous contrôle étranger	286	323	344	357	395	1 087	1 083	1 686
Succursales d'entreprises étrangères	2	2	2	0	0	0	0	0
Ensemble des entreprises	1 319	1 288	1 360	1 311	1 360	1 306	1 288	1 687
Total								
Entreprises nationales	11 183	12 485	16 510	12 274	11 391	11 861	12 782	12 458
Entreprises sous contrôle étranger	1 503	1 449	1 446	1 387	1 312	7 832	7 923	7 022
Succursales d'entreprises étrangères	72	43	43	0	0	0	0	0
Ensemble des entreprises	11 255	12 527	16 553	12 274	11 391	11 861	12 782	12 458
1.3 Commissions								
Vie								
Entreprises nationales	61	69	38	47	144	40	77	105
Entreprises sous contrôle étranger	11	9	9	7	7	15	41	42
Succursales d'entreprises étrangères	0	0	0	0	0	0	0	0
Ensemble des entreprises	61	69	38	47	144	40	77	105
Non-vie								
Entreprises nationales	188	179	155	157	156	153	178	164
Entreprises sous contrôle étranger	91	58	44	40	38	117	133	98
Succursales d'entreprises étrangères	0	0	0	0	0	0	0	0
Ensemble des entreprises	188	179	155	157	156	153	178	164
Mixtes								
Entreprises nationales	259	256	273	272	291	301	295	286
Entreprises sous contrôle étranger	57	63	76	81	99	208	222	283
Succursales d'entreprises étrangères	23	22	20	0	0	0	0	0
Ensemble des entreprises	282	277	293	272	291	301	295	286
dont :								
Vie	124	119	114	87	98	100	82	49
Entreprises nationales	103	99	96	87	98	100	82	49
Entreprises sous contrôle étranger	20	19	20	21	28	42	44	47
Succursales d'entreprises étrangères	22	20	18	0	0	0	0	0
Ensemble des entreprises	124	119	114	87	98	100	82	49
Non-vie	158	158	179	185	193	201	214	237
Entreprises nationales	156	157	177	185	193	201	214	237
Entreprises sous contrôle étranger	37	44	56	60	71	165	178	236
Succursales d'entreprises étrangères	2	2	2	0	0	0	0	0
Ensemble des entreprises	158	158	179	185	193	201	214	237
Total								
Entreprises nationales	508	504	466	476	591	493	550	554
Entreprises sous contrôle étranger	159	131	130	128	144	339	306	428
Succursales d'entreprises étrangères	23	22	20	0	0	0	0	0
Ensemble des entreprises	532	525	486	476	591	493	550	554

Portugal
Tableau 1. Agrégats sélectionnés *(suite)*

Millions EUR

	2009	2010	2011	2012	2013	2014	2015	2016
1.4 Dépenses brutes d'exploitation								
Vie								
Entreprises nationales	241	234	202	206	314	212	244	300
Entreprises sous contrôle étranger	32	37	37	36	33	136	163	168
Succursales d'entreprises étrangères	0	0	0	0	0	0	0	0
Ensemble des entreprises	241	234	202	206	314	212	244	300
Non-vie								
Entreprises nationales	568	555	528	511	496	495	550	467
Entreprises sous contrôle étranger	253	179	155	144	133	398	441	357
Succursales d'entreprises étrangères	2	0	0	0	0	0	0	0
Ensemble des entreprises	570	555	528	511	496	495	550	467
Mixtes								
Entreprises nationales	739	689	710	723	715	717	720	711
Entreprises sous contrôle étranger	185	163	190	200	198	541	571	702
Succursales d'entreprises étrangères	36	38	39	0	0	0	0	0
Ensemble des entreprises	775	727	750	723	715	717	720	711
dont :								
Vie	271	270	258	221	234	230	222	148
Entreprises nationales	240	238	226	221	234	230	222	148
Entreprises sous contrôle étranger	49	45	48	49	48	125	145	140
Succursales d'entreprises étrangères	31	32	32	0	0	0	0	0
Ensemble des entreprises	271	270	258	221	234	230	222	148
Non-vie	504	457	492	502	481	487	497	562
Entreprises nationales	499	451	484	502	481	487	497	562
Entreprises sous contrôle étranger	136	118	142	151	151	416	427	562
Succursales d'entreprises étrangères	5	6	7	0	0	0	0	0
Ensemble des entreprises	504	457	492	502	481	487	497	562
Total								
Entreprises nationales	1 547	1 478	1 440	1 440	1 525	1 425	1 513	1 478
Entreprises sous contrôle étranger	471	379	381	380	364	1 076	1 176	1 227
Succursales d'entreprises étrangères	39	38	39	0	0	0	0	0
Ensemble des entreprises	1 586	1 516	1 480	1 440	1 525	1 425	1 513	1 478
1.5 Opérations à l'étranger par succursale, primes brutes								
Vie								
Succursales et agences	5	4	6	2	3	13	8	11
Filiales	0	0	0	0	0	0	0	0
Total	5	4	6	2	3	13	8	11
Non-vie								
Succursales et agences	5	7	8	14	12	12	12	1
Filiales	0	0	0	0	0	0	0	0
Total	5	7	8	14	12	12	12	1
Mixtes								
Succursales et agences	76	79	55	54	64	92	107	127
Filiales	0	0	0	0	0	0	0	0
Total	76	79	55	54	64	92	107	127
dont :								
Vie	38	40	28	27	27	53	63	70
Succursales et agences	38	40	28	27	27	53	63	70
Filiales	0	0	0	0	0	0	0	0
Total	38	40	28	27	27	53	63	70
Non-vie	38	39	27	27	38	39	44	57
Succursales et agences	38	39	27	27	38	39	44	57
Filiales	0	0	0	0	0	0	0	0
Total	38	39	27	27	38	39	44	57
Total								
Succursales et agences	85	89	69	70	79	117	128	138
Filiales	0	0	0	0	0	0	0	0
Total	85	89	69	70	79	117	128	138

.. Non disponible ; | Rupture de série

Note : Voir les métadonnées détaillées sur : http://metalinks.oecd.org/ins/20180621/1b32.

Responsabilité : http://oe.cd/disclaimer

Source : Statistiques de l'OCDE sur les assurances (base de données)

Portugal
Tableau 2. Nombre d'entreprises et d'employés

	2009	2010	2011	2012	2013	2014	2015	2016
2.1 Nombre d'entreprises								
Vie								
Entreprises nationales	15	15	14	14	14	16	16	14
Entreprises sous contrôle étranger	5	6	5	5	5	10	10	9
Succursales d'entreprises étrangères	6	6	6	6	5	5	5	4
Ensemble des entreprises	21	21	20	20	19	21	21	18
Non-vie								
Entreprises nationales	24	23	21	21	21	21	24	23
Entreprises sous contrôle étranger	7	6	5	4	4	15	16	15
Succursales d'entreprises étrangères	27	26	24	25	24	23	21	19
Ensemble des entreprises	51	49	45	46	45	44	45	42
Mixtes								
Entreprises nationales	6	7	7	6	6	5	5	5
Entreprises sous contrôle étranger	2	2	2	2	2	3	3	4
Succursales d'entreprises étrangères	7	5	5	5	6	6	7	7
Ensemble des entreprises	13	12	12	11	12	11	12	12
Réassurance								
Entreprises nationales	1	1	1	1	1	1	1	1
Entreprises sous contrôle étranger	0	0	0	0	0	1	1	1
Succursales d'entreprises étrangères	0	0	0	0	0	0	0	0
Ensemble des entreprises	1	1	1	1	1	1	1	1
Total								
Entreprises nationales	46	46	43	42	42	43	46	43
Entreprises sous contrôle étranger	14	14	12	11	11	29	30	29
Succursales d'entreprises étrangères	40	37	35	36	35	34	33	30
Ensemble des entreprises	86	83	78	78	77	77	79	73
2.2 Nombre d'employés								
Entreprises d'assurance	10 300	10 565	10 937	8 807	9 224	9 252	9 441	9 387
Intermédiaires	27 139	25 897	25 397	24 624	24 207	23 465	22 738	21 426
Total	37 439	36 462	36 334	33 431	33 431	32 717	32 179	30 813

Note : Voir les métadonnées détaillées sur : http://metalinks.oecd.org/ins/20180621/1b32.
Responsabilité : http://oe.cd/disclaimer
Source : Statistiques de l'OCDE sur les assurances (base de données)

République slovaque
Tableau 1. Agrégats sélectionnés

Millions EUR

	2009	2010	2011	2012	2013	2014	2015	2016
1.1 Opérations d'assurance conclues dans le pays déclarant								
1.1.1 Opérations d'assurance, par intérêt								
Primes brutes								
Entreprises nationales	1 985	2 015	2 040	2 036	2 082	2 106	2 020	..
Entreprises sous contrôle étranger	1 846	1 861	1 875	1 863	1 901	1 918	1 827	..
Succursales d'entreprises étrangères	93	109	114	121	146	142	143	..
Ensemble des entreprises	2 078	2 124	2 154	2 157	2 228	2 248	2 163	..
Primes cédées								
Entreprises nationales	244	263	294	294	298	314	319	..
Entreprises sous contrôle étranger	228	241	268	267	268	283	287	..
Succursales d'entreprises étrangères	15	16	17	17	19	17	17	..
Ensemble des entreprises	259	279	312	311	316	331	336	..
Primes nettes émises								
Entreprises nationales	1 741	1 752	1 746	1 742	1 785	1 792	1 701	..
Entreprises sous contrôle étranger	1 618	1 607	1 606	1 596	1 633	1 635	1 540	..
Succursales d'entreprises étrangères	78	93	96	104	127	126	126	..
Ensemble des entreprises	1 819	1 845	1 842	1 846	1 912	1 917	1 827	..
1.1.2 Opérations d'assurance par risque à l'étranger, primes brutes								
Vie	..	..	..	..	..	..	..	..
Non-vie	..	..	..	..	..	..	..	..
Mixtes	..	..	..	..	..	..	..	..
dont :								
Vie	..	..	..	..	..	..	..	..
Non-vie	..	..	..	..	..	..	..	..
Total	..	..	..	..	..	..	..	..
1.1.3 Paiement par catégories d'assurance, primes brutes (vie)								
Rentes	623	637	619	607	649	623	586	..
Unit linked	284	315	338	409	423	417	351	..
Autre assurance vie	122	128	137	146	164	180	171	..
Total Assurance Vie	1 029	1 079	1 094	1 162	1 236	1 220	1 108	..
***dont :** Contrats de retraite*	19	16	15	13	12	12	12	..
1.1.4 Paiement par catégories d'assurance, primes brutes (non-vie)								
L'assurance automobile	578	579	568	548	528	532	547	..
Les assurances transport (y compris maritime et aérien)	6	6	6	7	6	6	6	..
L'assurance de fret	9	8	8	8	8	8	8	..
L'assurance incendie et des dommages aux bien	227	235	248	247	250	257	257	..
L'assurance des pertes pécuniaires	13	23	25	24	27	33	34	..
L'assurance de la responsabilité civile générale	52	67	65	68	73	78	78	..
Les assurances accidents et maladie	32	40	38	40	45	49	44	..
***dont :** Maladie*	2	2	2	2	2	2	3	..
Autres assurances non-vie	27	29	31	32	34	35	39	..
Réassurance obligatoire	12	12	19	21	21	32	42	..
Total assurance non-vie	956	997	1 009	996	992	1 028	1 055	..

République slovaque
Tableau 1. Agrégats sélectionnés *(suite)*

Millions EUR

	2009	2010	2011	2012	2013	2014	2015	2016
1.2 Paiements bruts des sinistres								
Vie								
Entreprises nationales	73	84	97	93	91	107	98	186
Entreprises sous contrôle étranger	73	84	97	93	91	107	98	..
Succursales d'entreprises étrangères	2	1	0	0	0	0	2	..
Ensemble des entreprises	75	85	97	93	91	108	100	..
Non-vie								
Entreprises nationales	4	5	5	1	0	0	0	..
Entreprises sous contrôle étranger	4	5	5	1	0	0	0	..
Succursales d'entreprises étrangères	15	27	24	44	27	29	32	..
Ensemble des entreprises	19	32	29	45	27	29	32	..
Mixtes								
Entreprises nationales	957	1 043	1 075	1 083	1 117	1 084	1 057	2 291
Entreprises sous contrôle étranger	850	922	945	948	979	948	911	1 909
Succursales d'entreprises étrangères	3	3	5	12	14	16	16	..
Ensemble des entreprises	959	1 046	1 079	1 094	1 131	1 099	1 073	..
dont :								
Vie	480	528	566	640	658	646	575	..
Entreprises nationales	478	525	562	632	647	634	563	1 794
Entreprises sous contrôle étranger	400	431	463	527	544	533	457	1 459
Succursales d'entreprises étrangères	1	3	4	8	11	12	12	..
Ensemble des entreprises	480	528	566	640	658	646	575	..
Non-vie	480	518	513	455	473	453	497	..
Entreprises nationales	479	518	513	451	470	450	494	497
Entreprises sous contrôle étranger	449	490	483	421	435	415	454	450
Succursales d'entreprises étrangères	1	0	0	4	4	3	3	..
Ensemble des entreprises	480	518	513	455	473	453	497	..
Total								
Entreprises nationales	1 034	1 132	1 177	1 176	1 208	1 191	1 155	2 477
Entreprises sous contrôle étranger	927	1 010	1 047	1 042	1 070	1 055	1 010	1 909
Succursales d'entreprises étrangères	20	30	30	55	42	44	49	..
Ensemble des entreprises	1 054	1 162	1 206	1 232	1 249	1 236	1 205	..
1.3 Commissions								
Vie								
Entreprises nationales	25	22	26	28	29	33	37	..
Entreprises sous contrôle étranger	25	22	26	28	29	33	37	..
Succursales d'entreprises étrangères	0	0	1	1	1	1	2	..
Ensemble des entreprises	25	22	27	29	30	34	39	..
Non-vie								
Entreprises nationales	1	1	2	1	0	0	0	..
Entreprises sous contrôle étranger	1	1	2	1	0	0	0	..
Succursales d'entreprises étrangères	6	9	9	11	13	15	18	..
Ensemble des entreprises	8	10	11	12	13	15	18	..
Mixtes								
Entreprises nationales	218	221	230	238	251	259	250	..
Entreprises sous contrôle étranger	210	210	219	225	238	244	233	..
Succursales d'entreprises étrangères	21	18	17	17	18	4	16	..
Ensemble des entreprises	238	239	247	255	269	264	266	..
dont :								
Vie	107	98	97	102	107	95	89	..
Entreprises nationales	86	80	82	86	93	95	77	..
Entreprises sous contrôle étranger	85	77	79	81	90	91	73	..
Succursales d'entreprises étrangères	20	17	16	16	14	0	12	..
Ensemble des entreprises	107	98	97	102	107	95	89	..
Non-vie	132	141	149	154	162	168	177	..
Entreprises nationales	131	141	149	152	150	164	173	..
Entreprises sous contrôle étranger	125	133	141	143	149	153	160	..
Succursales d'entreprises étrangères	1	1	1	2	4	4	5	..
Ensemble des entreprises	132	141	149	154	162	168	177	..
Total								
Entreprises nationales	244	244	258	266	279	292	287	..
Entreprises sous contrôle étranger	236	233	247	253	267	277	270	..
Succursales d'entreprises étrangères	27	27	27	30	32	21	36	..
Ensemble des entreprises	271	271	285	296	311	313	323	..

République slovaque
Tableau 1. Agrégats sélectionnés (*suite*)

Millions EUR

	2009	2010	2011	2012	2013	2014	2015	2016
1.4 Dépenses brutes d'exploitation								
Vie								
Entreprises nationales	52 |	50	58	58	57	63	72	..
Entreprises sous contrôle étranger	52 |	50	58	58	57	63	72	..
Succursales d'entreprises étrangères	1	1	2	3	2	2	3	..
Ensemble des entreprises	53 |	51	60	60	59	65	75	..
Non-vie								
Entreprises nationales	6 |	6	6	2	0	0	0	..
Entreprises sous contrôle étranger	6 |	6	6	2	0	0	0	..
Succursales d'entreprises étrangères	18	20	23	26	30	31	32	..
Ensemble des entreprises	24 |	26	29	28	30	31	32	..
Mixtes								
Entreprises nationales	488 |	488	492	510	522	529	505	..
Entreprises sous contrôle étranger	468 |	463	465	481	492	498	472	..
Succursales d'entreprises étrangères	27	45	23	29	28	7	25	..
Ensemble des entreprises	515 |	532	515	539	549	536	531	..
dont :								
Vie	230 |	219	212	231	228	212	187	..
Entreprises nationales	205 |	196	190	207	207	212	170	..
Entreprises sous contrôle étranger	199 |	184	180	195	197	202	160	..
Succursales d'entreprises étrangères	25	24	22	24	21	1	17	..
Ensemble des entreprises	230 |	219	212	231	228	212	187	..
Non-vie	285 |	313	302	308	321	324	344	..
Entreprises nationales	283 |	292	301	303	314	317	336	..
Entreprises sous contrôle étranger	269 |	279	285	286	295	295	312	..
Succursales d'entreprises étrangères	2	21	1	5	7	6	8	..
Ensemble des entreprises	285 |	313	302	308	321	324	344	..
Total								
Entreprises nationales	546	543	555	569	578	592	578	..
Entreprises sous contrôle étranger	526	518	529	541	549	561	544	..
Succursales d'entreprises étrangères	46	66	48	57	60	40	60	..
Ensemble des entreprises	592	610	603	627	639	632	638	..
1.5 Opérations à l'étranger par succursale, primes brutes								
Vie								
Succursales et agences	0 |	0	0	0	0	0	1	..
Filiales	0 |	0	0	0	0	1	5	..
Total	0 |	0	0	0	0	1	6	..
Non-vie								
Succursales et agences	0 |	0	0	0	0	0	0	..
Filiales	0 |	0	0	0	0	0	0	..
Total	0 |	0	0	0	0	0	0	..
Mixtes								
Succursales et agences	1 |	0	0	1	1	2	2	..
Filiales	4 |	4	4	3	3	4	6	..
Total	4 |	4	4	4	5	6	8	..
dont :								
Vie	0 |	0	0	0	0	0	0	..
Succursales et agences	0 |	0	0	0	0	0	0	..
Filiales	0 |	0	0	0	0	0	0	..
Total	0 |	0	0	0	0	0	0	..
Non-vie	4 |	4	4	4	5	6	8	..
Succursales et agences	1 |	0	0	1	1	2	2	..
Filiales	4 |	4	4	3	3	4	6	..
Total	4 |	4	4	4	5	6	8	..
Total								
Succursales et agences	1	0	0	1	1	2	3	..
Filiales	4	4	4	3	3	5	10	..
Total	4	4	4	4	5	7	14	..

.. Non disponible ; | Rupture de série

Note : Voir les métadonnées détaillées sur : http://metalinks.oecd.org/ins/20180621/61c7.

Responsabilité : http://oe.cd/disclaimer

Source : Statistiques de l'OCDE sur les assurances (base de données)

République slovaque
Tableau 2. Nombre d'entreprises et d'employés

	2009	2010	2011	2012	2013	2014	2015	2016
2.1 Nombre d'entreprises								
Vie								
Entreprises nationales	6	6	6	5	5	5	5	3
Entreprises sous contrôle étranger	6	6	6	5	5	5	5	3
Succursales d'entreprises étrangères	2	2	2	1	1	1	1	2
Ensemble des entreprises	8	8	8	6	6	6	6	5
Non-vie								
Entreprises nationales	2	2	2	1	0	0	0	0
Entreprises sous contrôle étranger	2	2	2	1	0	0	0	0
Succursales d'entreprises étrangères	10	12	13	16	17	17	17	19
Ensemble des entreprises	12	14	15	17	17	17	17	19
Mixtes								
Entreprises nationales	12	12	12	12	12	12	12	12
Entreprises sous contrôle étranger	10	10	10	10	10	10	10	12
Succursales d'entreprises étrangères	2	1	2	2	2	2	2	18
Ensemble des entreprises	14	13	14	14	14	14	14	30
Réassurance								
Entreprises nationales	0	0	0	0	0	0	0	0
Entreprises sous contrôle étranger	0	0	0	0	0	0	0	0
Succursales d'entreprises étrangères	0	1	1	1	1	1	1	0
Ensemble des entreprises	0	1	1	1	1	1	1	0
Total								
Entreprises nationales	20	20	20	18	17	17	17	15
Entreprises sous contrôle étranger	18	18	18	16	15	15	15	15
Succursales d'entreprises étrangères	14	16	18	20	21	21	21	39
Ensemble des entreprises	34	36	38	38	38	38	38	54
2.2 Nombre d'employés								
Entreprises d'assurance	6 359	6 213	6 087	5 878	5 778	5 937	..	..
Intermédiaires	1 268	962	1 020	1 373	..	1 358	..	..
Total	7 627	7 175	7 107	7 251	..	7 295	..	..

.. Non disponible

Note : Voir les métadonnées détaillées sur : http://metalinks.oecd.org/ins/20180621/61c7.

Responsabilité : http://oe.cd/disclaimer

Source : Statistiques de l'OCDE sur les assurances (base de données)

Slovénie
Tableau 1. Agrégats sélectionnés

Millions EUR

	2009	2010	2011	2012	2013	2014	2015	2016
1.1 Opérations d'assurance conclues dans le pays déclarant								
1.1.1 Opérations d'assurance, par intérêt								
Primes brutes								
Entreprises nationales	2 174	2 178	2 184	2 192	2 114	2 095	2 150	2 182
Entreprises sous contrôle étranger	151	164	169	166	166	166	172	180
Succursales d'entreprises étrangères	..	..	..	..	..	..	..	..
Ensemble des entreprises	2 174	2 178	2 184	2 192	2 114	2 095	2 150	2 182
Primes cédées								
Entreprises nationales	294	277	279	283	258	274	256	269
Entreprises sous contrôle étranger	36	41	40	27	27	28	33	39
Succursales d'entreprises étrangères	..	..	..	..	..	..	..	..
Ensemble des entreprises	294	277	279	283	258	274	256	269
Primes nettes émises								
Entreprises nationales	1 880	1 901	1 905	1 909	1 856	1 821	1 894	1 914
Entreprises sous contrôle étranger	115	123	128	139	140	137	139	141
Succursales d'entreprises étrangères	..	..	..	..	..	..	..	..
Ensemble des entreprises	1 880	1 901	1 905	1 909	1 856	1 821	1 894	1 914
1.1.2 Opérations d'assurance par risque à l'étranger, primes brutes								
Vie	1 |	0	0	0	..	..	..	..
Non-vie	0 |	..	..	..	0	0	0	..
Mixtes	1 |	0	0	2	2	1	1	..
dont :								
Vie	0 |	..	..	..	0	0	1	..
Non-vie	1 |	0	0	2	1	1	0	..
Total	1	1	0	2	2	2	2	..
1.1.3 Paiement par catégories d'assurance, primes brutes (vie)								
Rentes	..	..	..	..	..	..	..	..
Unit linked	219	231	228	219	201	195	215	213
Autre assurance vie	258	254	252	266	273	284	283	279
Total Assurance Vie	477	485	479	485	473	479	498	492
***dont :** Contrats de retraite*	120	52	51	65	45	37	37	39
1.1.4 Paiement par catégories d'assurance, primes brutes (non-vie)								
L'assurance automobile	646	627	601	559	513	495	484	499
Les assurances transport (y compris maritime et aérien)	15	14	15	18	15	16	18	18
L'assurance de fret	13	15	15	15	14	13	15	16
L'assurance incendie et des dommages aux bien	366	377	389	396	370	372	393	405
L'assurance des pertes pécuniaires	43	51	50	48	49	56	62	62
L'assurance de la responsabilité civile générale	54	54	58	61	63	65	64	72
Les assurances accidents et maladie	538	528	544	580	585	574	591	591
***dont :** Maladie*	415	409	428	467	480	470	484	489
Autres assurances non-vie	22	25	32	30	31	24	25	28
Réassurance obligatoire	..	0	0	0	..	0	0	0
Total assurance non-vie	1 697	1 691	1 704	1 706	1 641	1 616	1 652	1 690

Slovénie
Tableau 1. Agrégats sélectionnés *(suite)*

Millions EUR

	2009	2010	2011	2012	2013	2014	2015	2016
1.2 Paiements bruts des sinistres								
Vie								
Entreprises nationales	15	22	35	40	31	36	52	50
Entreprises sous contrôle étranger	0	0	0	0	0	1	0	2
Succursales d'entreprises étrangères	..	..	..	..	..	..	..	..
Ensemble des entreprises	15	22	35	40	31	36	52	50
Non-vie								
Entreprises nationales	452	456	443	463	482	449	499	491
Entreprises sous contrôle étranger	0	0	0	..	..	..	1	0
Succursales d'entreprises étrangères	..	..	..	..	..	..	..	..
Ensemble des entreprises	452	456	443	463	482	449	499	491
Mixtes								
Entreprises nationales	942	889	878	902	951	941	911	903
Entreprises sous contrôle étranger	62	72	77	84	93	90	91	95
Succursales d'entreprises étrangères	..	..	..	..	..	..	..	..
Ensemble des entreprises	942	889	878	902	951	941	911	903
dont :								
Vie	148	186	229	259	299	304	305	314
Entreprises nationales	148	186	229	259	299	304	305	314
Entreprises sous contrôle étranger	28	35	41	47	51	50	51	50
Succursales d'entreprises étrangères	..	..	..	..	..	..	..	..
Ensemble des entreprises	148	186	229	259	299	304	305	314
Non-vie	794	704	649	642	651	637	606	590
Entreprises nationales	794	704	649	642	651	637	606	590
Entreprises sous contrôle étranger	35	37	36	38	42	41	40	45
Succursales d'entreprises étrangères	..	..	..	..	..	..	..	..
Ensemble des entreprises	794	704	649	642	651	637	606	590
Total								
Entreprises nationales	1 408	1 368	1 355	1 404	1 464	1 426	1 461	1 445
Entreprises sous contrôle étranger	63	72	78	85	93	91	91	97
Succursales d'entreprises étrangères	..	..	..	..	..	..	..	..
Ensemble des entreprises	1 408	1 368	1 355	1 404	1 464	1 426	1 461	1 445
1.3 Commissions								
Vie								
Entreprises nationales	11	8	7	6	3	3	3	3
Entreprises sous contrôle étranger	0	0	0	0	0	0	0	0
Succursales d'entreprises étrangères	..	..	..	..	..	..	..	..
Ensemble des entreprises	11	8	7	6	3	3	3	3
Non-vie								
Entreprises nationales	2	2	2	2	4	7	8	7
Entreprises sous contrôle étranger	0	0	0	..	..	..	0	0
Succursales d'entreprises étrangères	..	..	..	..	..	..	..	..
Ensemble des entreprises	2	2	2	2	4	7	8	7
Mixtes								
Entreprises nationales	63	70	90	80	84	86	89	86
Entreprises sous contrôle étranger	15	17	19	19	19	20	21	28
Succursales d'entreprises étrangères	..	..	..	..	..	..	..	..
Ensemble des entreprises	63	70	90	80	84	86	89	86
dont :								
Vie	22	26	36	27	32	32	34	32
Entreprises nationales	22	26	36	27	32	32	34	32
Entreprises sous contrôle étranger	8	8	9	10	10	10	10	15
Succursales d'entreprises étrangères	..	..	..	..	..	..	..	..
Ensemble des entreprises	22	26	36	27	32	32	34	32
Non-vie	42	44	53	53	52	54	56	54
Entreprises nationales	42	44	53	53	52	54	56	54
Entreprises sous contrôle étranger	7	9	9	9	9	10	11	13
Succursales d'entreprises étrangères	..	..	..	..	..	..	..	..
Ensemble des entreprises	42	44	53	53	52	54	56	54
Total								
Entreprises nationales	76	80	99	89	91	96	100	96
Entreprises sous contrôle étranger	16	17	19	20	19	20	21	28
Succursales d'entreprises étrangères	..	..	..	..	..	..	..	..
Ensemble des entreprises	76	80	99	89	91	96	100	96

Slovénie
Tableau 1. Agrégats sélectionnés *(suite)*

Millions EUR

	2009	2010	2011	2012	2013	2014	2015	2016
1.4 Dépenses brutes d'exploitation								
Vie								
Entreprises nationales	31 |	27	26	28	14	15	16	12
Entreprises sous contrôle étranger	1 |	2	1	2	2	1	1	1
Succursales d'entreprises étrangères	..	..	..	..	..	..	..	..
Ensemble des entreprises	31 |	27	26	28	14	15	16	12
Non-vie								
Entreprises nationales	84 |	80	74	80	81	86	90	97
Entreprises sous contrôle étranger	1 |	1	1	..	..	..	0	1
Succursales d'entreprises étrangères	..	..	..	..	..	..	..	..
Ensemble des entreprises	84 |	80	74	80	81	86	90	97
Mixtes								
Entreprises nationales	302 |	354	356	361	366	362	368	378
Entreprises sous contrôle étranger	44 |	31	52	56	47	57	60	60
Succursales d'entreprises étrangères	..	..	..	..	..	..	..	..
Ensemble des entreprises	302 |	354	356	361	366	362	368	378
dont :								
Vie	47 |	86	91	93	104	99	100	99
Entreprises nationales	47 |	86	91	93	104	99	100	99
Entreprises sous contrôle étranger	23 |	20	26	28	26	27	28	26
Succursales d'entreprises étrangères	..	..	..	..	..	..	..	..
Ensemble des entreprises	47 |	86	91	93	104	99	100	99
Non-vie	256 |	267	265	269	263	263	268	279
Entreprises nationales	256 |	267	265	269	263	263	268	279
Entreprises sous contrôle étranger	20 |	11	26	28	21	30	32	33
Succursales d'entreprises étrangères	..	..	..	..	..	..	..	..
Ensemble des entreprises	256 |	267	265	269	263	263	268	279
Total								
Entreprises nationales	417	460	456	469	461	462	474	487
Entreprises sous contrôle étranger	46	34	55	57	49	59	62	62
Succursales d'entreprises étrangères	..	..	..	..	..	..	..	..
Ensemble des entreprises	417	460	456	469	461	462	474	487
1.5 Opérations à l'étranger par succursale, primes brutes								
Vie								
Succursales et agences	1 |	0	0	..	..	..	..	..
Filiales	0	..	..	..	..	..	..	..
Total	1 |	0	0	..	..	..	..	..
Non-vie								
Succursales et agences	..	..	..	..	..	..	..	..
Filiales	0	..	..	..	..	..	..	..
Total	..	..	..	..	..	..	..	..
Mixtes								
Succursales et agences	1 |	0	0	..	..	..	2	..
Filiales	0	..	..	..	..	..	..	..
Total	1 |	0	0	..	..	..	2	..
dont :								
Vie	..	..	..	..	..	..	2	..
Succursales et agences	..	..	..	..	..	..	2	..
Filiales	0	..	..	..	..	..	..	..
Total	..	..	..	..	..	..	2	..
Non-vie	1 |	0	0	..	..	..	0	..
Succursales et agences	1 |	0	0	..	..	..	0	..
Filiales	0	..	..	..	..	..	..	..
Total	1 |	0	0	..	..	..	0	..
Total								
Succursales et agences	1	0	0	..	..	..	2	..
Filiales	0	..	..	..	..	..	..	..
Total	1	0	0	..	..	..	2	..

.. Non disponible ; | Rupture de série

Note : Voir les métadonnées détaillées sur : http://metalinks.oecd.org/ins/20180621/ddec.

Responsabilité : http://oe.cd/disclaimer

Source : Statistiques de l'OCDE sur les assurances (base de données)

Slovénie
Tableau 2. Nombre d'entreprises et d'employés

	2009	2010	2011	2012	2013	2014	2015	2016
2.1 Nombre d'entreprises								
Vie								
Entreprises nationales	3	3	4	4	3	3	3	3
Entreprises sous contrôle étranger	1	1	1	1	1	1	1	1
Succursales d'entreprises étrangères	0	0	0	0	0	0	0	0
Ensemble des entreprises	3	3	4	4	3	3	3	3
Non-vie								
Entreprises nationales	4	4	4	3	3	3	4	4
Entreprises sous contrôle étranger	1	1	1	0	0	0	0	0
Succursales d'entreprises étrangères	1	1	1	3	4	4	4	4
Ensemble des entreprises	5	5	5	6	7	7	8	8
Mixtes								
Entreprises nationales	8	8	8	8	8	8	8	7
Entreprises sous contrôle étranger	3	3	3	3	3	3	3	3
Succursales d'entreprises étrangères	2	2	2	2	2	2	2	2
Ensemble des entreprises	10	10	10	10	10	10	10	9
Réassurance								
Entreprises nationales	2	2	2	2	2	2	2	2
Entreprises sous contrôle étranger	0	0	0	0	0	0	0	0
Succursales d'entreprises étrangères	0	0	0	0	0	0	0	0
Ensemble des entreprises	2	2	2	2	2	2	2	2
Total								
Entreprises nationales	17	17	18	17	16	16	17	16
Entreprises sous contrôle étranger	5	5	5	4	4	4	4	4
Succursales d'entreprises étrangères	3	3	3	5	6	6	6	6
Ensemble des entreprises	20	20	21	22	22	22	23	22
2.2 Nombre d'employés								
Entreprises d'assurance	6 306	..	..	..	..	..	..	..
Intermédiaires	6 230	..	..	..	..	..	..	..
Total	12 536	..	..	..	..	..	..	..

.. Non disponible

Note : Voir les métadonnées détaillées sur : http://metalinks.oecd.org/ins/20180621/ddec.

Responsabilité : http://oe.cd/disclaimer

Source : Statistiques de l'OCDE sur les assurances (base de données)

Espagne
Tableau 1. Agrégats sélectionnés

Millions EUR

	2009	2010	2011	2012	2013	2014	2015	2016
1.1 Opérations d'assurance conclues dans le pays déclarant								
1.1.1 Opérations d'assurance, par intérêt								
Primes brutes								
Entreprises nationales	61 178	57 485	61 922	56 608	58 110	57 662	59 048	66 541
Entreprises sous contrôle étranger	9 940	8 322	8 045	14 689	12 578	12 542	11 038	..
Succursales d'entreprises étrangères	127	135	133	117	0	0	0	..
Ensemble des entreprises	61 305	57 620	62 055	56 725	58 110	57 662	59 048	66 541
Primes cédées								
Entreprises nationales	4 886	4 333	4 305	4 235	5 831	5 019	5 161	6 014
Entreprises sous contrôle étranger	1 590	482	793	1 094	1 058	923	736	..
Succursales d'entreprises étrangères	42	44	44	42	0	0	0	..
Ensemble des entreprises	4 928	4 377	4 349	4 277	5 831	5 019	5 161	6 014
Primes nettes émises								
Entreprises nationales	56 292	53 154	57 617	52 373	52 279	52 643	53 886	60 527
Entreprises sous contrôle étranger	8 349	7 576	7 252	13 594	11 520	11 620	10 301	..
Succursales d'entreprises étrangères	86	91	89	75	0	0	0	..
Ensemble des entreprises	56 377	53 245	57 706	52 448	52 279	52 643	53 886	60 527
1.1.2 Opérations d'assurance par risque à l'étranger, primes brutes								
Vie	..	..	1	16	22	7	11	13
Non-vie	..	..	73	138	79	73	59	45
Mixtes	..	..	79	54	52	44	61	49
dont :								
Vie	..	..	42	39	42	34	46	35
Non-vie	..	..	36	16	10	9	15	14
Total	..	..	153	209	153	123	130	107
1.1.3 Paiement par catégories d'assurance, primes brutes (vie)								
Rentes	0	6 097	8 992	7 052	7 946	6 406	5 881	8 746
Unit linked	4 340	4 760	4 077	3 748	3 062	2 816	2 721	2 981
Autre assurance vie	24 811	16 510	16 704	15 828	14 865	16 021	17 128	19 330
Total Assurance Vie	29 151	27 367	29 773	26 629	25 873	25 244	25 730	31 056
***dont :** Contrats de retraite*	0	..	..	..	..	..	..	..
1.1.4 Paiement par catégories d'assurance, primes brutes (non-vie)								
L'assurance automobile	11 451	10 731	10 698	9 961	9 610	9 445	9 695	10 451
Les assurances transport (y compris maritime et aérien)	389	356	480	329	390	361	369	369
L'assurance de fret	216	194	268	194	294	268	261	270
L'assurance incendie et des dommages aux bien	1 298	1 147	2 701	913	2 246	2 315	2 610	2 895
L'assurance des pertes pécuniaires	338	298	359	311	175	178	208	283
L'assurance de la responsabilité civile générale	1 623	1 283	1 274	1 096	1 077	1 009	1 011	1 049
Les assurances accidents et maladie	7 003	6 501	7 630	7 629	7 888	8 227	8 449	8 879
***dont :** Maladie*	6 034	5 611	6 650	6 777	7 031	7 356	7 536	7 902
Autres assurances non-vie	9 789	9 709	10 410	10 502	10 531	10 558	10 729	11 001
Réassurance obligatoire	..	..	0	0	0	0	0	0
Total assurance non-vie	32 107	30 219	33 820	30 933	32 211	32 362	33 332	35 197

Espagne
Tableau 1. Agrégats sélectionnés *(suite)*

Millions EUR

	2009	2010	2011	2012	2013	2014	2015	2016
1.2 Paiements bruts des sinistres								
Vie								
Entreprises nationales	6 202	6 082	12 763	15 189	14 147	16 777	18 872	3 070
Entreprises sous contrôle étranger	1 425	1 414	1 996	2 127	1 814	1 688	1 582	..
Succursales d'entreprises étrangères	0	0	0	0	0	0	0	..
Ensemble des entreprises	6 202	6 082	12 763	15 189	14 147	16 777	18 872	3 070
Non-vie								
Entreprises nationales	10 761	7 982	9 573	9 489	9 463	9 250	9 593	9 453
Entreprises sous contrôle étranger	2 988	1 406	4 025	3 926	3 947	3 890	2 592	..
Succursales d'entreprises étrangères	0	0	0	0	0	0	0	..
Ensemble des entreprises	10 761	7 982	9 573	9 489	9 463	9 250	9 593	9 453
Mixtes								
Entreprises nationales	30 439	32 008	23 611	22 204	21 477	21 596	20 659	32 425
Entreprises sous contrôle étranger	3 594	3 607	5 663	6 495	5 200	5 230	5 136	..
Succursales d'entreprises étrangères	52	55	63	49	0	0	0	..
Ensemble des entreprises	30 491	32 063	23 674	22 252	21 477	21 596	20 659	32 425
dont :								
Vie	18 600	19 737	11 327	11 547	9 702	9 986	8 948	20 670
Entreprises nationales	18 559	19 702	11 288	11 511	9 702	9 986	8 948	20 670
Entreprises sous contrôle étranger	1 255	1 286	2 437	3 836	2 320	2 497	2 292	..
Succursales d'entreprises étrangères	41	35	38	36	0	0	0	..
Ensemble des entreprises	18 600	19 737	11 327	11 547	9 702	9 986	8 948	20 670
Non-vie	11 890	12 326	12 347	10 705	11 775	11 610	11 711	11 755
Entreprises nationales	11 880	12 306	12 323	10 693	11 775	11 610	11 711	11 755
Entreprises sous contrôle étranger	2 339	1 321	3 226	2 659	2 888	2 733	2 843	..
Succursales d'entreprises étrangères	10	20	24	12	0	0	0	..
Ensemble des entreprises	11 890	12 326	12 347	10 705	11 775	11 610	11 711	11 755
Total								
Entreprises nationales	47 402	46 072	45 947	46 882	45 088	47 622	49 125	44 947
Entreprises sous contrôle étranger	8 007	6 427	11 684	12 548	10 968	10 809	9 010	..
Succursales d'entreprises étrangères	52	55	63	49	0	0	0	..
Ensemble des entreprises	47 454	46 127	46 009	46 930	45 088	47 622	49 125	44 947
1.3 Commissions								
Vie								
Entreprises nationales	..	..	..	..	..	660	712	234
Entreprises sous contrôle étranger	..	..	..	..	..	86	71	..
Succursales d'entreprises étrangères	..	..	..	..	..	0	0	..
Ensemble des entreprises	..	..	..	..	..	660	712	234
Non-vie								
Entreprises nationales	..	..	..	..	..	1 472	1 436	1 433
Entreprises sous contrôle étranger	..	..	..	..	..	642	517	..
Succursales d'entreprises étrangères	..	..	..	..	..	0	0	..
Ensemble des entreprises	..	..	..	..	..	1 472	1 436	1 433
Mixtes								
Entreprises nationales	..	..	..	..	..	2 270	2 635	3 328
Entreprises sous contrôle étranger	..	..	..	..	..	669	710	..
Succursales d'entreprises étrangères	..	..	..	..	..	0	0	..
Ensemble des entreprises	..	..	..	..	..	2 270	2 635	3 328
dont :								
Vie	..	..	..	..	..	418	379	979
Entreprises nationales	..	..	..	..	..	418	379	979
Entreprises sous contrôle étranger	..	..	..	..	..	94	103	..
Succursales d'entreprises étrangères	..	..	..	..	..	0	0	..
Ensemble des entreprises	..	..	..	..	..	418	379	979
Non-vie	..	..	..	..	..	1 852	2 255	2 349
Entreprises nationales	..	..	..	..	..	1 852	2 255	2 349
Entreprises sous contrôle étranger	..	..	..	..	..	576	607	..
Succursales d'entreprises étrangères	..	..	..	..	..	0	0	..
Ensemble des entreprises	..	..	..	..	..	1 852	2 255	2 349
Total								
Entreprises nationales	..	..	..	..	..	4 403	4 782	4 995
Entreprises sous contrôle étranger	..	..	..	..	..	1 308	1 298	..
Succursales d'entreprises étrangères	..	..	..	..	..	0	0	..
Ensemble des entreprises	..	..	..	..	..	4 403	4 782	4 995

Espagne
Tableau 1. Agrégats sélectionnés (*suite*)

Millions EUR

	2009	2010	2011	2012	2013	2014	2015	2016
1.4 Dépenses brutes d'exploitation								
Vie								
Entreprises nationales	473 |	1 778	171	220	968	994	1 075	425
Entreprises sous contrôle étranger	185 |	207	42	39	201	190	192	..
Succursales d'entreprises étrangères	0 |	31	0	0	0	..	..	..
Ensemble des entreprises	473 |	1 809	171	220	968	994	1 075	425
Non-vie								
Entreprises nationales	3 441 |	6 317	487	491	3 046	2 880	2 832	2 876
Entreprises sous contrôle étranger	1 024 |	517	254	242	1 272	1 289	947	..
Succursales d'entreprises étrangères	1 |	41	0	0	0	..	..	..
Ensemble des entreprises	3 442 |	6 358	487	491	3 046	2 880	2 832	2 876
Mixtes								
Entreprises nationales	16 805 |	..	622	564	5 322	5 034	5 250	6 332
Entreprises sous contrôle étranger	3 132 |	..	140	120	1 152	1 070	1 100	..
Succursales d'entreprises étrangères	39 |	..	6	5	1	..	4	..
Ensemble des entreprises	16 844 |	..	628	569	5 323	5 034	5 254	6 332
dont :								
Vie	1 380 |	..	119	87	809	797	729	1 489
Entreprises nationales	1 354 |	..	117	85	809	797	729	1 489
Entreprises sous contrôle étranger	122 |	..	25	26	162	178	186	..
Succursales d'entreprises étrangères	26 |	..	2	2	0	..	..	..
Ensemble des entreprises	1 380 |	..	119	87	809	797	729	1 489
Non-vie	15 464 |	..	509	482	4 515	4 237	4 525	4 843
Entreprises nationales	15 451 |	..	506	479	4 514	4 237	4 521	4 843
Entreprises sous contrôle étranger	3 010 |	..	116	94	990	892	913	..
Succursales d'entreprises étrangères	13 |	..	4	3	1	0	4	..
Ensemble des entreprises	15 464 |	..	509	482	4 515	4 237	4 525	4 843
Total								
Entreprises nationales	20 719	8 095	1 280	1 275	9 337	8 907	9 157	9 633
Entreprises sous contrôle étranger	4 341	724	436	401	2 625	2 549	2 239	..
Succursales d'entreprises étrangères	40	72	6	5	1	..	4	..
Ensemble des entreprises	20 759	8 167	1 286	1 280	9 338	8 907	9 161	9 633
1.5 Opérations à l'étranger par succursale, primes brutes								
Vie								
Succursales et agences	..	..	938	323	274	0	0	0
Filiales	..	..	..	..	..	..	..	..
Total	..	..	..	..	..	..	..	0
Non-vie								
Succursales et agences	..	..	296	419	592	654	701	1 694
Filiales	..	..	..	..	..	..	..	..
Total	..	..	..	..	..	..	..	1 694
Mixtes								
Succursales et agences	..	..	759	135	885	1 286	1 361	1 262
Filiales	..	..	..	..	..	..	..	..
Total	..	..	..	..	..	..	..	1 262
dont :								
Vie	..	..	..	..	..	..	..	518
Succursales et agences	..	..	157	23	212	559	694	518
Filiales	..	..	..	..	..	..	..	..
Total	..	..	..	..	..	..	..	518
Non-vie	..	..	..	..	..	..	..	744
Succursales et agences	..	..	602	113	673	728	667	744
Filiales	..	..	..	..	..	..	..	..
Total	..	..	..	..	..	..	..	744
Total								
Succursales et agences	..	..	1 994	878	1 751	1 940	2 062	2 955
Filiales	..	..	..	..	..	..	..	..
Total	..	..	..	..	..	..	..	2 955

.. Non disponible ; | Rupture de série

Note : Voir les métadonnées détaillées sur : http://metalinks.oecd.org/ins/20180621/6dfc.

Responsabilité : http://oe.cd/disclaimer

Source : Statistiques de l'OCDE sur les assurances (base de données)

Espagne
Tableau 2. Nombre d'entreprises et d'employés

	2009	2010	2011	2012	2013	2014	2015	2016
2.1 Nombre d'entreprises								
Vie								
Entreprises nationales	89	93	89	84	83	79	78	32
Entreprises sous contrôle étranger	7	6	11	10	10	9	8	..
Succursales d'entreprises étrangères	0	0	0	0	0	0	0	..
Ensemble des entreprises	89	93	89	84	83	79	78	32
Non-vie								
Entreprises nationales	149	141	140	136	132	127	118	121
Entreprises sous contrôle étranger	15	14	19	18	19	19	17	..
Succursales d'entreprises étrangères	0	1	0	0	0	0	1	..
Ensemble des entreprises	149	142	140	136	132	127	119	121
Mixtes								
Entreprises nationales	56	51	47	46	47	45	41	75
Entreprises sous contrôle étranger	9	8	10	10	8	8	8	..
Succursales d'entreprises étrangères	2	1	2	2	1	1	0	..
Ensemble des entreprises	58	52	49	48	48	46	41	75
Réassurance								
Entreprises nationales	0	0	2	2	2	3	3	3
Entreprises sous contrôle étranger	0	0	..	0	0	0	0	..
Succursales d'entreprises étrangères	0	0	0	0	0	0	0	..
Ensemble des entreprises	0	0	2	2	2	3	3	3
Total								
Entreprises nationales	294	285	278	268	264	254	240	231
Entreprises sous contrôle étranger	31	28	40	38	37	36	33	..
Succursales d'entreprises étrangères	2	2	2	2	1	1	1	..
Ensemble des entreprises	296	287	280	270	265	255	241	231
2.2 Nombre d'employés								
Entreprises d'assurance	48 203	48 116	46 557	46 439	46 324	45 535	45 218	47 453
Intermédiaires	3 015	3 006	..	..	121 427	129 549	..	..
Total	51 218	51 122	..	..	167 761	175 084	..	..

.. Non disponible

Note : Voir les métadonnées détaillées sur : http://metalinks.oecd.org/ins/20180621/6dfc.

Responsabilité : http://oe.cd/disclaimer

Source : Statistiques de l'OCDE sur les assurances (base de données)

Suède
Tableau 1. Agrégats sélectionnés

Millions SEK

	2009	2010	2011	2012	2013	2014	2015	2016
1.1 Opérations d'assurance conclues dans le pays déclarant								
1.1.1 Opérations d'assurance, par intérêt								
Primes brutes								
Entreprises nationales	194 904	184 684	182 225	167 132	177 197	332 028	339 533	334 834
Entreprises sous contrôle étranger	65 563	65 344	63 298	65 752	66 854	66 041	62 537	67 208
Succursales d'entreprises étrangères	..	..	..	..	..	10 260	..	..
Ensemble des entreprises	194 904	184 684	182 225	167 132	177 197	342 288	339 533	334 834
Primes cédées								
Entreprises nationales	14 966	13 654	12 870	13 068	12 967	15 157	10 306	9 139
Entreprises sous contrôle étranger	5 382	4 475	4 583	5 428	4 727	3 870	4 441	4 296
Succursales d'entreprises étrangères	..	..	..	..	..	..	..	..
Ensemble des entreprises	14 966	13 654	12 870	13 068	12 967	15 157	10 306	9 139
Primes nettes émises								
Entreprises nationales	179 938	171 029	169 355	154 064	164 230	316 871	329 227	325 695
Entreprises sous contrôle étranger	60 181	60 869	58 715	60 324	62 127	62 171	58 096	62 912
Succursales d'entreprises étrangères	..	..	..	..	..	10 260	..	..
Ensemble des entreprises	179 938	171 029	169 355	154 064	164 230	327 131	329 227	325 695
1.1.2 Opérations d'assurance par risque à l'étranger, primes brutes								
Vie	..	..	..	..	..	581	667	60
Non-vie	..	..	..	..	..	28 134	27 121	26 941
Mixtes total	..	..	..	..	..	..	..	..
Total	..	..	..	..	..	28 715	27 788	27 001
1.1.3 Paiement par catégories d'assurance, primes brutes (vie)								
Rentes	79 771	70 960	72 263	73 378	73 377	205 927	169 626	94 037
Unit linked	5 642	5 742	3 790	1 708	1 188	2 366	75 221	85 696
Autre assurance vie	12 579	12 610	13 615	13 229	13 591	29 900	3 957	71 084
Total assurance vie	97 992	89 312	89 668	88 315	88 156	238 192	248 804	250 817
***dont** : Contrats de retraite*	..	..	..	..	..	..	..	..
1.1.4 Paiement par catégories d'assurance, primes brutes (non-vie)								
L'assurance automobile	..	..	..	..	..	30 360	21 348	..
Les assurances transport (y compris maritime et aérien)	..	..	..	..	..	2 627	749	..
L'assurance de fret	..	..	..	..	..	..	..	..
L'assurance incendie et des dommages aux bien	..	..	..	..	..	29 146	36 720	..
L'assurance des pertes pécuniaires	..	..	..	..	..	459	1 070	..
L'assurance de la responsabilité civile générale	..	..	..	..	..	4 045	4 119	..
Les assurances accidents et maladie	..	..	..	..	..	5 674	5 155	..
***dont** : Maladie*	..	..	..	..	..	..	..	..
Autres assurances non-vie	..	..	..	..	..	9 165	21 483	..
Réassurance obligatoire	..	..	..	..	..	13 811	..	..
Total assurance non-vie	95 932	94 518	91 819	76 947	84 766	95 287	90 644	83 954
1.2 Paiements bruts des sinistres								
Vie								
Entreprises nationales	51 762	50 681	53 464	58 780	64 657	60 930	64 815	76 869
Entreprises sous contrôle étranger	9 493	7 837	7 533	3 499	6 337	6 055	5 719	5 852
Succursales d'entreprises étrangères	..	..	..	..	..	5 999	..	..
Ensemble des entreprises	61 255	50 681	53 464	58 780	64 657	66 929	64 815	76 869
Non-vie								
Entreprises nationales	69 046	67 685	68 400	69 882	69 100	75 805	64 537	65 941
Entreprises sous contrôle étranger	31 968	31 815	31 370	31 639	31 398	31 024	23 701	22 495
Succursales d'entreprises étrangères	..	..	..	..	..	5 328	..	..
Ensemble des entreprises	..	67 685	68 400	69 882	69 100	81 133	64 537	65 941
Mixtes, ensemble des entreprises	..	..	..	..	..	..	..	..
Total								
Entreprises nationales	120 808	118 366	121 864	128 662	133 757	136 735	129 352	142 810
Entreprises sous contrôle étranger	41 461	39 652	38 903	35 138	37 735	37 079	29 420	28 347
Succursales d'entreprises étrangères	..	..	..	..	..	11 327	..	..
Ensemble des entreprises	61 255	118 366	121 864	128 662	133 757	148 062	129 352	142 810

Suède
Tableau 1. Agrégats sélectionnés (*suite*)

Millions SEK

	2009	2010	2011	2012	2013	2014	2015	2016
1.3 Commissions								
Vie								
Entreprises nationales	..	..	..	..	..	4 167	3 782	3 063
Entreprises sous contrôle étranger	..	..	..	..	..	1 302	610	274
Succursales d'entreprises étrangères	..	..	..	..	..	121	..	..
Ensemble des entreprises	..	..	..	..	..	4 288	3 782	3 063
Non-vie								
Entreprises nationales	..	..	..	..	..	4 168	4 264	3 848
Entreprises sous contrôle étranger	..	..	..	..	..	2 049	2 589	2 362
Succursales d'entreprises étrangères	..	..	..	..	..	786	..	..
Ensemble des entreprises	..	..	..	..	..	4 954	4 264	3 848
Mixtes, ensemble des entreprises	..	..	..	..	..	..	..	..
Total								
Entreprises nationales	..	..	..	..	..	8 335	8 046	6 911
Entreprises sous contrôle étranger	..	..	..	..	..	3 351	3 199	2 636
Succursales d'entreprises étrangères	..	..	..	..	..	907	..	..
Ensemble des entreprises	..	..	..	..	..	9 242	8 046	6 911
1.4 Dépenses brutes d'exploitation								
Vie								
Entreprises nationales	10 158	10 514	10 785	11 509	12 115	12 738	13 573	12 617
Entreprises sous contrôle étranger	2 736	3 264	3 488	3 557	3 630	3 639	2 122	1 297
Succursales d'entreprises étrangères	..	..	..	..	..	..	..	..
Ensemble des entreprises	12 894	10 514	10 785	11 509	12 115	12 738	13 573	12 617
Non-vie								
Entreprises nationales	15 208	15 117	14 468	14 989	15 004	16 878	16 854	15 781
Entreprises sous contrôle étranger	8 235	8 189	7 262	7 138	7 248	8 238	7 704	7 205
Succursales d'entreprises étrangères	..	..	..	..	..	..	..	..
Ensemble des entreprises	23 443	15 117	14 468	14 989	15 004	16 878	16 854	15 781
Mixtes, ensemble des entreprises	..	..	..	..	..	..	..	..
Total								
Entreprises nationales	25 366	25 031	25 253	26 498	27 119	29 616	30 427	28 398
Entreprises sous contrôle étranger	10 971	11 453	10 750	10 695	10 878	11 877	9 826	8 502
Succursales d'entreprises étrangères	..	..	..	..	..	..	..	..
Ensemble des entreprises	36 337	25 631	25 253	26 498	27 119	29 616	30 427	28 398
1.5 Opérations à l'étranger par succursale, primes brutes								
Vie								
Succursales et agences	435	315	108	234	..	243	279	284
Filiales	..	..	..	..	..	..	..	..
Total	..	..	108	234	..	243	279	284
Non-vie								
Succursales et agences	19 022	19 011	18 526	18 948	..	18 630	18 207	18 337
Filiales	..	..	..	..	..	..	..	..
Total	..	..	18 526	18 948	..	18 630	18 207	18 337
Mixtes total	..	..	..	..	..	..	..	..
Total								
Succursales et agences	19 457	19 326	18 634	19 182	..	18 873	18 486	18 621
Filiales	..	..	..	..	..	..	..	..
Total	..	..	18 634	19 182	..	18 873	18 486	18 621

.. Non disponible

Note : Voir les métadonnées détaillées sur : http://metalinks.oecd.org/ins/20180621/e3d0.

Responsabilité : http://oe.cd/disclaimer

Source : Statistiques de l'OCDE sur les assurances (base de données)

Suède
Tableau 2. Nombre d'entreprises et d'employés

	2009	2010	2011	2012	2013	2014	2015	2016
2.1 Nombre d'entreprises								
Vie								
Entreprises nationales	45	39	39	39	39	39	38	37
Entreprises sous contrôle étranger	9	7	8	9	8	8	8	6
Succursales d'entreprises étrangères	9	9	5	5	5	6	8	6
Ensemble des entreprises	54	48	44	44	44	45	46	43
Non-vie								
Entreprises nationales	149	150	139	131	130	130	127	120
Entreprises sous contrôle étranger	17	18	18	46	44	34	24	14
Succursales d'entreprises étrangères	37	39	31	32	32	28	33	31
Ensemble des entreprises	186	189	170	163	162	158	160	151
Mixtes, ensemble des entreprises	**0**	**0**	**0**	**0**	**0**	**0**	**0**	**0**
Réassurance								
Entreprises nationales	5	3	3	2	1	1	1	0
Entreprises sous contrôle étranger	1	1	2	0	0	0	1	0
Succursales d'entreprises étrangères	0	..	..	0	..	0	0	..
Ensemble des entreprises	5	3	3	2	1	1	1	..
Total								
Entreprises nationales	199	192	181	172	170	170	166	157
Entreprises sous contrôle étranger	27	26	28	55	52	42	33	20
Succursales d'entreprises étrangères	46	48	36	37	37	34	41	37
Ensemble des entreprises	245	240	217	209	207	204	207	194
2.2 Nombre d'employés								
Entreprises d'assurance	19 940	19 017	18 848	19 158	19 059	19 573	18 792	20 600
Intermédiaires	2 000	2 000	2 000	2 000	2 000	3 849	3 235	3 540
Total	21 940	21 017	20 848	21 158	21 059	23 422	22 027	..

.. Non disponible
Note : Voir les métadonnées détaillées sur : http://metalinks.oecd.org/ins/20180621/e3d0.
Responsabilité : http://oe.cd/disclaimer
Source : Statistiques de l'OCDE sur les assurances (base de données)

Suisse
Tableau 1. Agrégats sélectionnés

Millions CHF

	2009	2010	2011	2012	2013	2014	2015	2016
1.1 Opérations d'assurance conclues dans le pays déclarant								
1.1.1 Opérations d'assurance, par intérêt								
Primes brutes								
Entreprises nationales	60 259	61 448	61 417	63 507	66 569	66 312	65 628	63 975
Entreprises sous contrôle étranger	..	13 102	13 600	14 322	15 423	14 214	13 846	12 578
Succursales d'entreprises étrangères	1 973	2 834	2 062	2 331	2 267	1 923	2 091	2 522
Ensemble des entreprises	62 232	64 282	63 479	65 838	68 836	68 235	67 720	66 497
Primes cédées								
Entreprises nationales	3 872	4 802	4 000	4 479	4 536	4 346	4 141	3 363
Entreprises sous contrôle étranger	..	1 289	1 024	1 219	963	831	731	506
Succursales d'entreprises étrangères	380	442	467	487	532	533	553	813
Ensemble des entreprises	4 252	5 244	4 467	4 965	5 068	4 879	4 694	4 176
Primes nettes émises								
Entreprises nationales	56 387	56 646	57 417	59 020	62 033	61 966	61 487	60 612
Entreprises sous contrôle étranger	..	11 873	12 577	13 102	14 460	13 383	13 115	12 072
Succursales d'entreprises étrangères	1 593	2 392	1 595	1 845	1 735	1 390	1 539	1 709
Ensemble des entreprises	57 980	59 038	59 012	60 873	63 768	63 356	63 026	62 321
1.1.2 Opérations d'assurance par risque à l'étranger, primes brutes								
Vie	..	..	..	..	..	..	..	..
Non-vie	..	..	..	..	..	..	..	..
Mixtes total	..	..	..	..	..	..	..	..
Total	..	..	..	..	..	..	..	..
1.1.3 Paiement par catégories d'assurance, primes brutes (vie)								
Rentes	1 254	873	737	677	564	441	495	428
Unit linked	2 797	3 052	2 423	2 637	2 403	1 730	1 755	1 738
Autre assurance vie	25 378	26 239	27 397	27 841	20 707	30 478	30 359	28 518
Total assurance vie	29 429	30 164	30 557	31 155	32 675	32 649	32 609	30 684
dont *: Contrats de retraite*	19 748	..	..	..	..	..	..	..
1.1.4 Paiement par catégories d'assurance, primes brutes (non-vie)								
L'assurance automobile	9 480	6 357	6 382	6 526	6 556	6 580	6 595	6 598
Les assurances transport (y compris maritime et aérien)	3 379	964	804	968	1 060	876	732	657
L'assurance de fret	..	..	..	..	..	..	..	..
L'assurance incendie et des dommages aux bien	15 102	7 335	7 457	8 150	8 206	8 123	7 909	7 411
L'assurance des pertes pécuniaires	1 293	885	832	932	1 042	1 096	897	1 095
L'assurance de la responsabilité civile générale	6 360	3 550	3 243	3 514	3 558	3 658	3 562	3 293
Les assurances accidents et maladie	12 789	12 540	12 551	13 093	13 889	13 414	13 387	14 585
dont *: Maladie*	9 019	9 182	9 383	9 656	9 911	9 934	10 266	10 606
Autres assurances non-vie	1 032	1 073	1 036	1 151	1 351	1 378	1 525	1 649
Réassurance obligatoire	4 816	..	..	..	..	..	..	..
Total assurance non-vie	54 251	32 704	32 306	34 334	35 661	35 125	34 607	35 288
1.2 Paiements bruts des sinistres								
Vie								
Entreprises nationales	28 255	25 420	27 182	25 817	27 624	27 943	27 794	29 083
Entreprises sous contrôle étranger	..	7 127	7 354	7 060	8 854	7 917	8 123	8 578
Succursales d'entreprises étrangères	19	44	104	186	306	3	3	3
Ensemble des entreprises	28 274	25 464	27 286	26 003	27 930	27 946	27 797	29 086
Non-vie								
Entreprises nationales	15 676	15 122	15 548	20 279	19 735	20 149	20 621	20 498
Entreprises sous contrôle étranger	..	1 962	1 974	2 292	2 171	2 281	2 671	2 471
Succursales d'entreprises étrangères	518	85	404	667	798	874	902	1 105
Ensemble des entreprises	16 194	15 207	15 952	20 946	20 533	21 023	21 523	21 603
Mixtes, ensemble des entreprises	..	..	..	..	..	..	..	..
Total								
Entreprises nationales	43 931	40 542	42 730	46 096	47 359	48 092	48 415	49 581
Entreprises sous contrôle étranger	..	9 090	9 328	0 352	11 025	10 198	10 794	11 049
Succursales d'entreprises étrangères	537	129	509	853	1 104	877	905	1 108
Ensemble des entreprises	44 468	40 671	43 238	46 949	48 463	48 969	49 320	50 689
1.3 Commissions								
Vie								
Entreprises nationales	947	906	848	875	004	920	856	856
Entreprises sous contrôle étranger	..	109	107	103	148	114	169	169
Succursales d'entreprises étrangères	3	9	8	8	11	0	0	1
Ensemble des entreprises	950	915	856	883	915	920	856	857
Non-vie								
Entreprises nationales	2 005	2 052	1 886	1 955	2 067	1 597	2 188	2 289
Entreprises sous contrôle étranger	..	471	450	442	372	381	441	450
Succursales d'entreprises étrangères	49	76	85	88	95	91	78	65
Ensemble des entreprises	2 054	2 128	1 970	2 043	2 162	1 688	2 266	2 354
Mixtes, ensemble des entreprises	..	..	..	..	..	..	..	..
Total								
Entreprises nationales	2 952	2 958	2 734	2 830	2 971	2 517	3 044	3 145
Entreprises sous contrôle étranger	..	581	557	545	520	495	610	619
Succursales d'entreprises étrangères	52	85	92	96	106	91	78	66
Ensemble des entreprises	3 004	3 043	2 826	2 926	3 077	2 608	3 122	3 211

Suisse
Tableau 1. Agrégats sélectionnés (*suite*)

Millions CHF

	2009	2010	2011	2012	2013	2014	2015	2016
1.4 Dépenses brutes d'exploitation								
Vie								
Entreprises nationales	2 505	2 382	2 444	1 390	1 289	1 364	1 078	1 085
Entreprises sous contrôle étranger	366	395	450	239	176	209	156	156
Succursales d'entreprises étrangères	6	12	11	4	4	2	1	1
Ensemble des entreprises	2 518	2 394	2 455	1 394	1 293	1 366	1 079	1 086
Non-vie								
Entreprises nationales	7 943	7 677	7 179	3 835	3 745	5 520	2 975	2 981
Entreprises sous contrôle étranger	1 088	1 063	1 039	371	416	420	341	310
Succursales d'entreprises étrangères	162	459	408	80	100	108	103	215
Ensemble des entreprises	8 267	8 136	7 588	3 915	3 845	5 628	3 078	3 196
Mixtes, ensemble des entreprises	..	..	..	..	..	..	..	..
Total								
Entreprises nationales	10 448	10 059	9 624	5 225	5 034	6 884	4 053	4 066
Entreprises sous contrôle étranger	1 454	1 458	1 489	610	592	629	497	466
Succursales d'entreprises étrangères	168	471	419	84	104	110	104	216
Ensemble des entreprises	10 785	10 530	10 043	5 309	5 138	6 994	4 157	4 282
1.5 Opérations à l'étranger par succursale, primes brutes								
Vie								
Succursales et agences	2 668	2 219	2 036	2 006	1 967	1 794	1 604	1 567
Filiales	..	..	..	..	..	..	..	..
Total	2 668	2 219	2 036	2 006	1 967	1 794	1 604	1 567
Non-vie								
Succursales et agences	18 286	16 881	13 446	15 417	15 563	15 331	14 100	12 578
Filiales	..	..	..	..	..	..	..	..
Total	18 286	16 881	13 446	15 417	15 563	15 331	14 100	12 578
Mixtes total	..	..	..	..	..	..	..	..
Total								
Succursales et agences	20 954	19 100	15 482	17 423	17 531	17 125	15 704	14 145
Filiales	..	..	..	..	..	..	..	..
Total	20 954	19 100	15 482	17 423	17 531	17 125	15 704	14 145

.. Non disponible

Note : Voir les métadonnées détaillées sur : http://metalinks.oecd.org/ins/20180621/070e.

Responsabilité : http://oe.cd/disclaimer

Source : Statistiques de l'OCDE sur les assurances (base de données)

Suisse
Tableau 2. Nombre d'entreprises et d'employés

	2009	2010	2011	2012	2013	2014	2015	2016
2.1 Nombre d'entreprises								
Vie								
Entreprises nationales	21	21	20	19	19	18	17	16
Entreprises sous contrôle étranger	..	1	1	1	1	1	1	1
Succursales d'entreprises étrangères	4	4	4	4	4	3	3	3
Ensemble des entreprises	25	25	24	23	23	21	20	19
Non-vie								
Entreprises nationales	79	79	79	81	80	79	76	74
Entreprises sous contrôle étranger	..	6	6	6	6	6	6	5
Succursales d'entreprises étrangères	46	47	45	42	44	48	46	46
Ensemble des entreprises	125	126	124	123	124	127	122	120
Mixtes, ensemble des entreprises	**0**	**0**	**0**	**0**	**0**	**0**	**0**	**0**
Réassurance								
Entreprises nationales	68	62	62	61	62	62	59	55
Entreprises sous contrôle étranger	..	8	7	7	7	7	7	7
Succursales d'entreprises étrangères	..	..	..	..	..	..	..	..
Ensemble des entreprises	68	62	62	61	62	62	59	55
Total								
Entreprises nationales	168	162	161	161	161	159	152	145
Entreprises sous contrôle étranger	..	15	14	14	14	14	14	13
Succursales d'entreprises étrangères	50	51	49	46	48	51	49	49
Ensemble des entreprises	218	213	210	207	209	210	201	194
2.2 Nombre d'employés								
Entreprises d'assurance	41 130	..	..	..	..	..	..	..
Intermédiaires	..	..	..	..	..	..	..	..
Total	41 130	..	..	..	..	..	..	..

.. Non disponible

Note : Voir les métadonnées détaillées sur : http://metalinks.oecd.org/ins/20180621/070e.

Responsabilité : http://oe.cd/disclaimer

Source : Statistiques de l'OCDE sur les assurances (base de données)

Turquie
Tableau 1. Agrégats sélectionnés

Millions TRY

	2009	2010	2011	2012	2013	2014	2015	2016
1.1 Opérations d'assurance conclues dans le pays déclarant								
1.1.1 Opérations d'assurance, par intérêt								
Primes brutes								
Entreprises nationales	13 097	14 958	17 131	20 427	25 084	26 872	31 903	41 280
Entreprises sous contrôle étranger	6 828	7 525	8 956	10 122	14 981	15 528	20 981	25 640
Succursales d'entreprises étrangères	8	27	32	46	68	77	126	152
Ensemble des entreprises	13 105	14 985	17 164	20 473	25 152	26 949	32 029	41 431
Primes cédées								
Entreprises nationales	3 412	3 443	4 287	4 483	6 077	6 686	7 984	9 816
Entreprises sous contrôle étranger	1 822	1 834	2 229	2 192	3 458	3 510	4 773	5 482
Succursales d'entreprises étrangères	6	21	22	33	49	57	74	76
Ensemble des entreprises	3 418	3 464	4 309	4 516	6 126	6 743	8 059	9 892
Primes nettes émises								
Entreprises nationales	9 685	11 515	12 845	15 944	19 006	20 186	23 919	31 464
Entreprises sous contrôle étranger	5 006	5 691	6 728	7 931	11 522	12 018	16 208	20 158
Succursales d'entreprises étrangères	2	6	10	13	20	20	52	76
Ensemble des entreprises	9 687	11 521	12 854	15 957	19 026	20 206	23 971	31 540
1.1.2 Opérations d'assurance par risque à l'étranger, primes brutes								
Vie	..	..	..	..	..	3 280	..	6 166
Non-vie	..	..	..	..	..	22 711	..	34 322
Mixtes	..	..	..	..	..	958	..	943
dont :								
Vie	..	..	..	..	..	24	..	19
Non-vie	..	..	..	..	..	934	..	924
Total	..	..	..	..	..	26 948	..	41 431
1.1.3 Paiement par catégories d'assurance, primes brutes (vie)								
Rentes	..	..	..	..	..	..	..	..
Unit linked	..	..	..	..	..	..	..	..
Autre assurance vie	..	..	..	..	..	..	..	..
Total Assurance Vie	..	2 576	3 087	3 107	3 354	3 895	3 720	5 916
dont : *Contrats de retraite*	..	..	..	..	..	..	..	..
1.1.4 Paiement par catégories d'assurance, primes brutes (non-vie)								
L'assurance automobile	5 058	5 867	6 761	8 091	10 411	10 648	13 102	19 156
Les assurances transport (y compris maritime et aérien)	245	185	268	263	253	321	423	455
L'assurance de fret	286	327	359	378	416	530	580	585
L'assurance incendie et des dommages aux bien	3 236	3 401	3 783	4 390	5 512	6 992	8 105	9 032
L'assurance des pertes pécuniaires	112	135	204	228	302	318	443	439
L'assurance de la responsabilité civile générale	265	407	386	420	508	679	811	863
Les assurances accidents et maladie	2 040	2 413	2 657	2 897	3 352	4 010	4 685	4 582
dont : *Maladie*	1 499	1 810	1 999	2 227	2 472	0	0	..
Autres assurances non-vie	37	44	77	61	74	147	99	134
Réassurance obligatoire	..	..	..	..	..	..	0	..
Total assurance non-vie	11 280	12 778	14 496	16 727	20 828	23 645	28 249	35 246

Turquie
Tableau 1. Agrégats sélectionnés *(suite)*

Millions TRY

	2009	2010	2011	2012	2013	2014	2015	2016
1.2 Paiements bruts des sinistres								
Vie								
Entreprises nationales	1 787	1 787	1 935	2 037	2 355	2 085	2 557	2 957
Entreprises sous contrôle étranger	817	817	582	483	1 128	760	1 194	1 405
Succursales d'entreprises étrangères	0	0	..	..	..	..	..	0
Ensemble des entreprises	1 787	1 787	1 935	2 037	2 355	2 085	2 557	2 957
Non-vie								
Entreprises nationales	5 960	6 142	7 968	9 163	9 440	11 314	13 322	15 041
Entreprises sous contrôle étranger	3 705	3 978	4 786	5 327	6 301	7 496	8 700	-9 940
Succursales d'entreprises étrangères	10	0	2	3	11	10	34	128
Ensemble des entreprises	5 970	6 143	7 969	9 166	9 451	11 325	13 356	15 168
Mixtes								
Entreprises nationales	1 334	1 344	..	..	619	592	664	572
Entreprises sous contrôle étranger	69	82	..	..	..	..	..	..
Succursales d'entreprises étrangères	0	0	..	..	..	..	..	..
Ensemble des entreprises	1 334	1 344	0	721	619	592	664	572
dont :								
Vie	7	10	0	6	7	11	6	9
Entreprises nationales	7	10	..	..	7	11	6	9
Entreprises sous contrôle étranger	0	0	..	..	..	..	..	..
Succursales d'entreprises étrangères	0	0	..	..	..	..	..	..
Ensemble des entreprises	7	10	0	6	7	11	6	9
Non-vie	1 328	1 334	0	715	612	581	657	564
Entreprises nationales	1 328	1 334	..	..	612	581	657	564
Entreprises sous contrôle étranger	69	82	..	..	..	..	..	..
Succursales d'entreprises étrangères	0	0	..	..	..	..	..	..
Ensemble des entreprises	1 328	1 334	0	715	612	581	657	564
Total								
Entreprises nationales	9 081	9 273	9 903	11 200	12 413	13 991	16 543	18 570
Entreprises sous contrôle étranger	4 591	4 877	5 369	5 810	7 429	8 256	0 894	-8 455
Succursales d'entreprises étrangères	10	0	2	3	11	10	34	128
Ensemble des entreprises	9 092	9 273	9 905	11 924	12 425	14 001	16 578	18 698
1.3 Commissions								
Vie								
Entreprises nationales	..	..	..	..	..	..	..	..
Entreprises sous contrôle étranger	..	..	..	..	..	..	..	..
Succursales d'entreprises étrangères	..	..	..	..	..	..	..	..
Ensemble des entreprises	..	..	..	..	..	..	..	..
Non-vie								
Entreprises nationales	..	..	..	..	..	..	..	..
Entreprises sous contrôle étranger	..	..	..	..	..	..	..	..
Succursales d'entreprises étrangères	..	..	..	..	..	..	..	..
Ensemble des entreprises	..	..	..	..	..	..	..	..
Mixtes								
Entreprises nationales	..	..	..	..	..	..	..	..
Entreprises sous contrôle étranger	..	..	..	..	..	..	..	..
Succursales d'entreprises étrangères	..	..	..	..	..	..	..	..
Ensemble des entreprises	..	..	..	..	..	..	..	..
dont :								
Vie	..	..	..	..	..	..	..	..
Entreprises nationales	..	..	..	..	..	..	..	..
Entreprises sous contrôle étranger	..	..	..	..	..	..	..	..
Succursales d'entreprises étrangères	..	..	..	..	..	..	..	..
Ensemble des entreprises	..	..	..	..	..	..	..	..
Non-vie	..	..	..	..	..	..	..	..
Entreprises nationales	..	..	..	..	..	..	..	..
Entreprises sous contrôle étranger	..	..	..	..	..	..	..	..
Succursales d'entreprises étrangères	..	..	..	..	..	..	..	..
Ensemble des entreprises	..	..	..	..	..	..	..	..
Total								
Entreprises nationales	..	..	..	..	..	..	..	..
Entreprises sous contrôle étranger	..	..	..	..	..	..	..	..
Succursales d'entreprises étrangères	..	..	..	..	..	..	..	..
Ensemble des entreprises	..	..	..	..	..	..	..	..

Turquie
Tableau 1. Agrégats sélectionnés *(suite)*

Millions TRY

	2009	2010	2011	2012	2013	2014	2015	2016
1.4 Dépenses brutes d'exploitation								
Vie								
Entreprises nationales	586 |	717	836	978	2 009	1 198	1 595	1 970
Entreprises sous contrôle étranger	273 |	287	361	422	1 242	765	1 033	1 241
Succursales d'entreprises étrangères	0	0	..	..	..	..	..	..
Ensemble des entreprises	586 |	717	836	978	2 009	1 198	1 595	1 970
Non-vie								
Entreprises nationales	1 975 |	2 336	2 859	3 230	3 726	4 309	4 648	5 579
Entreprises sous contrôle étranger	1 290 |	1 585	1 827	1 976	2 564	2 944	3 110	3 847
Succursales d'entreprises étrangères	4	4	8	12	19	20	24	26
Ensemble des entreprises	1 979 |	2 340	2 867	3 242	3 745	4 329	4 672	5 604
Mixtes								
Entreprises nationales	391 |	421	..	..	..	..	309	316
Entreprises sous contrôle étranger	19 |	16	..	..	..	..	..	5
Succursales d'entreprises étrangères	0	0	..	..	..	..	..	..
Ensemble des entreprises	391 |	421	0	285	294	289	309	316
dont :								
Vie	6 |	7	0	8	10	8	10	10
Entreprises nationales	6 |	7	..	..	..	..	10	10
Entreprises sous contrôle étranger	0 |	0	..	..	..	..	..	..
Succursales d'entreprises étrangères	0	0	..	..	..	..	..	..
Ensemble des entreprises	6 |	7	0	8	10	8	10	10
Non-vie	385 |	414	0	277	284	281	299	306
Entreprises nationales	385 |	414	..	..	..	..	299	306
Entreprises sous contrôle étranger	19 |	16	..	..	..	..	..	5
Succursales d'entreprises étrangères	0	0	..	..	..	..	..	..
Ensemble des entreprises	385 |	414	0	277	284	281	299	306
Total								
Entreprises nationales	2 952	3 473	3 694	4 209	5 735	5 507	6 552	7 865
Entreprises sous contrôle étranger	1 582	1 888	2 188	2 399	3 806	3 708	4 143	5 092
Succursales d'entreprises étrangères	4	4	8	12	19	20	24	26
Ensemble des entreprises	2 956	3 478	3 702	4 506	6 048	5 816	6 576	7 890
1.5 Opérations à l'étranger par succursale, primes brutes								
Vie								
Succursales et agences	..	..	..	..	..	..	..	..
Filiales	..	..	..	..	..	..	..	..
Total	..	..	..	..	..	..	..	..
Non-vie								
Succursales et agences	..	..	..	..	..	..	..	..
Filiales	..	..	..	..	..	..	..	..
Total	..	..	..	..	..	..	..	..
Mixtes								
Succursales et agences	..	..	..	..	..	..	..	..
Filiales	..	..	..	..	..	..	..	..
Total	..	..	..	..	..	..	..	..
dont :								
Vie	..	..	..	..	..	..	..	..
Succursales et agences	..	..	..	..	..	..	..	..
Filiales	..	..	..	..	..	..	..	..
Total	..	..	..	..	..	..	..	..
Non-vie	..	..	..	..	..	..	..	..
Succursales et agences	..	..	..	..	..	..	..	..
Filiales	..	..	..	..	..	..	..	..
Total	..	..	..	..	..	..	..	..
Total								
Succursales et agences	..	..	..	..	..	..	..	..
Filiales	..	..	..	..	..	..	..	..
Total	..	..	..	..	..	..	..	..

.. Non disponible ; | Rupture de série

Note : Voir les métadonnées détaillées sur : http://metalinks.oecd.org/ins/20180621/b1dc.

Responsabilité : http://oe.cd/disclaimer

Source : Statistiques de l'OCDE sur les assurances (base de données)

Turquie
Tableau 2. Nombre d'entreprises et d'employés

	2009	2010	2011	2012	2013	2014	2015	2016
2.1 Nombre d'entreprises								
Vie								
Entreprises nationales	21	23	24	23	24	25	23	22
Entreprises sous contrôle étranger	13	14	14	13	16	16	15	15
Succursales d'entreprises étrangères	0	0	..	0	..	0	..	0
Ensemble des entreprises	21	23	24	23	24	25	23	22
Non-vie								
Entreprises nationales	27	29	33	33	34	36	36	35
Entreprises sous contrôle étranger	17	19	23	22	22	24	22	23
Succursales d'entreprises étrangères	2	2	2	2	2	2	2	2
Ensemble des entreprises	29	31	35	35	36	38	38	37
Mixtes								
Entreprises nationales	3	3	..	0	..	0	..	0
Entreprises sous contrôle étranger	1	1	..	0	..	0	..	0
Succursales d'entreprises étrangères	0	0	..	0	..	0	..	0
Ensemble des entreprises	3	3	..	0	..	0	..	0
Réassurance								
Entreprises nationales	1	1	2	1	1	1	1	2
Entreprises sous contrôle étranger	0	0	..	0	..	0	..	1
Succursales d'entreprises étrangères	0	0	..	0	..	0	..	0
Ensemble des entreprises	1	1	2	1	1	1	1	2
Total								
Entreprises nationales	52	56	59	57	59	62	60	59
Entreprises sous contrôle étranger	31	34	37	35	38	40	37	39
Succursales d'entreprises étrangères	2	2	2	2	2	2	2	2
Ensemble des entreprises	54	58	61	59	61	64	62	61
2.2 Nombre d'employés								
Entreprises d'assurance	15 610	15 412	10 123	17 304	18 297	19 305	19 274	19 240
Intermédiaires	26 567	16 282	16 706	16 994	15 603	15 587	18 931	35 992
Total	42 177	31 694	26 829	34 298	33 900	34 892	38 205	55 232

.. Non disponible

Note : Voir les métadonnées détaillées sur : http://metalinks.oecd.org/ins/20180621/b1dc.

Responsabilité : http://oe.cd/disclaimer

Source : Statistiques de l'OCDE sur les assurances (base de données)

Royaume-Uni
Tableau 1. Agrégats sélectionnés

Millions GBP

	2009	2010	2011	2012	2013	2014	2015	2016
1.1 Opérations d'assurance conclues dans le pays déclarant								
1.1.1 Opérations d'assurance, par intérêt								
Primes brutes								
Entreprises nationales	216 268	206 167	208 608	230 559	215 494	219 832	217 673	287 883
Entreprises sous contrôle étranger	59 431	54 294	60 570	75 289	69 361	57 959	58 471	..
Succursales d'entreprises étrangères	3 659	4 258	3 204	2 735	2 237	2 407	2 741	485
Ensemble des entreprises	219 927	210 425	211 811	233 294	217 731	222 239	220 414	288 368
Primes cédées								
Entreprises nationales	20 851	21 397	24 305	28 545	27 456	33 780	24 299	69 739
Entreprises sous contrôle étranger	7 612	7 143	7 946	8 285	9 270	11 048	10 801	..
Succursales d'entreprises étrangères	407	403	356	179	53	47	52	167
Ensemble des entreprises	21 259	21 800	24 661	28 724	27 509	33 827	24 351	69 906
Primes nettes émises								
Entreprises nationales	195 417	184 770	184 303	202 014	188 038	186 052	193 374	218 144
Entreprises sous contrôle étranger	51 820	47 151	52 623	67 004	60 091	46 911	47 670	..
Succursales d'entreprises étrangères	3 252	3 855	2 847	2 555	2 184	2 361	2 689	318
Ensemble des entreprises	198 669	188 625	187 150	204 570	190 222	188 412	196 062	218 462
1.1.2 Opérations d'assurance par risque à l'étranger, primes brutes								
Vie	..	..	..	..	..	..	..	..
Non-vie	..	..	..	..	..	..	..	..
Mixtes	..	..	..	..	..	..	..	..
dont :								
Vie	..	..	..	..	..	..	..	..
Non-vie	..	..	..	..	..	..	..	..
Total	..	..	..	..	..	..	..	..
1.1.3 Paiement par catégories d'assurance, primes brutes (vie)								
Rentes	36 105	33 344	31 964	..	20 899	22 295	17 278	..
Unit linked	106 589	99 537	98 203	..	112 727	114 296	117 452	..
Autre assurance vie	19 124	16 864	14 777	..	9 393	11 834	10 622	..
Total Assurance Vie	161 818	149 745	144 943	163 481	143 018	148 425	145 353	107 693
***dont :** Contrats de retraite*	135 559	126 173	125 482	143 813	104 333	132 542	128 601	..
1.1.4 Paiement par catégories d'assurance, primes brutes (non-vie)								
L'assurance automobile	10 929	12 112	12 786	12 643	12 133	12 069	12 883	12 711
Les assurances transport (y compris maritime et aérien)	3 049	3 351	3 513	3 634	3 805	3 098	2 604	9 167
L'assurance de fret	706	674	718	778	942	885	808	..
L'assurance incendie et des dommages aux bien	15 008	15 322	15 413	16 087	16 500	15 969	15 544	26 026
L'assurance des pertes pécuniaires	4 737	5 512	5 498	5 707	5 717	5 966	5 791	7 318
L'assurance de la responsabilité civile générale	8 732	8 747	8 561	8 750	10 218	10 593	10 308	16 223
Les assurances accidents et maladie	7 156	7 244	6 907	7 287	7 895	7 662	7 821	16 424
***dont :** Maladie*	..	..	..	..	..	..	..	..
Autres assurances non-vie	2 523	2 486	2 815	2 442	2 859	2 962	3 177	715
Réassurance obligatoire	..	..	..	..	..	..	..	8 419
Total assurance non-vie	52 840	55 448	56 212	57 328	60 070	59 206	58 936	94 481

Royaume-Uni
Tableau 1. Agrégats sélectionnés *(suite)*

Millions GBP

	2009	2010	2011	2012	2013	2014	2015	2016
1.2 Paiements bruts des sinistres								
Vie								
Entreprises nationales	160 384	156 626	162 040	166 655	166 084	161 503	172 514	122 430
Entreprises sous contrôle étranger	39 273	35 287	36 240	51 269	42 535	26 653	29 078	..
Succursales d'entreprises étrangères	3	3	5	4	-1	4	5	..
Ensemble des entreprises	160 387	156 629	162 044	166 658	166 083	161 507	172 518	122 430
Non-vie								
Entreprises nationales	29 473	30 795	31 223	30 566	33 152	32 079	30 897	31 384
Entreprises sous contrôle étranger	12 349	14 747	15 499	16 160	17 593	17 062	16 387	..
Succursales d'entreprises étrangères	1 572	1 764	2 082	1 785	1 405	1 469	1 871	..
Ensemble des entreprises	31 045	32 560	33 305	32 351	34 557	33 548	32 768	31 384
Mixtes								
Entreprises nationales	18 478	18 662	19 413	20 735	21 625	22 527	23 077	50 512
Entreprises sous contrôle étranger	1 937	1 293	1 006	615	754	2 170	2 734	..
Succursales d'entreprises étrangères	2 979	2 272	880	1 729	0	0	0	..
Ensemble des entreprises	21 457	20 934	20 293	22 464	21 625	22 527	23 077	50 512
dont :								
Vie	20 265	19 734	19 063	21 386	20 366	21 254	21 794	23 630
Entreprises nationales	17 330	17 499	18 219	19 657	20 366	21 254	21 794	23 630
Entreprises sous contrôle étranger	1 666	1 040	721	342	326	1 876	2 413	..
Succursales d'entreprises étrangères	2 935	2 235	845	1 729	0	0	0	..
Ensemble des entreprises	20 265	19 734	19 063	21 386	20 366	21 254	21 794	23 630
Non-vie	1 192	1 200	1 229	1 077	1 259	1 273	1 283	26 882
Entreprises nationales	1 148	1 164	1 194	1 077	1 259	1 273	1 283	26 882
Entreprises sous contrôle étranger	272	253	284	273	428	294	321	..
Succursales d'entreprises étrangères	44	36	35	0	0	0	0	..
Ensemble des entreprises	1 192	1 200	1 229	1 077	1 259	1 273	1 283	26 882
Total								
Entreprises nationales	208 335	206 083	212 675	217 956	220 861	216 108	226 488	204 326
Entreprises sous contrôle étranger	53 560	51 327	52 744	68 043	60 882	45 885	48 190	..
Succursales d'entreprises étrangères	4 553	4 039	2 067	3 517	1 404	1 474	1 875	..
Ensemble des entreprises	212 889	210 122	215 642	221 473	222 265	217 582	228 363	204 326
1.3 Commissions								
Vie								
Entreprises nationales	..	..	..	..	..	..	..	..
Entreprises sous contrôle étranger	..	..	..	..	..	..	..	..
Succursales d'entreprises étrangères	..	..	..	..	..	..	..	..
Ensemble des entreprises	..	..	..	..	..	..	..	..
Non-vie								
Entreprises nationales	..	..	..	..	..	..	..	..
Entreprises sous contrôle étranger	..	..	..	..	..	..	..	..
Succursales d'entreprises étrangères	..	..	..	..	..	..	..	..
Ensemble des entreprises	..	..	..	..	..	..	..	..
Mixtes								
Entreprises nationales	..	..	..	..	..	..	..	..
Entreprises sous contrôle étranger	..	..	..	..	..	..	..	..
Succursales d'entreprises étrangères	..	..	..	..	..	..	..	..
Ensemble des entreprises	..	..	..	..	..	..	..	..
dont :								
Vie	..	..	..	..	..	..	..	..
Entreprises nationales	..	..	..	..	..	..	..	..
Entreprises sous contrôle étranger	..	..	..	..	..	..	..	..
Succursales d'entreprises étrangères	..	..	..	..	..	..	..	..
Ensemble des entreprises	..	..	..	..	..	..	..	..
Non-vie	..	..	..	..	..	..	..	..
Entreprises nationales	..	..	..	..	..	..	..	..
Entreprises sous contrôle étranger	..	..	..	..	..	..	..	..
Succursales d'entreprises étrangères	..	..	..	..	..	..	..	..
Ensemble des entreprises	..	..	..	..	..	..	..	..
Total								
Entreprises nationales	..	..	..	..	..	..	..	..
Entreprises sous contrôle étranger	..	..	..	..	..	..	..	..
Succursales d'entreprises étrangères	..	..	..	..	..	..	..	..
Ensemble des entreprises	..	..	..	..	..	..	..	..

Royaume-Uni
Tableau 1. Agrégats sélectionnés (*suite*)

Millions GBP

	2009	2010	2011	2012	2013	2014	2015	2016
1.4 Dépenses brutes d'exploitation								
Vie								
Entreprises nationales	6 397	6 464	6 488	6 511	6 453	6 694	6 794	16 642
Entreprises sous contrôle étranger	748	740	989	961	976	929	850	..
Succursales d'entreprises étrangères	1	1	1	1	0	1	1	..
Ensemble des entreprises	6 398	6 466	6 489	6 512	6 453	6 695	6 795	16 642
Non-vie								
Entreprises nationales	5 894	5 985	6 110	6 843	7 125	6 782	6 639	17 885
Entreprises sous contrôle étranger	2 702	2 892	2 921	3 168	3 589	3 549	3 562	..
Succursales d'entreprises étrangères	128	152	152	200	167	174	186	..
Ensemble des entreprises	6 022	6 137	6 262	7 044	7 292	6 956	6 825	17 885
Mixtes								
Entreprises nationales	1 644	1 701	1 936	1 856	1 978	2 127	2 325	22 264
Entreprises sous contrôle étranger	198	262	261	195	172	277	328	..
Succursales d'entreprises étrangères	73	77	79	22	0	0	0	..
Ensemble des entreprises	1 717	1 778	2 015	1 877	1 978	2 127	2 325	22 264
dont :								
Vie	1 549	1 542	1 751	1 637	1 736	1 874	2 038	6 514
Entreprises nationales	1 507	1 501	1 709	1 616	1 736	1 874	2 038	6 514
Entreprises sous contrôle étranger	164	163	156	102	91	185	211	..
Succursales d'entreprises étrangères	42	41	42	22	0	0	0	..
Ensemble des entreprises	1 549	1 542	1 751	1 637	1 736	1 874	2 038	6 514
Non-vie	168	236	264	240	242	252	287	14 316
Entreprises nationales	137	200	227	240	242	252	287	14 316
Entreprises sous contrôle étranger	34	98	105	94	82	92	117	..
Succursales d'entreprises étrangères	31	36	37	0	0	0	0	..
Ensemble des entreprises	168	236	264	240	242	252	287	14 316
Total								
Entreprises nationales	13 934	14 150	14 534	15 209	15 556	15 602	15 759	56 791
Entreprises sous contrôle étranger	3 648	3 893	4 171	4 324	4 737	4 754	4 740	..
Succursales d'entreprises étrangères	202	230	233	224	167	175	187	..
Ensemble des entreprises	14 137	14 381	14 767	15 433	15 723	15 777	15 946	56 791
1.5 Opérations à l'étranger par succursale, primes brutes								
Vie								
Succursales et agences	..	..	..	..	..	..	..	..
Filiales	..	..	..	..	..	..	..	..
Total	..	..	..	..	..	..	..	..
Non-vie								
Succursales et agences	..	..	..	..	..	..	..	..
Filiales	..	..	..	..	..	..	..	..
Total	..	..	..	..	..	..	..	..
Mixtes								
Succursales et agences	..	..	..	..	..	..	..	..
Filiales	..	..	..	..	..	..	..	..
Total	..	..	..	..	..	..	..	..
dont :								
Vie	..	..	..	..	..	..	..	..
Succursales et agences	..	..	..	..	..	..	..	..
Filiales	..	..	..	..	..	..	..	..
Total	..	..	..	..	..	..	..	..
Non-vie	..	..	..	..	..	..	..	..
Succursales et agences	..	..	..	..	..	..	..	..
Filiales	..	..	..	..	..	..	..	..
Total	..	..	..	..	..	..	..	..
Total								
Succursales et agences	..	..	..	..	..	..	..	..
Filiales	..	..	..	..	..	..	..	..
Total	..	..	..	..	..	..	..	..

.. Non disponible

Note : Voir les métadonnées détaillées sur : http://metalinks.oecd.org/ins/20180621/7317.

Responsabilité : http://oe.cd/disclaimer

Source : Statistiques de l'OCDE sur les assurances (base de données)

Royaume-Uni
Tableau 2. Nombre d'entreprises et d'employés

	2009	2010	2011	2012	2013	2014	2015	2016
2.1 Nombre d'entreprises								
Vie								
Entreprises nationales	184	184	184	184	183	181	181	85
Entreprises sous contrôle étranger	15	15	15	15	15	14	14	..
Succursales d'entreprises étrangères	1	1	1	1	1	1	1	1
Ensemble des entreprises	185	185	185	185	184	182	182	86
Non-vie								
Entreprises nationales	257	245	242	234	227	214	209	187
Entreprises sous contrôle étranger	106	106	107	104	99	92	89	..
Succursales d'entreprises étrangères	18	16	16	15	10	12	7	25
Ensemble des entreprises	275	261	258	249	237	226	216	212
Mixtes								
Entreprises nationales	21	21	21	21	21	25	25	17
Entreprises sous contrôle étranger	7	7	7	7	7	8	8	..
Succursales d'entreprises étrangères	2	2	2	2	2	2	2	0
Ensemble des entreprises	23	23	23	23	23	27	27	17
Réassurance								
Entreprises nationales	34	32	31	31	30	29	26	9
Entreprises sous contrôle étranger	20	20	20	19	18	16	13	..
Succursales d'entreprises étrangères	2	2	2	2	2	2	3	4
Ensemble des entreprises	36	34	33	33	32	31	29	13
Total								
Entreprises nationales	496	482	478	470	461	449	441	298
Entreprises sous contrôle étranger	148	148	149	145	139	130	124	..
Succursales d'entreprises étrangères	23	21	21	20	15	17	13	30
Ensemble des entreprises	519	503	499	490	476	466	454	328
2.2 Nombre d'employés								
Entreprises d'assurance	..	..	..	..	..	..	..	..
Intermédiaires	..	..	..	..	..	..	..	..
Total	..	..	..	..		..	..	..

.. Non disponible

Note : Voir les métadonnées détaillées sur : http://metalinks.oecd.org/ins/20180621/7317.

Responsabilité : http://oe.cd/disclaimer

Source : Statistiques de l'OCDE sur les assurances (base de données)

États-Unis
Tableau 1. Agrégats sélectionnés

Millions USD

	2009	2010	2011	2012	2013	2014	2015	2016
1.1 Opérations d'assurance conclues dans le pays déclarant								
1.1.1 Opérations d'assurance, par intérêt								
Primes brutes								
Entreprises nationales	2 028 861	2 034 932	2 154 120	2 278 908	2 289 259	2 430 627	2 619 954	2 702 786
Entreprises sous contrôle étranger	431 708	335 832	349 856	317 074	321 246	330 660	324 083	393 449
Succursales d'entreprises étrangères	643	629	731	909	662	696	1 129	1 007
Ensemble des entreprises	2 029 504	2 035 562	2 154 851	2 279 817	2 289 921	2 431 323	2 621 083	2 703 793
Primes cédées								
Entreprises nationales	604 210	531 114	560 386	601 133	657 662	609 531	713 961	743 307
Entreprises sous contrôle étranger	208 658	163 993	170 330	140 316	175 424	134 223	139 675	195 708
Succursales d'entreprises étrangères	244	244	254	298	275	287	252	260
Ensemble des entreprises	604 454	531 358	560 640	601 431	657 937	609 818	714 213	743 567
Primes nettes émises								
Entreprises nationales	1 424 661	1 503 818	1 593 733	1 677 776	1 631 597	1 821 096	1 905 993	1 959 479
Entreprises sous contrôle étranger	223 050	171 839	179 526	176 758	145 822	196 437	184 408	197 742
Succursales d'entreprises étrangères	399	386	478	611	387	409	877	747
Ensemble des entreprises	1 425 050	1 504 204	1 594 211	1 678 387	1 631 984	1 821 505	1 906 870	1 960 226
1.1.2 Opérations d'assurance par risque à l'étranger, primes brutes								
Vie	27 652	34 018	..	38 347	22 113	..	..	..
Non-vie	22 055	..	..	..	..	..	..	..
Mixtes total	..	..	..	..	..	..	..	..
Total	49 707	34 018	..	38 347	22 113	..	..	..
1.1.3 Paiement par catégories d'assurance, primes brutes (vie)								
Rentes	249 674	237 782	255 059	272 564	248 568	261 327	264 944	254 313
Unit linked	161 885	..	..	..	..	..	..	..
Autre assurance vie	765 602	762 172	811 561	557 259	533 515	527 280	561 674	581 948
Total assurance vie	1 015 276	999 954	1 066 620	829 823	782 083	788 607	826 618	836 261
***dont :** Contrats de retraite*	880	..	..	..	..	..	..	..
1.1.4 Paiement par catégories d'assurance, primes brutes (non-vie)								
L'assurance automobile	312 719	312 705	315 167	329 520	342 548	379 889	393 897	422 808
Les assurances transport (y compris maritime et aérien)	3 667	3 452	3 337	3 545	3 245	3 070	2 911	4 815
L'assurance de fret	28 429	27 363	28 836	31 107	33 819	36 319	39 175	41 305
L'assurance incendie et des dommages aux bien	197 856	200 755	215 618	224 336	232 328	243 389	248 174	250 765
L'assurance des pertes pécuniaires	39 109	35 251	34 165	34 967	35 133	33 690	36 271	38 699
L'assurance de la responsabilité civile générale	173 097	170 571	172 997	183 263	191 562	204 069	208 722	211 362
Les assurances accidents et maladie	471 470	482 830	516 841	550 291	566 173	646 938	714 394	761 509
***dont :** Maladie*	..	..	..	..	..	..	..	..
Autres assurances non-vie	4 328	3 532	3 018	3 179	3 505	3 780	3 728	3 921
Réassurance obligatoire	..	..	0	..	..	0	0	0
Total assurance non-vie	1 230 674	1 236 459	1 289 979	1 360 207	1 408 312	1 551 144	1 647 272	1 735 184
1.2 Paiements bruts des sinistres								
Vie								
Entreprises nationales	318 554	330 925	345 963	356 040	369 618	357 201	376 240	396 611
Entreprises sous contrôle étranger	67 878	60 398	61 430	66 275	66 267	69 748	68 967	79 082
Succursales d'entreprises étrangères	2 319	2 293	0	0	0	0	0	0
Ensemble des entreprises	320 873	333 218	345 963	356 040	369 618	357 201	376 240	396 611
Non-vie								
Entreprises nationales	838 670	827 860	3 355 889	920 214	917 856	980 750	1 077 317	1 145 423
Entreprises sous contrôle étranger	145 857	94 274	539 753	80 801	84 201	76 540	79 309	84 878
Succursales d'entreprises étrangères	416	309	2 253	723	234	240	359	504
Ensemble des entreprises	839 086	828 168	3 358 142	920 937	918 090	980 990	1 077 676	1 145 927
Mixtes, ensemble des entreprises	..	..	..	..	..	..	..	..
Total								
Entreprises nationales	1 157 224	1 158 785	3 701 852	1 276 254	1 287 474	1 337 951	1 453 557	1 542 034
Entreprises sous contrôle étranger	213 735	154 672	601 184	147 076	150 468	146 288	148 276	163 960
Succursales d'entreprises étrangères	2 735	2 602	2 253	723	234	240	359	504
Ensemble des entreprises	1 159 959	1 161 386	3 704 105	1 276 977	1 287 708	1 338 191	1 453 916	1 542 538

États-Unis

Tableau 1. Agrégats sélectionnés *(suite)*

Millions USD

	2009	2010	2011	2012	2013	2014	2015	2016
1.3 Commissions								
Vie								
Entreprises nationales	39 925	..	..	..	..	53 082	56 784	67 963
Entreprises sous contrôle étranger	9 784	..	..	..	..	11 165	10 339	10 639
Succursales d'entreprises étrangères	0	..	..	..	..	0	0	0
Ensemble des entreprises	39 925	..	..	..	..	53 082	56 784	67 963
Non-vie								
Entreprises nationales	99 023	..	..	..	..	..	..	..
Entreprises sous contrôle étranger	9 858	..	..	..	..	..	..	..
Succursales d'entreprises étrangères	1	..	..	..	..	..	..	..
Ensemble des entreprises	99 024	..	..	..	..	..	..	..
Mixtes, ensemble des entreprises	..	..	..	..	..	..	..	..
Total								
Entreprises nationales	138 948	..	..	..	..	53 082	56 784	67 963
Entreprises sous contrôle étranger	19 642	..	..	..	..	11 165	10 339	10 639
Succursales d'entreprises étrangères	1	..	..	..	..	0	0	0
Ensemble des entreprises	138 949	..	..	..	..	53 082	56 784	67 963
1.4 Dépenses brutes d'exploitation								
Vie								
Entreprises nationales	71 693	74 311	66 258	67 534	65 424	67 225	68 488	69 722
Entreprises sous contrôle étranger	15 873	12 817	9 782	9 962	9 814	10 285	9 952	11 175
Succursales d'entreprises étrangères	578	565	0	0	0	0	0	..
Ensemble des entreprises	72 271	74 876	66 258	67 534	65 424	67 225	68 488	69 722
Non-vie								
Entreprises nationales	231 186	233 968	239 829	250 270	261 844	281 766	298 911	308 839
Entreprises sous contrôle étranger	33 838	27 537	28 759	22 153	23 185	23 274	23 035	26 711
Succursales d'entreprises étrangères	237	238	283	312	165	194	410	354
Ensemble des entreprises	231 423	234 207	240 112	250 582	262 009	281 960	299 321	309 193
Mixtes, ensemble des entreprises	..	..	..	..	..	..	..	..
Total								
Entreprises nationales	302 879	308 279	306 087	317 004	327 268	348 991	367 399	378 561
Entreprises sous contrôle étranger	49 711	40 354	38 542	32 115	32 999	33 559	32 987	37 886
Succursales d'entreprises étrangères	815	803	283	312	165	194	410	354
Ensemble des entreprises	303 694	309 083	306 370	318 116	327 433	349 185	367 809	378 915
1.5 Opérations à l'étranger par succursale, primes brutes								
Vie								
Succursales et agences	0	0	..	..	..	..	..	..
Filiales	27 652	0	..	..	..	..	..	..
Total	27 652	0	..	..	..	..	..	..
Non-vie								
Succursales et agences	0	..	..	..	..	..	..	..
Filiales	22 055	..	..	..	..	..	..	..
Total	22 055	..	..	..	..	..	..	..
Mixtes total	..	..	..	..	..	..	..	..
Total								
Succursales et agences	0	0	..	..	..	..	..	..
Filiales	49 707	0	..	..	..	..	..	..
Total	49 707	0	..	..	..	..	..	..

.. Non disponible

Note : Voir les métadonnées détaillées sur : http://metalinks.oecd.org/ins/20180621/0e65.

Responsabilité : http://oe.cd/disclaimer

Source : Statistiques de l'OCDE sur les assurances (base de données)

États-Unis
Tableau 2. Nombre d'entreprises et d'employés

	2009	2010	2011	2012	2013	2014	2015	2016
2.1 Nombre d'entreprises								
Vie								
Entreprises nationales	944	902	904	904	995	1 031	1 030	738
Entreprises sous contrôle étranger	103	166	168	162	156	158	158	168
Succursales d'entreprises étrangères	2	0	..	..	..	..	..	..
Ensemble des entreprises	946	902	904	904	995	1 031	1 030	738
Non-vie								
Entreprises nationales	3 479	3 441	3 426	3 428	3 425	3 404	3 185	3 205
Entreprises sous contrôle étranger	344	373	388	407	403	404	390	418
Succursales d'entreprises étrangères	19	7	8	9	11	9	13	19
Ensemble des entreprises	3 498	3 448	3 434	3 437	3 436	3 413	3 198	3 224
Mixtes, ensemble des entreprises	**0**	**0**	**0**	**0**	**0**	**0**	**0**	**0**
Réassurance								
Entreprises nationales	266	257	251	250	247	234	354	221
Entreprises sous contrôle étranger	81	84	73	62	65	64	76	52
Succursales d'entreprises étrangères	1	2	1	1	1	1	4	2
Ensemble des entreprises	267	259	252	251	248	235	358	223
Total								
Entreprises nationales	4 689	4 600	4 581	4 582	4 667	4 669	4 569	4 164
Entreprises sous contrôle étranger	528	623	629	631	624	626	624	638
Succursales d'entreprises étrangères	22	9	9	10	12	10	17	21
Ensemble des entreprises	4 711	4 609	4 590	4 592	4 679	4 679	4 586	4 185
2.2 Nombre d'employés								
Entreprises d'assurance	..	..	..	..	..	..	..	..
Intermédiaires	..	..	..	..	..	..	..	..
Total	..	..	..	..	..	..	..	..

.. Non disponible

Note : Voir les métadonnées détaillées sur : http://metalinks.oecd.org/ins/20180621/0e65.

Responsabilité : http://oe.cd/disclaimer

Source : Statistiques de l'OCDE sur les assurances (base de données)

ORGANISATION DE COOPÉRATION ET DE DÉVELOPPEMENT ÉCONOMIQUES

L'OCDE est un forum unique en son genre où les gouvernements oeuvrent ensemble pour relever les défis économiques, sociaux et environnementaux que pose la mondialisation. L'OCDE est aussi à l'avant-garde des efforts entrepris pour comprendre les évolutions du monde actuel et les préoccupations qu'elles font naître. Elle aide les gouvernements à faire face à des situations nouvelles en examinant des thèmes tels que le gouvernement d'entreprise, l'économie de l'information et les défis posés par le vieillissement de la population. L'Organisation offre aux gouvernements un cadre leur permettant de comparer leurs expériences en matière de politiques, de chercher des réponses à des problèmes communs, d'identifier les bonnes pratiques et de travailler à la coordination des politiques nationales et internationales.

Les pays membres de l'OCDE sont : l'Allemagne, l'Australie, l'Autriche, la Belgique, le Canada, le Chili, la Corée, le Danemark, l'Espagne, l'Estonie, les États-Unis, la Finlande, la France, la Grèce, la Hongrie, l'Irlande, l'Islande, Israël, l'Italie, le Japon, la Lettonie, la Lituanie, le Luxembourg, le Mexique, la Norvège, la Nouvelle-Zélande, les Pays-Bas, la Pologne, le Portugal, la République slovaque, la République tchèque, le Royaume-Uni, la Slovénie, la Suède, la Suisse et la Turquie. La Commission européenne participe aux travaux de l'OCDE.

Les Éditions OCDE assurent une large diffusion aux travaux de l'Organisation. Ces derniers comprennent les résultats de l'activité de collecte de statistiques, les travaux de recherche menés sur des questions économiques, sociales et environnementales, ainsi que les conventions, les principes directeurs et les modèles développés par les pays membres.

ÉDITIONS OCDE, 2, rue André-Pascal, 75775 PARIS CEDEX 16
(21 2018 03 2 P) ISBN 978-92-64-30344-7 – 2018

www.ingramcontent.com/pod-product-compliance
Lightning Source LLC
LaVergne TN
LVHW080656011026
849160LV00014B/1446
9789264303447